附录：《2011～2020年中国钢铁工业科学与技术发展指南》关键技术说明

Appendix: Key Technologies Interpretation of Technology Roadmap on Chinese Steel Industry 2011-2020

中国金属学会
THE CHINESE SOCIETY FOR METALS

中国钢铁工业协会
CHINA IRON & STEEL ASSOCIATION

北 京
冶 金 工 业 出 版 社
2015

内 容 简 介

《2011～2020 年中国钢铁工业科学与技术发展指南》（以下简称《指南》）于 2012 年 9 月正式出版。《指南》除概论外，各部分只列出了应加快推广应用的关键技术和应积极关注、研发、加快工程化的关键技术名称。本书对《指南》列出的各项关键技术的主要内容、应用或研发状态、对专业与行业的作用等进行了说明。个别技术由于近年来已大量在行业内普遍应用等原因，对其解释说明从略。

本书可供国内钢铁企业和相关企业的科研人员、工程技术人员在进行科研创新及工程实践时阅读参考。

图书在版编目(CIP)数据

附录：《2011～2020 年中国钢铁工业科学与技术发展指南》关键技术说明/中国金属学会，中国钢铁工业协会编．—北京：冶金工业出版社，2015.9

ISBN 978-7-5024-6949-8

Ⅰ.①附…　Ⅱ.①中…　②中…　Ⅲ.①钢铁工业—技术发展—中国—2011～2020—附录　Ⅳ.①F426.31

中国版本图书馆 CIP 数据核字(2015)第 142827 号

出 版 人　谭学余
地　　址　北京市东城区嵩祝院北巷 39 号　邮编　100009　电话　(010)64027926
网　　址　www.cnmip.com.cn　电子信箱　yjcbs@cnmip.com.cn
责任编辑　李培禄　美术编辑　彭子赫　版式设计　孙跃红
责任校对　卿文春　责任印制　牛晓波
ISBN 978-7-5024-6949-8
冶金工业出版社出版发行；各地新华书店经销；北京印刷一厂印刷
2015 年 9 月第 1 版，2015 年 9 月第 1 次印刷
169mm×239mm；16 印张；227 千字；222 页
70.00 元

冶金工业出版社　投稿电话　(010)64027932　投稿信箱　tougao@cnmip.com.cn
冶金工业出版社营销中心　电话　(010)64044283　传真　(010)64027893
冶金书店　地址　北京市东四西大街 46 号(100010)　电话　(010)65289081(兼传真)
冶金工业出版社天猫旗舰店　yjgycbs.tmall.com

（本书如有印装质量问题，本社营销中心负责退换）

前　言

2011年中国金属学会、中国钢铁工业协会组织行业内近百名专家编写了《2011～2020年中国钢铁工业科学与技术发展指南》（以下简称《指南》），并于2012年9月出版。《指南》分为七个部分，即概论、资源、产品、工艺技术、冶金装备与自动化、节能和低碳发展、环境保护与职业安全健康。各部分皆列出了应加快推广的关键技术和应积极探索、研发、加快工程化的关键技术。

《指南》出版时，因时间关系，各项关键技术的说明（技术内容、现状和对行业的作用等）未能同时编写出版。按当时规定，《指南》出版后再组织编写出版《指南》附录——关键技术说明。自2013年起，我们又组织《指南》编写专家对除概论部分以外各部分的每项关键技术编写300～500字的说明，现已完成，决定以《附录：〈2011～2020年中国钢铁工业科学与技术发展指南〉关键技术说明》的形式出版（以下简称《附录》）。为便于与《指南》原书对应，《附录》各条说明标题沿用了《指南》原章节编号，以供读者查阅。个别技术由于近年来已大量在行业内普遍应用等原因，对其解释、说明从略。

《指南》关键技术说明撰稿及参与修改的专家有：

资源部分：牛京考、蔡美峰、周尚国、谢建国、周光华、孙炳泉、王镇武、任奋华、乔兰、李长洪、李腊梅、李树斌、刘宝顺

产品部分：康永林、仲增墉、李海平、赵先存、周积智、唐荻、姜尚清、刘正东、赵栋梁

工艺技术部分：李士琦、苏天森、周渝生、王维兴、张建良、冯根生、刘浏、贾云海、朱荣、成国光、张兴中、陈其安、齐渊洪、李红霞、杨彬、郑文华、赵希超、叶匡吾、赵庆杰、刘维国、张克英、邢毅民

冶金装备与自动化部分：管克智、施东成、孙彦广、张清东、李文秀、尹忠俊、秦勤、吴迪平、何安瑞、曹建国、李洪波、闫晓强、张晓峰、刘国勇、苏兰海、阳建宏、黎敏、王宝雨、杨海波、张富信、樊计生、朱立江、李克涵

节能和低碳发展部分：张春霞、黄导、蔡九菊、郦秀萍

环境保护与职业安全健康部分：杨晓东、万成略、王正义、郭俊才、秦华、卢忠飞、苏有功

中国金属学会专家委员会成员仲增墉、李文秀、苏天森、李维国、王喆、温燕明分别对《附录》有关部分进行了

修改和审查。高斌、罗光敏承担了文稿录入修改、数据校对与撰稿专家联系等工作。

《附录》最终由中国钢铁工业协会和中国金属学会领导朱继民、王天义、赵沛、洪及鄙审定。

希望《附录》的出版能够配合《指南》对广大钢铁科技工作者和企业科技创新有所帮助，对推进钢铁工业科技进步有一定的促进作用。感谢各位撰稿及参与修改的专家们的辛勤工作，由于关键技术的不断优化和发展，而且限于字数，《附录》编写难免疏漏，不足之处敬请指正。

中国金属学会　中国钢铁工业协会
2015 年 3 月 16 日

目　录

2 资　　源

2.3.1 地质勘查技术

加快推广的关键技术

(1) 磁法测量三维联合反演技术

在地球物理勘查领域，利用某种物理场的观测数据（主要是异常场值），反算场源（异常源）的空间分布及其物性强度，即为反演。依据场的分布特征，可以分为一维、二维和三维变化形式。对目标区域进行的磁法观测可能既有地表观测的，也有空中（航空磁测）和地下（利用钻孔或坑道）观测的。把这些观测数据都利用起来进行三维反演算，就是所谓的联合反演。反演结果具有不可避免的多解性，利用联合反演有可能将其影响显著减弱。

运用现代化计算技术，开展空中、地面、井中地面磁测三维联合反演，可以提高磁异常解译准确度，推断预测深部铁矿空间位置。

(2) 重磁联合反演技术

某些物质可能既引起磁场异常，又引起重力异常，其中磁铁矿就是一个典型。因此进行铁矿勘查时，除其他有效地质手段外，尤其应注重重力和磁法。特别是将获得的重力异常和磁异常数据同时进行联合的反演计算，争取求得同源重磁异常体，有助于排除干扰源，提升勘查成效。

(3) 铁矿深部三维定位预测技术

综合应用各种有效的地质勘查手段进行深隐伏铁矿勘查，在大规模勘探工程阶段之前，较准确地判断出深隐伏铁矿是否存在，并且给出其赋存的空间位置。其中发挥关键作用的，应是各种可能位置（地面、空中及地下)上的磁重测量、数据处理，以及这些数据共同参与的三维联合反演技术。利用GIS(地理信息系统)平台对地质、物探、遥感信息集成，可以建立大比例尺定位预测模型并开展三维立体找矿示范。

(4)三维磁总场梯度综合测量技术

这里的梯度是指磁总场沿着某一空间方向的变化率，因此三维梯度是指沿着三个相互垂直方向的磁总场变化率。沿一个固定方向，在很短的固定距离上平行安装两个磁敏感应器(磁探头)，同一时刻获取观测数据，即可获得该方向梯度读数。在适当位置上安装四个磁探头，就构成了三维梯度观测系统。与此同时不仅获得了磁总场数据，还能并行放射性等其他物性参数测量，实现综合测量。

国外使用较多的是由直升机软式拖吊的梯度系统，通过一个定向装置，以及较好的飞行技术，尽量保持其确定的方向。固定翼飞机上的梯度系统全靠飞机的姿态决定其方向性。需要注意的是方向性的保障措施可靠性有限，所以本技术具有很大的拓展空间。该项技术不仅能消除磁日变场的影响，而且能获取有关异常源的更多地球物理信息。三维磁总场梯度综合测量可以圈定大磁性体的岩层界面、提取弱磁异常、消除地面人文干扰。

(5)航空重力梯度测量技术

需指出的是，重力测量的参数为重力加速度。而飞行器在飞行中会受到众多因素的影响，如颠簸、沿地形起伏、航速变化等，从而改变其加速度状态，进而干扰其上的重力仪读数。而梯度测量是两个探头(重力场方向可以视为垂直向下)同时读数后相减，故能有效消除这些干扰影响，进而显著改善重力测量的质量。可惜此项技术在地质工作中还很少见，有很大的应用空间。

(6)钻孔定向位钻进技术

定向钻进的基本目的是突破传统垂直钻进的禁区，使钻进进入期望的地层区域，是现代钻井工程的高新技术之一。近年来定向钻进及其测探技术得到了迅猛发展和日益广泛的应用。固体矿床定向钻探技术，包括随钻测量、测井技术和钻孔定向技术。该项技术在山西中条山铜矿峪、甘肃镜铁山矿、重庆长江隧道工程、诺尔盖铀矿等勘查工作中发挥了重要作用。

(7) 航空磁法、重力测量技术

在空中利用飞行器装载观测仪器设备、进行磁场和重力场观测的技术。其优势在于速度快、效率高、综合成本低，而且受复杂地形的限制远小于地面观测技术。按其作用可分为协助地质填图、发现和圈定隐伏构造，以及以某些标志层为目的的中小比例尺（1∶200000/250000、1∶500000、1∶1000000）测量和以进行矿产勘查为目的的大比例尺（1∶50000、1∶25000、1∶10000）测量。

航空重磁测量是远距离运动中完成的，仪器设备与地面所用有显著区别。以磁法为例，早年地面使用的机械式磁力仪从未用于航空测量。它观测磁场垂直分量，方向确定，意义直观，便于分析、解释；但分辨率和观测速度无法满足空中工作要求。目前航空磁测普遍使用光泵式磁力仪，读数速率可达每秒百次，最高灵敏度优于0.001nT，但观测参数为磁总场幅值，无法确定其方向。实际工作时为保证可比性，一般进行相对测量，在地面选定一个基站，以其观测结果作为起算点。因此若总场记为T，则实测为ΔT，通常仍称作磁总场测量。

积极探索、研发、加快工程化的关键技术

(1) 弱信号的剥离与提取技术

通过位场分析、趋势分析、滤波以及不同尺度的小波变换等技术，将感兴趣的那部分弱信号从包含其他干扰的混杂信号中剥离、提取出来。如深隐伏大铁矿体产生的磁异常往往表现为衰减慢的宽缓弱异常，当浅表有几个小异常体干扰（其特征为范围窄、幅值高、衰减快）时，有可能被基本掩盖，直观上难以识别。这时就非常需要有效的识别、提取技术来建功了。

通过不同地质体和铁矿的磁异常特征对比，分析各类地质体的磁异常、弱磁异常、低缓磁异常与构造和铁矿床（点）的对应关系，总结矿致弱磁异常特征，确定不同地质背景和控矿构造等约束条件下矿致磁异常的衰减模型和量化指标，建立相关弱信息理论模型，可形成弱磁异常与低缓磁异常的有效评价技术。

（2）磁梯度信息改善数据处理技术

实测梯度切实反映着磁场的空间变化规律。通过分析这些规律，可以直观地加深对磁场性质的认识。例如对垂向梯度的分析可以辨识异常体的大致规模和埋深，横向梯度可以协助判断异常体的水平边界，三维梯度结合可以协助判别磁场方向等。在这些认知的指导下，数据处理会更具针对性、更加有效。此外梯度数据同样可以参与反演，其减少多解性影响的作用显而易见。

（3）重磁异常三维反演技术

目标体在空间分布是有限的三维体，基于二维模型的物探数据处理与解释，难以满足实际复杂的地质情况，通过资料的三维解释，再现所探寻目标体的近乎真实的几何形态和物理性质，已成为勘探地球物理研究与应用的发展方向。

从航空和地面两个不同的空间研究并形成同源数据和不同高度数据联合反演技术。建立铁矿勘查的磁异常和重磁异常三维反演技术体系，实现对磁异常有效、快速、精确的解释和评价。

（4）海底锰铁结核矿产勘探装备与技术

海洋环境比地球的外层空间更严峻、恶劣，对深海作业及装备的要求极高。作业设备要承受高达20～60MPa的压力、耐海水腐蚀；海水中电磁波传播衰减严重，水下定位困难；海洋环境的风、浪、流构成复杂流场。目前可以借用海洋石油地质勘查技术进行改造，探明海底锰铁结核矿产的储量和基础储量，为开发海底锰铁结核矿产做好前期准备工作。

2.3.2 采矿关键技术

加快推广的关键技术

（1）陡帮开采、高台阶开采和分期开采技术

自20世纪70年代以来，我国金属矿山开始进行陡帮开采工艺的试验研究。“八五”期间，陡帮开采被列为国家科技攻关项目，并在南芬露天矿开展了大规模的工业试验，为我国大中型露天矿的技术改造和新建、扩建提供了实践经验。陡帮开采初期剥离量小、基建工程

量少、建设周期短，现已在我国金堆城、紫金山、眼前山等露天金属矿山得到推广应用。

高台阶开采技术是指增加开采台阶高度以减少总的台阶数目，做到高度集中开采，从而减少了运输线路总长度和辅助工程量，提高了钻孔装载运输设备的利用率，增加了工作帮坡角。随着台阶高度的增加，运输线路坡道长度将按比例增加，但是由于运输水平和道路总长度减少，辅助工作量减少，运输费用反而降低，例如，台阶高度由12～15m提高至20～24m时，运输成本将降低8%～9%。另外，随着工作台阶高度的增加，现行剥离量将相应减少，扩帮和排岩费用都将减少。

分期开采，是将一个矿床在其最终开采境界范围内，在时间和地质空间上划分成不同期（区）依次进行开采的开采方式，即为了适应矿山当前生产和减少初期剥离量，需在三期最终开采境界（以下统称最终境界）内，再圈定一个分期开采的临时境界（以下统称一期境界，临时境界终了边帮到最终境界终了边帮统称二期境界），随着开采作业面的推进和采矿工程的下延，并不是一个固定不变的境界，而是指导生产和扩帮剥离及均衡生产剥采比的一个标志。当一期开采推进到某一既定界线时，二期扩帮即将开始，使下部生产与上部扩帮能很好地衔接，以确保矿山持续生产，均衡生产剥采比，发挥分期开采的优越性。

（2）深凹露天矿间断连续运输装备与工艺技术

自20世纪80年代开始，我国先后在大孤山、东鞍山、齐大山、水厂等铁矿和德兴铜矿应用间断-连续开采工艺。该工艺是在工作面用电铲装载矿石，经汽车运输和破碎机破碎后，用胶带运输机将矿石运出采场。该工艺又称汽车-胶带半连续运输，是一种新型的高效运输工艺，能充分发挥汽车和胶带机的优点，技术含量高、运输能力大、运营成本低、适应性强，有利于强化开采，代表了当今深凹露天矿运输系统发展的方向，是我国大多数大型露天矿山首选的运输工艺。1997年齐大山铁矿通过引进，建成了采场内可移动式矿岩破碎-胶带运输系统；“十五”期间被列为国家科技攻关项目“大型深凹露天矿高效运输系统及强化开采技术研究”通过攻关研究，建成了具有自主知识产权的基于GPS的露天矿自动化生产调度和管理系统，其性能优于20世纪90年代德兴铜矿从美国模块公司引进的DISPATCH调度软件系统，标志着我国深凹露天矿开采工艺进入了世界先进水平。

（3）露天矿边坡、排土场滑坡及泥石流的矿山地质灾害的监测和防控技术

露天矿边坡稳定性监测是用仪器或装置探测边坡岩体移动的规律，目的是提供边坡稳定性分析的基础资料，预报滑坡、泥石流等矿山地质灾害。主要检测方法有：

1）地表位移监测。目前，地表监测采用的仪器分为两类：一类是控制测量中使用的经纬仪、水准仪及红外测距仪等；另一类是用于地表变形监测的专用仪器，如裂缝计、地表倾斜仪等。

2）边坡表面岩体位移监测。边坡表面测量岩体移动的装置或方法有地面伸长计及摄影测量法。

3）边坡岩体内部位移监测。监测仪器或方法有钻孔引伸仪、钻孔倾斜仪、声发射技术和时域反射法。

（4）大间距高分段无底柱崩落采矿装备与技术

采用大间距高分段无底柱崩落采矿法是世界各国的采矿工程发展方向。长期以来，采用小结构参数是制约我国无底柱分段崩落采矿法发展的主要障碍，致使采切比过高，采矿成本居高不下，且生产能力低下。针对间距进路应用了大间距进路放矿理论，从根本上改变了传统放矿理论放出椭球体的排列方式，实现了放出椭球体完全相切排列；用工业试验的方法研究了采用这种结构参数时的崩矿步距、炮孔排距和孔底距的最佳组合。试验表明，这样可使崩落矿石的大块率控制在3%以内，出矿贫化率控制在5%左右，矿石综合回收率在85%以上。20m×20m结构的无底柱分段崩落采矿法在大红山铁矿的试验成功，极大地提高了矿山的生产能力，降低了采矿成本。同时，拉近了我国与国外先进采矿技术水平（分段高30m）的距离。

(5) 金属矿山基础信息数字化、可视化等技术

矿山现代化信息系统可以充分开采资源，高效进行矿山生产，降低工人劳动强度，提高矿山企业经济、社会效益。为了达到这个目的，矿山现代化信息系统要扩大信息系统范围，除调度系统外，还包括矿山地质可视化系统、资源储量估算与经济评价系统、矿床开采智能优化与快速评价系统、生产调度指挥与控制技术、生产调度优化系统开发、安全预警与灾害控制技术研究等。应积极推广金属矿山基础信息采集、传输、存储和表述的数字化；地质测量过程可视化、数字化；开采设计、生产计划编制的数字化和生产经营参数的最优化；生产调度指挥的数字化、三维虚拟现实可视化技术。

(6) 露天和深度≤600m的地下联合开采稳定性分析的软件系统和采场应力/应变和微震监测系统技术

稳定性分析的软件系统包括快速、实时稳定性评测技术，结合解析算法、数值仿真、智能算法和GIS（地理信息系统）的稳定性计算分析功能实现，稳定性预测、评价结果的快速、实时三维可视化、数字化技术等。开采应力/应变监测技术包括矿岩体内三维真实应力监测技术，复杂环境条件下应力/应变信息长期、稳定采集技术，井下/露天实时远程通讯技术等。微震监测技术包括多方位无限制监测技术，高分辨率多通道监测，短距离无衰减传输技术，高精度定位技术等。目前国内外稳定性分析软件系统尚未具备多种稳定性评价方法的综合评测功能和针对稳定性分析成果的大型模型三维快速可视化功能，综合评测功能可以大大提高露天和地下联采稳定性分析成果的科学性、可靠性；采场的应力/应变监测中不能实现矿岩体三维真实应力状态的信息获取和长期、稳定监控，实现长期真实空间应力/应变监测对采场矿岩稳定性评价、采矿岩层运移规律研究和金属矿山信息化、数字化建设有重大意义；微震监测系统中尚未具备长距离无衰减传输技术，实现长距离无衰减传输技术将有助于提高矿山开采的利用率和数据的可靠性。

(7) 境界外驻留矿体安全高效开采装备与技术

针对境界外驻留矿体开采的特点，开展开采岩体稳定性分析方法

及安全评价研究,掌握矿岩体的变形破坏规律,形成兼容的开拓系统、配套工艺、驻留矿体开采与原开采的耦合方法、矿山开采对矿岩层损伤的数值分析方法、顶板岩层变形监测措施、岩层变形监测及预报方法、低扰动爆破技术。

(8)地下矿山多级机站通风节能设备与技术

多级机站通风系统即是在矿井主通风风路的进风段、需风段和回风段内各设置若干级风机站,接力将地表新鲜空气经进风井巷有效地送至需风区段或需风点,并将作业产生的污浊空气经回风井巷排出地表所构成的通风系统。多级机站通风系统采用多机站、分段串联、压轴式通风,使每级机站的风压降低,全矿的风压分布均衡。通过国家组织科技攻关,各企业建立了适合自身特点的多级机站通风系统,"八五"期间对多级机站通风技术进行了进一步的研究,初步形成了多级风机压入、多级风机排出的多级机站通风系统模式。"九五"期间多级机站通风系统模式又有了新进展,呈现出不拘一格多样化的发展势头,涌现出了一批新系统模式和科研成果。"十五"期间研究了千米深井的多级机站通风系统,针对井深、通风线路长、高温等深井固有的特点,建立了深井多级机站通风系统,取得了许多可推广应用的科技成果。

积极探索、研发、加快工程化的关键技术

(1)深部(≥1000m)铁矿安全高效开采装备与技术

主要是研发采深1000~2000m深部高温、高压、高应力(三高)条件下矿床开采技术;开发适合深部矿床复杂环境条件下的高性能、低成本、远距离、低能耗、便携式的人员和设备跟踪定位装置;研发适用于深部矿床开采的新型防自爆炸药配方;建立一套完备的通风管理方案,并研发具有高度敏感的设备对井下实施监测;建立深部岩体在"三高"和开采扰动环境下的机理分析模型;形成深部开采的大规模并行计算分析系统并用于矿山动力灾害的预测分析;建立震波特征数据库及震源类型模糊识别模型;解决深部矿床开采中存在的高温环境的非人工和人工制冷降温、地压灾害和岩爆与岩层控制、采矿方法以及与之相匹配的高效无轨设备运用等关键技术问题。

(2) 复杂水体矿床开采综合技术

研发井下充填的新型廉价尾砂胶结材料，微细粒尾砂高效浓缩泵送充填及自控技术，岩层变形-应力-渗流三场耦合分析技术，低能耗沉密脱水卧式仓造浆全尾砂浓缩充填材料、工艺设备及自控技术，以及水患和地压突变规律及监测预报控制技术。

(3) 充填法采矿岩移规律与地质灾害监测及防控技术

通过采动围岩损伤演化机理与岩体渗流规律预测、阶段嗣后充填法开采灾变失稳预测与控制、低成本新型胶结材料研发与高浓度料浆自流输送等关键技术攻关，解决大型铁矿床规模化采矿的阶段嗣后充填法采矿的超大采场安全、充填体稳定性等问题。

(4) 无轨采矿技术

开发出具有自主知识产权的新一代配套完整的井下采掘设备，综合强化开采无轨设备研制，提高采矿装备可靠性和完好率，能体现高质量、高性能和高科技的特点，实现无轨化、液压化，最终达到无人驾驶或机器人作业。

(5) 破岩新装备与技术

主要是贯彻连续采矿新理念，连续开采要研究连续（机械辊式切割和冲击式）采矿机和高压水射流技术，实现井下少人甚至无人采矿。

(6) 矿山自动化信息控制系统与智能化矿山技术

信息、定位、通讯和自动化技术的迅速发展和应用，深刻地影响和改变着传统矿业沿袭百年的生产工艺和组织管理模式，矿山数字化已经成为采矿业发展的趋势。遥控采矿、无人工作面甚至无人矿井等已在加拿大、瑞典、美国、澳大利亚等国成为现实。加拿大 INCO 公司通过地下通讯、地下定位与导航、信息快速处理及过程监控系统，实现了对地下开采装备乃至整个矿山开采系统的遥控操作。智能化采矿技术在采矿技术先进的国家，如加拿大、瑞典、美国、澳大利亚等国已有了较好的基础。在我国，露天开采生产的自动调度、生产计划和过程的优化、开拓运输系统和采装系统的优化已获得应用，数字矿山技术已在首钢矿业公司初步实现，国内具有自主知识产权软件的研制已列入国家“863”计划。

(7) 海洋锰铁结核开采产业化装备与技术

深海开采技术是海洋金属矿产资源开发的核心，包括深海矿产的采集、海底软管输送系统、海底矿物制备装载和输配电、从深海将矿物输送到海面的提升、海面支持以及采矿船动力定位和采矿及输送过程的监测控制。其核心技术是适应海底作业环境回采率高的智能化采集设备，回采过程形态复杂多变的软管输送技术，高效、安全可靠的多相流提升技术和设备，深海开采水下设备吊放回收技术及悬吊采矿系统的起伏摇摆补偿装置，开采过程采矿船、提升管道、采集设备随动定位及作业过程的监测控制，水下大功率高压输配电技术。

(8) 前瞻性太空采矿技术（略）

2.3.3 选矿关键技术

加快推广的关键技术

(1) 大型高效破碎和磨矿设备与技术

选矿能耗主要在破碎和磨矿工艺。破碎磨矿设备大型化、结构优化、采用先进技术和新材料、“多碎少磨”是节能降耗重要的技术发展方向。国内外高效能破碎设备在一些大中型金属矿山的应用，系统处理能力得到提高，入磨物料的粒度得到有效控制，从－25mm降至－15mm，有的到－8mm以下，实现了“多碎少磨”。高压辊磨机可将入磨粒度从－8mm降低至－3mm，甚至更低，大幅度提高了入磨物料的粉矿率和可磨性，还可满足粗粒高效抛尾，明显减少磨矿量。我国大型自磨（半自磨）机、大型球磨机设计制造已进入世界先进行列。主要设备及技术包括：高效、低能耗、大破碎比破碎设备及技术；细碎设备及选择性碎解技术；高压辊磨设备及技术；大型自磨和半自磨设备及技术。

(2) 阶磨阶选、细磨深选、提质降杂技术

阶段磨矿阶段选别有利于避免有用矿物过粉碎、节能降耗和提高

精矿的回收率。细磨深选有利于提高精矿品位，降低杂质含量。近些年，“提铁降杂”工程技术已在大中型选矿厂推广应用，并取得很好的成效。主要关键技术为：赤铁矿强磁-反浮选技术；磁铁矿细磨深选技术；细磨设备及技术；旋流器与细筛组合分级设备及技术；大型磁选设备及技术；粗粒抛尾设备及技术等。

(3) 大型高效分选设备与技术

选矿设备高效化、大型化、智能化既能提高分选效率，又能节能降耗，是选矿设备发展的方向。主要推广发展的分选设备及技术有：大型弱磁选设备及技术、大型高梯度强磁选设备及技术、大型浮选机及技术、大型高效浮选柱、复合力场选别设备等。

(4) 高效浓缩、过滤和高浓度管道输送设备与技术

高压浓缩设备最高底流排放浓度达70%，比普通浓密机提高了20%～40%，最大处理能力提高3～6倍，是冶金行业矿山实现尾矿井下高浓度充填，精矿高浓度远距离输送，浓缩系统提高效率、降低生产成本、水质达到环保要求的关键技术设备，在我国大中型矿山企业得到推广应用。管道输送是一种经济、高效、便利的输送技术，能更好地适应复杂地形，缩短实际运输距离，也是实现尾矿井下高浓度充填的关键技术。1997年我国第一条铁精矿长距离浆体输送管道在太钢尖山铁矿投产，管线全长102km，年输精矿200万吨。主要关键技术有：大型高效重载高压浓缩设备及技术；高浓度长距离管道输送装备及技术；大型高效自动过滤设备及技术。

(5) 低品位、复杂共伴生矿综合利用技术

我国矿产资源的特点是低品位矿和复杂共伴生矿多。为提高我国矿产资源利用率，研究低品位、复杂共伴生矿综合利用技术一直是选矿的主要研究方向，并随着科学技术的进步，资源的综合利用率得到不断提高。主要研究技术包括：复杂共、伴生矿综合回收有价元素的工艺技术；多金属锰矿选冶联合技术；白云鄂博型铁矿铁、铌、稀土及其他伴生金属元素的高效分离回收的产业化技术；钒钛磁铁矿铁、钒、钛及其他有价金属元素高效分离回收的产业化技术。

（6）菱铁矿、褐铁矿高效回转窑磁化焙烧装备与技术

磁化焙烧是处理菱铁矿和褐铁矿最有效的方法。磁化焙烧的目的是使矿石中弱磁性铁矿物转变为强磁性铁矿物，再用高效的一般磁选法获得较高的选矿指标和优质成品铁精矿。菱、褐铁矿高效回转窑磁化焙烧-磁选技术主要由配料、回转窑磁化焙烧、焙烧料冷却以及烟气除尘、配电、自动控制、磨矿及磁选选矿等部分组成，以大型节能还原回转窑为平台，以两段磁化技术和新型燃烧系统为核心技术，降低了焙烧能耗、精确控制了大型工业回转窑内温度场和还原气氛、提高了回转窑利用系数、克服和避免了回转窑结圈等工程技术问题。该技术在新疆、云南、陕西等地菱、褐铁矿利用中得到应用，解决了此类矿物此前不能工业化利用的状况。

（7）选矿过程自动控制和选矿厂信息化管理技术

我国选矿厂自动化技术的研发和工程转化与国际先进水平相比均有着较大差距，发展方向是建立一个以集散控制、计算机网络、数字监控及实时优化调度为内容的选矿生产过程数字化实时监控调度系统，并研制出具有自主知识产权的智能破碎控制器、智能磨矿控制器及矿山专用检测仪表，进行破碎、磨矿分级、浓缩过滤与精尾矿输送过程以及选矿生产的优化、全流程自动控制和监控，实现完整的选矿全过程自动化、数字化、智能化。主要关键技术有：计算机集成制造系统（CIMS）；数字化、智能化和虚拟化自动化检测仪表；控制系统的集成化技术、智能化技术；信息化与自动化融合技术。

积极探索、研发、加快工程化的关键技术

（1）氧化铁、锰矿还原焙烧设备与技术

多级循环旋流磁化焙烧成套技术是解决褐铁矿、菱铁矿等难处理铁矿高效利用的具有原创性的新技术。该技术由传统的堆积态气固换热转变为悬浮态气固换热，物料预热、反应速度快，磁化反应的效率高；粉状原料在流态化状态下进行焙烧，避免了焙烧矿“表面过还原、中心欠还原”的问题，焙烧矿质量好，提高了资源利用率；人工智能控制系统确保了焙烧系统温度、气氛、压力耦合。该技术已完成半工业试验，取得了较好的试验结果，但需进一步解决制约工业规模生产

的工程技术问题。

还原焙烧选冶技术是有效利用低品位氧化锰矿的重要技术，包括闪速还原焙烧装备及技术和新型回转窑还原焙烧处理氧化锰矿的装备及技术。

(2) 微细粒矿物选矿装备与技术

我国已探明的铁矿中有15%～20%为复杂难处理微细粒矿石，矿石需磨细到小于30μm，才能使铁矿物单体解离，回收利用。随着矿产资源的不断开发，微细粒级矿物利用已越来越迫切。主要研究技术包括：微细粒矿物选矿工艺技术；微细粒矿物高效节能磨矿与精确分级装备与技术；微细粒矿物浮选设备与技术；微细粒矿物磁选设备与技术；微细粒精、尾矿固液分离设备与技术；微细粒矿物浮选药剂研制技术等。

(3) 鲕状赤铁矿等难处理铁矿选矿技术

我国鲕状赤铁矿储量达几十亿吨，因粒度细、回收率低、磷含量难以降低、经济成本过高等问题，该类资源至今未能得到有效开发利用。我国西部缺水和高盐水地区铁矿因常规选矿方法不能有效分选而难以利用。主要研究技术包括：高磷鲕状赤铁矿与低磷鲕状赤铁矿低成本选矿技术；西部缺水和高盐水地区铁矿选矿技术与装备等。

(4) 高效低毒（无毒）选矿药剂技术

随着矿产资源的日趋贫细化及对产品质量要求的提高，浮选在黑色金属矿选矿中的作用越来越大，研制高选择性环保选矿药剂越发重要。选矿药剂研制一方面从药剂结构性能出发，借助现代计算机技术，进行药剂分子结构设计，找寻新型药剂；另一方面对已有有效浮选药剂进行改性，复配组合。在原有药剂中引进新的基团，发挥药剂分子内部的协同作用效应；不同药剂之间的组合、复配，发挥不同药剂之间的协同作用和效应。选矿药剂研制技术主要包括：氧化矿捕收剂、耐低温氧化矿捕收剂、高效调整剂研制技术；混合用药和药剂复配技术。

(5) 超导磁选设备与技术

超导磁选设备是将超导电技术中的超导磁体移植到磁选设备上，

以代替常规磁体，从而产生很高的磁场强度。自20世纪70年代以来，美、英、德等国先后开展了超导磁选机的研制，并已投入工业应用。与传统磁体磁选机相比，超导磁选机具有高场强、高梯度、低能耗、设备重量轻、体积小、处理量大等优点。但超导磁体材料价格昂贵、制冷设备与工艺复杂、成本高。随着超导材料、容器技术和绝热保温材料及加工技术的发展，特别是近年无制冷剂低温冷却泵的研发成功和工业应用，生产用超导物理磁体的经济运行已成为可能。超导高梯度磁选设备不仅能解决 -30μm 微细粒级弱磁性矿物无法有效回收利用的难题，同时可大幅度降低细微粒弱磁性矿物磁选生产成本。

(6) 生物选矿技术

生物选矿技术是利用微生物的催化氧化作用，将矿物中有价金属以离子形式溶解到净出液中加以回收，或将矿物中某些元素溶解并除去的技术，是矿冶工程和现代生物科学交叉结合形成的新型学科。对于一些常规矿物分选方法无法处理或不能获得经济效益的低品位复杂矿石，微生物处理技术具有不可替代的优势，是近些年来矿物加工领域的重要研究方向之一。我国低品位复杂贫锰矿杂质含量高，粒度细，技术加工性能差，采用常规选矿方法难以高效利用。近些年，采用生物浸出技术，综合利用复杂贫锰矿中的锰等有价金属，并进一步深加工成一水硫酸锰、二氧化锰等锰产品，已取得阶段性成果。采用生物选矿技术降低铁精矿中的硫、磷等杂质含量也取得了比较好的试验结果。

(7) 尾矿生产建筑材料技术

用尾矿生产建筑材料是大规模利用尾矿的主要途径，主要包括：加气混凝土、高强和超高强混凝土预制件、透水砖、建筑砌块等。其中，尾矿生产高强结构材料可用于地铁工程、大跨度桥梁、高速铁路等，附加值高，是尾矿生产建筑材料的重要发展方向，其核心技术为：“微磨球效应”优化技术、粗细尾矿高效分级技术、级配与活性双重协同优化技术等。

2.3.4 废钢回收、加工、物流及利用研发关键技术

加快推广的关键技术

（1）废钢大型预压剪切机和大型破碎、分选设备制造与生产技术

大型废钢加工设备制造技术的重点是废钢大型预压剪切机和大型破碎分选生产技术。我国每年废钢铁产生量已超过1亿吨，但是废钢加工手段相对落后，采用大型预压式门型剪切机和750kW以上的废钢破碎机加工的废钢量只占废钢回收量的10%左右，大部分废钢还是靠落后的鳄式剪切机和采用手工火焰切割。因此为炼钢提供的废钢达不到精料水平，更未能执行国标。现在我国已有专门生产废钢大型专用设备的企业，技术性能基本达到国外先进水平。需要尽快实现废钢铁加工配送体系的建设，使废钢铁能按国标生产，并在全国范围普遍实现废钢铁的产业化。逐渐淘汰鳄式剪和手工火焰切割这两项国外先进国家已经淘汰的不安全、有污染的落后加工工艺技术。

（2）炼钢余热预热废钢装备的工艺技术

利用电炉炼钢余热预热废钢，是一种节能降耗、提高废钢收得率的先进工艺。废钢作为电炉炼钢的主要原料，其加料方式由传统的旋转开炉盖料篮加料方法改为废钢预热连续加入电炉进行冶炼，具有节约电能、降低电极消耗、提高废钢及钢水的收得率、降低因潮湿废钢加入所引起的电炉爆炸的概率、实现洁净生产及其他多项益处。近年来，电炉炼钢在工艺操作与采用新工艺方面取得了较大发展，这些新工艺技术大都与废钢预热有直接或间接的关系，我国舞阳、沙钢等一些电炉钢厂已有较成熟的电炉余热预热废钢的工艺技术，国内DP型废钢预热输送设备也在一些电炉钢厂使用。通过对国内外相关技术进行研讨和实例总结，推广先进的成熟的工艺技术，使国内电炉钢厂普遍实现电炉余热预热废钢工艺技术。

（3）“石钢锤”替代落锤加工渣钢和其他大件铸铁的装备与技术

我国钢铁企业在冶炼工序中产生大量的铁渣和钢渣。铁渣中金属含量为5%左右，钢渣中金属含量为10%左右。绝大多数企业处理这些废钢都是以“落锤”工艺实现的，这种加工方式落后、工效低、不安全。

石钢锤是一种可代替落锤或爆破手段破碎大块渣钢、钢包及拆除混凝土路面、基础的破碎设备，冲击能量巨大，是现有最大破碎器冲

击能力的15倍。石钢锤是安装在挖掘机上,利用液压系统工作的设备。在一定范围内能够改变角度、准确定位,控制打击力和打击频率实现精确打击;打击点周围被钢帽覆盖,可防止碎片飞溅,安全性好;可降低施工现场噪声,改善作业面及周边环境。

石钢锤可对大型渣钢、红热渣钢进行现场破碎处理。其准确定位最佳打击点,合理控制打击力、打击频率的能力可用于对渣罐的清理,减少对罐体的损伤,降低成本、提高效率。可处理大块钢渣、钢模、中间包等,最大重量在100t上下,可代替炸药爆破处理方式,更省时省力,提高安全性。

(4)钢渣研磨成微粉用于水泥原料及深度利用的装备与技术

近年来,我国自行研发的钢渣余热自解热闷处理工艺技术在解决钢渣的不稳定性上取得很大的进步,可消解钢渣中游离氧化钙和游离氧化镁,使钢渣粉成分稳定,可回收10%的废钢。为实现钢渣的高价值资源综合利用,近年来我国还对钢渣成分与胶凝性能关系进行了研究,在世界上首次提出钢渣可作为过烧硅酸盐水泥熟料,磨细至比表面积为400m^2/kg以上,可等量取代10%~30%的水泥配制混凝土,可提高混凝土后期强度、耐磨性和抗腐蚀性,间接减少了生产水泥的能耗和CO_2的排放。被国家环保部列为国家先进污染防治示范技术,并开始推广使用。

积极探索、研发、加快工程化的关键技术

(1)超大超厚型废钢加工解体设备与技术

生产过程中产生的超大、超厚废钢有中间包、钢渣坨、废钢坯等,淘汰的大型设备有废钢包、废渣罐及大型设备机架等。有些单位曾经采用过高架落锤、爆破等加工手段,不仅加工效率较低而且存在一定的安全隐患,有待于研发新的解体工艺和设备,或引进先进技术。当前,大型数控切割设备很多,如数控火焰切割机、数控等离子切割机等。但是大型废旧设备、废钢的解体由于形状不规矩,又是超厚超大,一般的数控切割机难以胜任。

(2)报废汽车的先进拆解加工装备与技术

包括废旧汽车回收流程的控制、报废汽车解体、主要零部件及车身的拆解工艺、报废汽车拆解流水线等先进设备、报废汽车拆解材料的分类和利用、报废汽车退役零部件的再使用和再制造技术等。其中报废汽车拆解流水线，是指废旧汽车被放置在拆解生产线上，按照拆解工艺顺序和节拍依次经过各个工位进行拆解作业的方式，不但避免了由于拆解不当而使零件价值降低或丢失的状况，而且可以对拆解下来的零件进行细致分类，最大限度地实现报废汽车的价值，提高回收率。这样的设计符合报废汽车零部件和材料的再使用、再利用和再制造，可以保护环境和节约资源。

(3) 废合金钢简便、快速分析仪器的装备与技术

手持式X射线荧光光谱仪，能够快速、高效地对废旧金属成分进行鉴别与分析，操作简单，只需对准样品即可进行测试；涵盖广泛的开放式牌号库，可方便地编辑牌号库，自身带有集成的牌号库，其中包含：镍合金、不锈钢、钴合金、低合金钢、工具钢、铜合金、钛合金、锆合金、铝合金等。具有方便的数据存储与输出功能，能够对所有元素提供更快的分析和更低的检测下限。

(4) 废钢铁尾渣所含有色金属（如金、银、铜、镍等）提选技术及自动分离技术

我国现有的废钢破碎机，筛选下来渣子里还含有3%～5%的其他金属，一般被丢弃掉了，国外已经有精细筛分设备工艺技术，需要国内组织研发和引进国外技术，以减少稀有金属的浪费。有色金属的涡流分离机，是利用导体在高频交变磁场产生感应电流的原理设计的。废钢铁尾渣的金属，进入强磁场分选区时，通过金属的涡电流磁场与原磁场相互排斥的作用力，将金属块抛出，实现金属与非金属的分离。有色金属涡流分离机具有单位磁极面积处理能力大、选择性好、物料粒度范围较宽等优点，应用领域较广，汽车拆解、有色金属铸造、废电子产品拆解等行业生产工程中，该设备可将铜、铝和不锈钢及弱磁性物体分离出来。

(5) 钢渣高效宽带磁选设备与技术

钢渣处理工艺流程是采用破碎、筛分和磁选相结合的方法，得到规定粒度品位的磁性物质，将钢渣中的铁素资源回收利用。

钢渣磁选工艺不是简单的设备的排列组合，是对钢渣进行分析后，根据不同粒度级别的钢渣，采用不同性能、不同形式的磁选设备分选。钢渣带磁机，输送皮带宽度可大于2000mm，摒弃了传统的除铁器的设计概念，采用独特的磁路设计，增大了磁场分布面积，采用特殊的磁场分布。把磁场梯度及磁场均匀分布作为带磁机的主要参数组成，能够对输送机上的渣钢以相同品位分选出来，分选效果高效显著。分选钢渣粒度及品位如下：0 ~ 10 目品位达到60%以上，10 ~ 100 目品位达到85%以上，100 ~ 200 目品位达到85%以上，尾矿金属铁含量小于1%，是当前钢渣磁选首选设备。

我国的钢渣细磨和宽带磁选设备还没普及。目前，鞍钢用的德国磁场选别技术，创造性地采用宽带高效新型带磁技术，可将尾渣金属铁含量降至 1. 2% 以下。国内已有企业正与鞍山钢铁公司联合研制 1. 2m 高效宽带磁选设备，这项技术的引进与普及，将解决钢渣的深度利用。

3 产　　品

3.3.1 钢铁产品生产关键技术

加快推广的关键技术

(1) 钢铁产品化学成分优化设计及控制技术

主要技术包括：1) 基于钢铁产品使用性能（强度、韧性、成型、焊接、耐蚀、耐候、耐磨、耐高温、耐低温等）要求的 C、Si、Mn、Al 等基本成分优化设计；2) 钢中 Nb、V、Ti 等微合金成分优化设计；3) 钢中 Ni、Cr、Cu、Mo 等合金成分优化设计；4) 钢中 N、O、S、P、H 等杂质元素的控制技术；5) 钢中痕量元素的控制技术；6) 钢在冶炼、精炼过程中的窄成分及成分稳定性控制技术。

该项技术在日本、韩国、德国和欧洲等国家和地区处于国际先进和领先水平，已进行了普遍和稳定的应用，这对于稳定钢铁产品的质量和性能水平至关重要，并在降低产品合金与冶金成本方面效果显著。国内近年在钢铁产品化学成分优化设计及控制技术方面已开展了大量工作，如 X80 以上高钢级管线钢的 S、P 等杂质元素含量控制，高强耐候、耐蚀、耐磨和耐低温钢及桥梁钢、结构钢和汽车板的微合金化及 Ni、Cr、Cu、Mo 等合金成分优化设计与控制等已达到国际先进水平。国内应开展的工作主要是进一步提高钢铁产品化学成分优化设计的理论模型精度和系统方法，并提高窄成分控制命中率和稳定性。

(2) 高洁净钢冶金生产技术

主要技术包括：1) 洁净钢铁水的先进预处理技术；2) 洁净钢转炉冶炼（S、P、Si、O）控制技术；3) 电炉钢的原料精细化分类与管理及先进电弧炉冶炼控制技术；4) 洁净钢精炼控制技术（杂质元素的控制及微合金化技术）；5）根据钢产品使用要求的经济洁净度控制技术等。

该项技术在日本、韩国、德国等国家处于领先水平，已进行了普遍和较稳定的应用。高洁净钢中N、O、S、P、H等杂质元素含量的总和最低可控制在$(50\times10^{-6})\sim(60\times10^{-6})$。洁净钢的高效、经济和稳定控制技术对于提高钢材质量和性能，尤其是使用性能十分关键，是大批量生产优质高性能钢材的基础。国内钢厂在超低氧特殊钢生产方面取得显著进步，通过采用转炉或电炉出钢严格挡渣、铝强脱氧、高碱度精炼渣系、高效RH精炼、严密保护浇铸等技术，将轴承钢、齿轮钢、弹簧钢、高铁轮对用钢等总氧含量降低至$(3\times10^{-6})\sim(8\times10^{-6})$，除满足国内需求外，兴澄特钢、大冶特钢等还向日本、美国、欧洲等国家和地区出口。

（3）低成本高性能微合金化技术

主要技术包括：1）高性能微合金化钢的组织设计；2）高性能微合金化钢的合金成分的低成本优化设计；3）微合金化钢冶炼与精炼过程中微合金元素的高回收率稳定控制技术；4）应用低成本合金元素替代高成本合金元素及合金元素的减量化设计与控制技术；5）根据微合金化元素在钢中的强化作用制定合理的铸坯加热、均热温度控制规程及轧制与冷却过程组织转变、组织构成与析出优化控制技术。

近年来，国内外十分重视该项技术的研究开发与应用，针对不同成分的微合金化钢采用热力学与动力学方法计算分析相变与析出的规律，结合新一代TMCP技术获得较理想的组织结构，达到高的钢材性能。例如，采用价格低廉的Ti进行微合金化设计与工艺控制，生产屈服强度600MPa和700MPa级的高强耐候钢，采用Ti、加微量Nb复合微合金化批量生产屈服强度600MPa和700MPa级的高强工程机械用钢等，在节约Nb、V、Mo等较贵合金、降低成本上收到显著效果。

（4）钢中夹杂物及析出物控制技术

主要技术包括：1）洁净钢冶炼、精炼脱硫脱氧控制技术；2）全过程保护浇铸技术；3）适应不同钢种的保护渣开发应用技术；4）连铸过程钢中夹杂物控制技术；5）钢水凝固过程大颗粒析出物控制技术；6）铸坯加热及热轧形变过程中的析出物控制技术；7）钢在相变、冷却过程中的纳米碳氮化物析出控制技术。

钢中夹杂物及析出物是影响钢材表面及内部质量性能，尤其是钢的强韧性的关键因素之一，一直是国内外钢铁冶金技术关注的重点。近年来，在日本、欧洲、北美及国内，在钢中夹杂物及析出物研究与控制技术方面不断出现新理论、新技术与相应的新产品。例如，氧化物冶金、夹杂物微细化控制、形变与相变过程中的纳米粒子析出控制技术等。在精细控制组织、提高钢材性能（包括成型加工性能、焊接性能及使用性能等）、节约合金元素、降低钢材成本等方面效果显著，例如：日本开发生产纳米析出强化钢（NANO-HITEN 钢）和国内开发生产的钛微合金化纳米析出强化高强钢等利用了析出物控制技术，效果显著。今后还需在这方面积极开展工作。

（5）控制轧制与控制冷却（TMCP）及超快速冷却技术

主要技术包括：1）铸坯加热及均热优化控制技术；2）热轧过程变形制度优化分配技术；3）轧制过程中的冷却控制技术；4）轧制与冷却过程中的形变与相变组织精细调控技术；5）钢在形变与相变过程中的第二相析出控制技术；6）轧后冷速与冷却路径精确控制技术；7）超快速冷却装备与柔性化冷却控制技术。

控制轧制与控制冷却技术已经在国内外钢材热轧生产线上得到普遍的重视和应用，而新一代 TMCP 技术在高强韧中厚板、热连轧板带以及长材生产上已取得了极大的成功，有效地改善了钢材的组织，提高了钢材的强韧性。日本、韩国、欧洲以及国内部分钢铁企业近年在采用先进的 TMCP 技术并结合超快速冷却技术生产超宽、超厚及超高强钢材方面成效显著；同时，还在充分发挥轧机装备特点、实现钢铁产品升级换代与减量化制造以及产品合金成分优化设计与降低生产成本方面取得了成效。

（6）高精度轧制与高精度在线检测技术

主要技术包括：1）铸坯加热及均热温度均匀化控制技术；2）中厚板轧制尺寸形状精确控制技术；3）热连轧板厚、板形高精度控制技术；4）型材及棒线材尺寸形状精确控制技术；5）轧辊磨损在线检测及预测技术；6）热轧、冷轧板形板厚在线高精度检测技术；7）热轧材轧制过程中的温度高精度检测与控制技术；8）型材尺寸形状在线高精度检测技术；9）连轧过程中的智能化控制技术。

该项技术在德国、瑞典、日本等国的先进钢铁企业已有大量成功的应用，国内也有企业开发了相关技术，例如中厚板尺寸形状高精度轧制与高精度在线检测、热轧及冷轧薄板板厚及板形高精度轧制与高精度在线检测、型钢及棒线材高精度轧制及高精度在线检测等，并取得了良好的应用效果，不仅显著提高了轧材质量，在提高成材率、降低材料消耗和成本方面效果也非常显著。

（7）离线或在线热处理强化技术

主要技术包括：1）高强及超高强韧钢的合金成分与组织优化设计；2）大尺寸厚规格高强韧钢板的TMCP技术；3）热轧轧后超快速冷却及冷却路径优化控制技术；4）轨梁及型材的在线余热热处理技术；5）高强韧板带材在线热处理强化技术；6）大尺寸钢材离线热处理过程中温度均匀化控制技术；7）钢材热处理过程中组织调控与强化技术；8）钢材热处理过程中纳米析出粒子类型、尺寸及其分布的控制技术；9）针对不同钢材强化与组织控制的智能化热处理控制模型；10）钢材热处理强化装备精确控制技术。

高强韧钢材的离线及在线热处理强化技术近年在国内外均十分受重视，日本钢铁企业的在线热处理提出和发展最早，包括热轧板带材及棒线材，超快速冷却技术也在多家企业得到应用，先进的离线热处理装备在美国及欧洲的一些钢铁企业配备完整，一些高性能超高强钢材不仅批量生产且有大量出口。我国近年一些钢铁企业尤其是中厚板企业在离线热处理线的建设上投入很大，也取得了很好的效果。攀钢重轨在线热处理技术已形成自主知识产权，所生产的高强韧重轨有大量出口。因此，通过开发建设先进的离线或在线热处理装备与技术，对生产高强及超高强韧钢材意义重大。

（8）细晶钢控轧控冷装备及技术

主要技术包括：1）细晶钢的冶金成分优化设计；2）细晶钢的铸坯加热与均热控制；3）细晶钢的高温再结晶控制轧制与晶粒细化技

术；4）细晶钢未再结晶区及相变前的变形优化分配控制及冷却精确控制；5）细晶钢轧后冷却相变过程组织细化控制技术；6）细晶钢生产线高刚度轧机装备与控制；7）细晶钢轧制及轧后高效冷却装备与控制技术。

细晶钢的应用基础及应用研究在国内外已有十余年时间，近年已达到批量工业生产应用。在国外，日本、韩国、澳大利亚以及欧洲等国的先进钢铁企业及研究单位开展了大量研究及应用工作，取得了一系列成果。我国是细晶钢研发较早的国家，近年来，结合快速冷却控制技术，在板带轧制、棒线材轧制以及建筑用钢的细晶钢基础研究及应用研究与产业化方面均取得显著成效。细晶钢的大批量生产应用在显著提高钢材强韧性以及节约合金、实现减量化钢铁产品制造方面发挥了重要作用。

（9）先进高强及超高强钢材的成型、连接应用技术

主要技术包括：1）具有良好成型性能与焊接性能的先进高强及超高强钢合金成分优化设计；2）先进高强及超高强钢的组织设计与调控技术；3）先进高强及超高强钢板的成型回弹、起皱、开裂及焊接性能的科学评价体系；4）先进高强及超高强钢成型缺陷预测与控制技术；5）先进高强及超高强钢的先进连接工艺技术，以及与焊接工艺相配套的焊接材料制备技术；6）先进高强及超高强钢焊接性能评价分析系统。

成型与焊接性能是先进高强及超高强钢应用的关键。通常，随着钢材强度的提高，其成型性能及焊接性能下降，尤其对超高强钢而言，成型及焊接则更是其应用的难点和关键。近年来，国内外许多冶金材料专家和企业在先进高强及超高强钢的材料及冶金工艺研究开发上，更加重视通过合金成分设计和组织调控来降低碳当量、提高力学性能，以保证良好的成型与焊接性能，并将产品开发与应用性能进行了很好的统一，形成良好的配套技术。

（10）高性能电工钢制造技术

主要技术包括：1）高性能高牌号取向硅钢及无取向硅钢的成分及抑制剂设计；2）高性能电工钢的洁净钢冶炼及精炼成分精确控制及稳

定性控制；3）高性能电工钢铸坯质量控制（包括表面及内部缺陷、成分与组织偏析等）；4）高性能电工钢的低温加热、轧制变形与退火织构及磁性能控制；5）高性能电工钢中夹杂物、析出物控制；6）超薄规格电工钢带的板形、板厚高精度控制；7）高性能电工钢表面缺陷、防氧化涂层技术；8）高硅钢的加工工艺控制技术。

高性能电工钢一直是国内外十分重视的高性能特殊钢品种，随着发电、输电、动力和新能源开发等技术的快速发展，对电工钢的磁性能、效率、尺寸形状精度与极限规格以及特殊应用环境条件等各方面的要求越来越高，由此推动高性能电工钢技术不断发展。目前，国际上仍以日本的电工钢技术处于领先地位，近年我国的武钢、宝钢在开发生产高牌号取向电工钢的技术方面取得很大进展，其产品和成果在国内重大工程建设中发挥了重要作用。

（11）热镀锌工艺稳定和优化技术

主要技术包括：1）热镀锌锌锅成分设计与成分稳定性控制与优化技术；2）热镀锌铝合金成分设计与成分稳定性控制技术；3）合金化热镀锌层相结构及其分布的控制技术；4）热镀锌镀层厚度及镀层均匀性控制；5）热镀锌沉没辊、稳定辊的耐热腐蚀与耐热磨损寿命精确检测、预测与控制技术；6）针对不同镀层厚度与镀层形貌要求的智能化气刀系统控制技术；7）热镀锌锌锅流场的动态模拟分析模型与模拟技术；8）汽车及家电用高强及超高强热镀锌镀层质量与性能控制技术。

汽车及家电用高质量热镀锌板的镀锌工艺与质量稳定性控制技术一直是热镀锌领域的前沿技术，日本、欧洲和北美的一些先进冶金企业在热镀锌工艺技术方面处于先进或领先地位，近年新投产的热镀锌装备与工艺技术多来源于这些国家。国内部分钢铁企业近年通过引进消化先进的热镀锌装备和工艺技术并不断研发，在高质量热镀锌板的工艺技术及产品研发方面取得了进展。但在高表面质量、镀层稳定性与均匀性控制以及超高强热镀锌钢板的稳定化生产方面与国际先进水平比较仍有相当差距，大多数热镀锌产品仍属于中低档产品，需要学习和推广国内外高质量热镀锌板的工艺稳定性控制与优化控制技术，以提高成材率并进一步降低生产成本。

（12）电镀锡工艺稳定和优化技术

主要技术包括：1）电镀锡板钢中夹杂物、析出物及板带表面质量控制技术；2）厚度小于2mm超薄规格电镀锡板厚度精度及板形控制技术；3）电镀锡板连续退火通板性能均匀性与稳定性控制技术；4）DR材K板的电镀工艺技术；5）环保型镀锡板的无铬钝化处理技术；6）覆膜铁产品的基板性能稳定性、多功能膜及覆膜技术；7）电镀锡产品的涂饰性、抗硫、缩孔等表面质量控制及制罐技术。

电镀锡板消费以饮料罐、食品罐、工业罐、瓶盖、喷雾罐五大类用途为主。国外以日本的先进技术及产品为代表。国内近年虽然镀锡板产能已处于供大于求的局面，产能利用率仅50%左右，但镀锡板产品仍以中低档为主，基板减薄和国外差距较大，性能与表面质量有待进一步提升，覆膜铁产品研发刚刚起步，与国外成熟的技术相比差距较大。宝钢的镀锡板工艺研发及进展迅速，开发了二次冷轧电镀锡、TFS新产品，目前已拥有DR6～DR9等系列产品，在三片罐、两片浅冲罐以及旋开盖产品方面得到很好的应用，三片饮料罐已经试用减薄为0.17mm的DR材（二次冷轧材）产品。国内在电镀锡工艺的稳定性、工艺优化控制，以及持续减薄DR材、高伸长率DR材等新产品、新工艺研发方面需要加快开发和推广。

积极探索、研发、加快工程化的关键技术

（1）无头轧制、半无头轧制薄规格、超薄规格热带钢技术

主要技术包括：1）在常规热连轧流程中的无头轧制中间坯快速连接技术；2）热带无头轧制各工序高效衔接技术；3）保证长短坯轧制自由切换的高效灵活的半无头轧制生产组织模式和系统的建立；4）半无头轧制超长尺寸连铸坯温度均匀化控制系统及相关工艺技术；5）适应薄和超薄带钢无头轧制、半无头轧制的连轧过程张力控制系统、动态变规格和恒规格轧制技术；6）无头轧制、半无头轧制过程的工艺润滑系统及控制技术；7）高稳定性的飞剪控制、低成本长使用寿命的剪刃加工制造技术；8）飞剪、板带引导辊与卷取机高速协调衔接技术；9）从板坯连铸、均热、热连轧、层流冷却、飞剪剪切到卷取高度一体化的热带无头轧制、半无头轧制系统集成技术。

热带无头轧制、半无头轧制是在现代钢铁生产线上大批量生产高质量薄和超薄规格宽带钢的先进技术。目前国际上实现热带无头轧制的有日本、意大利和韩国，实现热带半无头轧制的仅有德国、荷兰的两个CSP厂家。国内日照钢铁于2015年2月采用ESP轧制出第一卷带钢，与传统连铸连轧工艺相比，降低能耗45%。涟钢等三家钢厂的短流程线在半无头轧制技术方面做了大量工作，涟钢CSP线实现了半无头轧制技术的集成创新，并大批量生产薄规格宽带钢，在超长铸坯长度、超薄规格厚度及半无头轧制工艺稳定性控制、实现部分“以热代冷”、扩大薄规格产品范围、节能降耗等方面取得显著成效，证明该先进技术值得工程化推广应用。

（2）大型异形材全轧程及冷却过程热力耦合模拟分析预测及CAE技术

主要技术包括：1）大型异形坯连铸及铸坯质量控制技术；2）直观、可靠的大型异形型钢全轧程三维热力耦合仿真模型建立及全轧程数值模拟分析技术；3）大型异形型钢轧制过程尺寸形状缺陷预测及工艺系统优化技术；4）降低轧辊磨损、提高生产效率及改善产品质量的大型异形型钢热轧精确润滑技术；5）大型异形型钢轧后高效均匀冷却控制技术；6）大型异形型钢轧制过程及轧后残余应力的预测与综合控制技术；7）大型异形型钢轧制系统CAE技术。

大型异形型钢轧制及冷却过程控制是一个复杂的工艺系统，采用传统的以经验试错方法为主的工艺控制技术已难以满足高质量、高精度大型异形材生产的要求。近年来，采用先进的大型数值模拟仿真技术进行大型异形型钢轧制过程的全轧程热力耦合模拟分析及CAE技术已得到迅速发展，日本及德国在该项技术上处于领先地位。国内已有少数型钢企业进行了该项技术的研发及应用，取得了良好的效果，但在该项技术研发的系统性、模型的可靠性及软件的普适性方面与国际领先水平比较仍有相当差距，需要全面、系统开展该项技术的研究及推广。

（3）钢材组织性能精确预报及柔性轧制技术

主要技术包括：1）优质钢材系统材料数据库的建立；2）代表性钢种（碳锰钢、微合金钢、合金钢）再结晶模型、析出模型、相变模型等系统精确模型的建立；3）钢材轧制及冷却工艺过程模型的建立；4）高效精确的组织性能预报方法、软件开发及前后处理技术；5）离线及在线钢材组织性能预报系统；6）智能化柔性轧制工艺技术。

钢材组织性能精确预报及柔性轧制技术是现代化钢材产品减量化、稳定化、高效化、智能化及低成本制造技术的重要组成部分。欧洲、北美和日本等国家和地区的钢铁企业十分重视该项技术的研发与应用，国内如宝钢等企业近年也投入大量人力财力进行研究和应用，并已取得了良好的效果。此项技术目前还仅限于很少数企业和少数钢种，所建立的材料数据库、模型库及软件还远不能满足大规模应用的要求。此项技术需要持续、系统地研发、应用和推广。

（4）高性能、高强度钢材生产技术相关应用科学基础问题探索研发

主要技术包括：1）高性能、高强度钢的合金成分优化设计；2）高性能、高强度钢中夹杂物生成与控制基础；3）高性能、高强度钢热变形组织细化与均匀化控制机理；4）高性能、高强度钢的形变、相变控制与组织调控；5）高性能、高强度钢中纳米尺寸碳氮化物在各阶段的析出机制与控制；6）高性能、高强度钢轧后控制冷却过程中的组织转变与析出特征；7）高性能、高强度钢的组织性能预报模型开发；8）高强、超高强钢中残余应力的形成分布机理与控制方法。

随着现代冶金材料科学技术的不断发展，高成型加工性能、高耐低温耐高温性能、高耐腐蚀性能、超高强韧性能等高性能、高强度钢得到不断开发和应用。随着航空航天、海洋工程、能源工程、现代交通工程以及进一步节约资源能源的发展需求，更高性能、更高强度、更均匀化稳定化的高性能、高强度钢的研究开发将持续不断地进行。多年来，国内外许多冶金科技工作者一直在致力于与高性能、高强度钢生产技术相关的应用科学基础研究开发和探索工作。日本、韩国、欧洲以及北美和我国国内的一些大型钢铁企业、研究院所和大学在高性能、高强度钢的应用基础方面取得了大量的成果，有力地推动了先进高强度钢的开发、生产和应用。但由于实际大生产中的连续、大规模、高速的冶金加工工艺过程是一个十分复杂、系统的冶金工程科学问题，其中的许多基础科学问题与规律尚未得到完整系统的、定量化

的分析、描述与控制，仍需要紧密结合实际工艺过程不断深入、系统地开展研究，为新的高性能、高强度钢产品开发及其稳定性生产工艺控制提供依据和基础。

3.3.2 冶金新材料关键技术

合金钢关键技术

（1）原料纯铁的真空超级提纯技术

20 世纪 80 年代我国一般采用电炉生产低杂质含量的纯铁，90 年代逐步采用氧气转炉或电弧炉加炉外喷粉技术生产低 S、P 的纯铁。随着冶金技术的不断发展，到 90 年代末期，采用氧气转炉或电炉 + 炉外精炼工艺，生产出了[O] + [H] + [N] + [P] + [S] $\leqslant 60\times10^{-6}$的工业纯铁。

用氧气转炉或电弧炉加炉外精炼双联工艺可以生产高品质的纯铁，碳含量达 5×10^{-6}，在转炉或电炉内进行脱碳、脱硫、脱磷外，通过炉外精炼，也称二次冶金、钢包冶金，如 LF、CAS-OB、RH、VD、VOD 等工艺，进一步进行脱碳、脱氧、脱氮、脱硫、脱磷等，使钢液的洁净度进一步提高。国内一些大中型企业都可以生产高品质纯铁。

（2）特殊钢流程技术，包括精料、精炼、精轧、精整关键技术

以齿轮钢、调质钢、弹簧钢、轴承钢为代表的量大面广的特殊钢，其发展方向是长寿命化，其生产流程技术关键是低成本稳定生产技术。在系统深入开展量大面广特殊钢产品质量稳定性控制理论的基础上，重点进行特殊钢典型生产流程过程中关键和共性技术攻关，包括：1）炼钢原材料控制技术，重点是废钢和铁水原料分类、选择、配比及质量控制技术；2）炉外精炼时化学成分的精确控制技术，重点保证中低碳钢中碳的波动范围稳定控制在 ±0.01%，合金元素的波动范围稳定控制在 ±0.02%；3）冶炼时气体和夹杂物控制技术，重点确保齿轮钢中氧含量控制在 15×10^{-6} 以下、轴承钢中氧含量稳定控制在 8×10^{-6}以下，D 类和 DS 类夹杂物得到有效控制；4）凝固控制技术，重点降低特殊钢铸坯和铸锭碳和合金元素偏析，碳和合金元素的偏析稳定控制在 ±5% 以内；5）轧制工艺控制技术，重点确保轧后组织和性

能均匀，并避免表面裂纹等缺陷，开展零缺陷特殊钢技术攻关；6）特殊钢轧后精整技术，包括高表面质量和尺寸精度控制技术以及在线和离线的无损检测技术。以生产轴承钢为例，日本山阳特殊钢公司钢中氧含量达到5×10^{-6}以下，夹杂物不大于10×10^{-6}，国内兴澄特钢的钢中氧含量可达8×10^{-6}以下。

(3) 特殊钢产品延伸、深加工及零部件生产技术

特殊钢产品深加工有助于提高冶金企业的附加值，特殊钢产品深加工依赖于关键生产技术的进步和与用户的密切配合。为此，可开发特钢板带、特钢棒线材（银亮材、变形材）、特钢扁平材、锻材和锻件、合金模块、工具和切削工具、焊条、焊丝、特殊钢丝、钢帘线、钢绞丝等金属制品；紧固件、标准件、汽车锻件、铁路锻件（车轮和车轴）、曲轴、连杆、轴承和齿轮毛坯、万向节等零部件生产技术。

国外有一些著名的厂商生产一批名牌的深加工产品，如SKF、FAG、铁姆肯的轴承、山多维克的工具及切削工具等。我国特钢厂生产深加工产品还较少，存在较大差距，需要改变观念，努力开展工作。特殊钢产品延伸、深加工不但能提高产品的附加值，而且是为用户服务的延伸，可以稳定和扩大市场。

(4) 超高洁净度、超高均匀性、精细组织大型双真空超高强度钢材的制备技术

目前超高纯净度、超高均匀性、精细组织大型超高强度钢材的制备主要采用真空感应+真空自耗熔炼技术（双真空熔炼）和锻造开坯技术。

真空感应熔炼是在真空状态下利用电磁感应在金属内部形成感应电流来加热熔炼金属和合金的工艺。真空感应炉具有可精确控制化学成分、去除低熔点杂质元素、防止大气污染、纯净度高等特点。

真空电弧熔炼炉的主要特征是利用电弧热来熔化作为自耗电极的金属，熔炼过程是在真空状态下或者在惰性气体保护气氛中进行的。真空自耗熔炼能有效脱气，去除夹杂物，并获得致密、良好凝固组织的钢锭。

经双真空熔炼后的超高强度真空自耗锭，一般经自由锻开坯，并

根据需求经进一步锻造或轧制成所需的成品钢材。目前，国内一些特钢厂都可用此种工艺进行生产。

(5) 计算机集成制造系统技术(简称CIMS)

计算机集成制造系统(CIMS)，是随着计算机辅助设计与制造的发展而产生的，是在信息技术、自动化技术和先进制造技术的基础上，通过计算机技术把分散在产品设计与制造过程中各种孤立的自动化子系统有机地集成起来，实现整体效益的集成化和智能化制造系统。CIMS一般由生产经营管理分系统、工程设计分系统、车间管理与制造自动化分系统、质量保障分系统、计算机网络系统和数据库管理系统等几个分系统组成。

CIMS的研究与应用已有20多年的历史。欧、美、日、韩等国已有许多家钢铁企业实施了CIMS，如韩国光阳厂是国际公认的现代化程度最高的CIMS钢铁企业。目前我国已在不同行业的几百家企业实施CIMS应用示范工程，已有近100家通过验收，其中也有多家大中型钢铁生产企业。

CIMS技术在钢铁行业推广应用，可将先进的信息技术与制造业的实际需求相结合，促进新产品自主开发能力、市场开拓能力和整体管理水平的提高，并推动整个行业生产向集成化、数字化/虚拟化、网络化、柔性化(敏捷制造)、智能化、绿色化方向发展，也是全球可持续发展战略在制造业中的体现。

高温合金关键技术

(1) 高洁净度高温合金冶炼和重熔(及制备)技术

1) 真空双联和三联技术。高温合金中Al、Ti、Nb、Zr等元素含量较高，为了防止合金元素在熔炼中氧化，需严格控制合金的成分。通常都采用真空感应熔炼母材，然后在真空自耗电极电弧炉或电渣炉中进行重熔，以有利降低钢中气体和夹杂物含量并改善合金锭的铸态组织，减少偏析。此种双联工艺已成为高合金化难变形高温合金生产中的主要熔炼工艺，在国内外已广泛应用。近期在美国又发展了真空感应炉+电渣炉重熔+真空自耗熔炼三联熔炼工艺，可以进一步改善合金的组织和性能，提高合金的纯洁度，特别是降低硫含量，消除宏观偏析缺陷，这种工艺在高性能、高质量变形高温合金的生产中已得到了成功的应用，效果良好。我国也正在试验研究中。

2）定向凝固和单晶制造工艺技术。定向凝固和单晶材料是目前高温合金中工作温度最高的材料。定向凝固柱晶高温合金可以用于制造平行于主应力轴的［100］取向柱状晶的航空发动机涡轮叶片和导向器叶片，由于消除了垂直于主应力轴的横向晶界，材料的蠕变强度和塑性以及疲劳性能得到显著改善。单晶材料消除了高温时的薄弱环节——晶界，一个叶片由一个单晶组成，使各种性能，特别是耐热性能进一步得到改善，主要用于工作温度高、工作条件复杂的航空发动机涡轮叶片以及大型燃气轮机涡轮叶片。制造定向凝固叶片和单晶叶片需要特定的设备——定向凝固炉和一整套特定的工艺技术。具有高温度梯度的单晶炉是此项工艺技术的关键。此项技术已在国内外应用，国内的主要差距是定向凝固装备小，生产工艺不够稳定，生产的品种档次低，都是第一代、第二代产品，国外正在研发第三代、第四代产品。

（2）大规格难变形高温合金热加工技术

1）高温合金的包套锻造开坯技术。高温合金合金化程度高，变形抗力大，变形窗口很窄。因此，合金锭的开坯是一个比较困难的环节，国外大多采用挤压开坯的工艺，而我国的冶金厂没有大吨位挤压机，开坯只能通过锻造进行，为此，开发了钢锭包套和软包套锻造关键技术。钢锭的包套锻造是将合金锭包在钢制套筒中进行锻造，主要是防止合金锭在锻造过程中的温降，保证控制最佳的锻造温度。同时，包套也能改善锻造时的应力状态。应用此项技术顺利地解决了合金锭的锻造开坯问题，国外也有应用，但很少有报道。最近，由我国创新性地开发了一种绝热材料软包套技术，用一种玻璃体作为黏合剂，将一种绝热保温材料黏接在锭的表面，代替钢制套筒，以防止温降，不但降低成本，而且操作简单，取得了良好的效果，值得在难变形合金的锻造开坯中更广泛地推广应用。

2）高温合金锭均匀化处理技术。由于合金锭不可避免地存在偏析，降低了合金的塑性和可锻性，增加了组织结构的复杂性，并降低性能。为此,必须将合金锭在锻造开坯前进行高温长时的均匀化处理,针对不同的合金开发一套均匀化处理的工艺参数。为了取得良好的均匀化效果,处理的温度要接近固相线温度,为了防止低熔点析出相的熔化,可先在较低温度进行处理,使低熔点相首先溶解,然后再将处理温度移至接近固相线温度的高温进行数十小时的长时处理。此项技术在国外应用已久,在国内也普遍应用,在每个新品种生产前要确定相应的工艺参数。

(3) 大直径多孔发散冷却喷注器面板制备技术

在高温下使用通过发散冷却实现高强度冷却的一种多孔结构材料,冷却介质(气体或液体)从材料制件的一侧,经其中连贯的毛细孔渗透到承受高温的另一侧发散出来,形成连续的流动气膜或液体分解气化,吸收大量的热,从而降低材料的表面温度,起到强制冷却的作用。

此种多孔发散结构材料是将高温合金丝材编织成丝网,多层丝网叠成的制件,经真空烧结和轧制,获得所需的强度、透气度和最终尺寸,国内目前已基本掌握此工艺技术。

(4) 高温合金新工艺技术

1) 粉末高温合金盘件制造技术。高性能高温合金盘件具有很高的合金元素含量,变形抗力大,偏析严重,热变形十分困难,通过常规的熔炼、铸锭锻造工艺流程难以制造。为此,开发了粉末生产工艺进行制造,将合金熔体制成粉末进行冷却,消除了偏析,改变了材料的基本组织和性能,然后对粉末再进行各种处理和加工。该流程包括:母合金的熔炼、合金粉的雾化、粉末的去夹杂物和筛分处理、粉末的除气和包套、热等静压致密化处理、挤压或锻造变形、镦粗及模锻成盘件。该工艺已成为目前高性能盘件生产的主要工艺之一。国外粉末高温合金盘件的生产技术已趋成熟,并进入生产、应用。我国目前尚处于研发阶段,工艺与材料的性能尚不够稳定,需进一步开展工作,使粉末高温合金盘件材料尽快成为一种成熟的航空材料。

2) 高温合金的机械合金化技术。高温合金通过一种超细的(小于 50nm)在高温下具有超稳定性的氧化物(通常为 Y_2O_3)进行强化,构成了一类特殊的高温合金——氧化物弥散强化(ODS)合金,它在高温时（1100℃以上）仍有较高的强度。为了制造此类合金，需采用机械合金化技术，将原料粉和超细的 Y_2O_3 颗粒在高能球磨机中，在磨球高能碰撞的碾压作用下，反复发生严重的变形、冷焊、硬化和破碎的过程，使被加工的粉末得以充分合金化，弥散相得到均匀的分散。经机械合金化得到的粉末包套后经热挤压（或热、冷变形）和再结晶处理后，即可成为氧化物弥散强化材料，弥散的氧化物质点均匀地分布在镍基合金的基体中。此项技术由国外开发成功，并应用于相应材料的生产中。我国在近二十多年来也进行了开发和研究，存在的差距是机械合金化工艺设备条件不够理想，稳定性不够，开发研制的品种比国外少。

金属功能材料关键技术

（1）超高洁净度技术

超高洁净度合金是指 C、S、P、T. O、N、H 含量合计小于 100×10^{-6}，杂质及痕量元素 As、Bi、Sb、Zn 含量也尽量降低，自 20 世纪 60 年代提出以来，在高品质特殊合金钢领域得到大力发展。以镍基合金为主的功能合金，属于特殊合金钢领域的高附加值 A 类钢，也是最早提出超洁净制备需求的领域之一。传统功能材料（精密合金）的七类均以铁镍基为主，作为有害元素的 C，95% 以上的牌号要求碳含量小于 0.05%，70% 以上要求碳含量小于 0.03%。在性能上，夹杂物对功能材料的性能影响尤为重要。在弹性合金中，用于挠性陀螺接头的 3J33 合金，其微细加工的细颈工作部分均已达到 0.04 ~ 0.03mm（40 ~ 30μm），低的 P、S 等杂质元素含量，可显著提高 3J33 合金的强度、韧性、加工性和旋转弯曲疲劳性能；在恒弹性合金中，可以提高合金的机械品质因数、抗应力弛豫性能，从而提高合金的恒弹性能。在膨胀合金 4J29 中，大于 100μm（夹杂物级别大于 1 级）的夹杂物极易在封接中产生气泡从而漏气。再以坡莫合金为例，研究表明，氧含量超过 90×10^{-6}时，1J79 的磁导率 μ_0、μ_m 会急剧下降。

由于工艺技术的限制，超洁净功能合金制备技术在国内没有得到足够的发展。与此同时，在日本和欧洲，超洁净功能合金制备得以广泛推广和应用。法国的 LNG 船用因瓦合金，其 P、S 含量均小于 15 ×

10^{-6}，具有优异的低温相稳定性和焊接性能。日立公司早就全面采用双真空熔炼+精炼技术，并应用在EL、Ni42K等系列功能合金中。

（2）精细加工技术

金属功能材料的精细加工多为复合加工，传统复合加工技术是指两种或更多加工方法或作用组合在一起的加工技术，达到高质高效加工的目的。在加工方法或作用的复合上，可以是传统加工方法的复合，也可以是传统加工方法和特种加工方法的复合。精细复合加工技术是指借助热能、声能、电能、电化学能、化学能、光能及特殊机械能等多种形式能量的综合作用进行材料的加工方法，以便获得高形状精细度、尺寸精细度或提高加工效率。

精密复合加工技术的含义主要是定位在精密加工上，是精密加工技术的复合，精密加工和超精密加工通常可以分为机械加工和非机械加工两大类，每类加工方法内和两类加工方法之间都可以形成复合加工，如研磨抛光加工、砂带研抛、化学机械抛光、超声研磨以及激光回转加工等。

金属功能材料精细加工技术的主要特点是将机械、电、化学、超声波等技术综合在一起进行加工，这种加工兼容两种或多种工艺的特点，能取得比单一加工更好的效果，如功能材料中的稀土永磁材料，在进行粉末冶金、充磁等制备工艺后，经常需要进行精加工，将其制备成各种形状，但永磁材料加工性能较差，如采用单一的加工手段则很难达到要求，这就需要进行复合加工技术，流程为机械加工—电加工—磨加工—抛光等。根据设备精度的不同，复合加工的精度可从毫米级到纳米级。

4.3.1 炼铁工艺关键技术

4.3.1.1 烧结和球团关键技术

加快推广的关键技术

(1) 原料综合技术经济评价技术（采购、物流、贮运和钢铁冶炼最终效益）和管理技术

炼铁工序中原燃料及加工费用占钢铁制造总成本的80%左右，钢铁企业低成本高效益战略要求选择采购性价比较高的铁矿粉。但目前铁矿资源紧张，铁矿种类繁多，铁矿石质量更是参差不齐，且铁矿石评价指标众多，评价标准复杂。因此，选择和确定合理的铁矿石的评价指标，建立铁矿石综合技术经济评价指标体系，指导和管理烧结、球团及炼铁生产工序的铁矿石采购、物流、贮运对于稳定冶炼生产、降低成本具有重要意义。

国内外对铁矿石进行经济技术评价的主要做法有：1）钢铁企业和铁矿石贸易商以铁矿石含铁品位等化学成分为评价依据；2）以铁矿石实际冶金价值和经济价值为评价依据。而从冶炼工艺及发展来讲，则需要将铁矿石的化学成分、有害元素、矿物类型、高温特性、微观结构、铁矿石冶金性能、经济价值等因素引入综合技术经济评价系统；同时，评价系统需综合考察采购、物流、贮运和钢铁冶炼工序与消耗、产品要求与最终效益、钢铁企业的铁素物质流和碳素能量流高效管理，最终实现钢铁企业低成本、高效冶金。首钢曹妃甸、宝钢湛江项目和武钢防城港项目的近海工程建设，以便利的港口优势，体现出钢铁企业对于降低原料输运成本的重视，明确了降低物流、贮运成本为考虑

因素的企业发展战略趋势。

当前，宝钢、首钢、武钢、鞍钢等十余家钢铁企业均已建立原料采购、技术评价与生产应用、财务核算相结合的铁矿石采购与使用评价体系或机构。科学地依据铁矿资源，系统评价和分析生产流程中的使用效果，有效地达到资源高效利用、降低采购和生产成本、节能降耗的目的。

(2) 原、燃、辅料的高效加工（破碎、细磨、干燥、再细磨）技术

原料、燃料和辅料的高效加工技术是高效率烧结和球团生产的前提和基础，包括铁矿粉破碎和铁矿粉细磨、选矿技术，燃料、熔剂加工技术，球团黏结剂制备技术等。

铁矿粉烧结：对烧结富矿粉及块矿的筛下粉和破碎粉中大于 8mm 的颗粒破碎加工。熔剂石灰石、白云石粒度应破碎到 3mm 以下，对燃料破碎应尽量降低大于 5mm 的颗粒比例，同时减少或筛除小于 0.5mm 的颗粒。

铁精矿氧化球团：针对不同类型铁精矿粉和生产工艺实施高压辊磨、湿法球磨加高压辊磨铁精矿粉细磨技术。高压辊磨技术具备高效粉碎和高效节能的特点，太钢利用高压辊磨预处理中等成球性能的超细粒度磁铁精矿粉（小于 0.044mm 比例高达 88%）；鞍钢弓长岭、齐大山、首钢矿业等国内新建的大型球团厂均采用高压辊磨工艺进行铁精矿粉加工，造球性能得到改善，膨润土单耗降低，成品球强度明显改善。在国外被普遍应用的湿法球磨有利于细化铁精矿粉，提高比表面积；铁精矿粉与熔剂的混磨，有利于熔剂型球团矿的生产。我国借鉴国外球团矿生产技术，将湿法球磨 + 高压辊磨技术结合，对于高比例使用难利用高品位巴西致密的镜铁矿具有重要意义。采用湿法球磨 + 高压辊磨工艺后，比表面积从原来的 $500cm^2/g$ 增加到 $1700cm^2/g$ 以上，颗粒表面产生许多裂纹，从而提高矿物表面活性，成球性得到改善，可完全满足大型链箅机-回转窑、带式焙烧机球团生产要求。该技术已在宝钢湛江、武钢程潮年产 500 万吨的链箅机-回转窑工艺氧化球团生产中实施，应在球团行业中加快推广。

球团矿生产辅料有机复合黏结剂、镁质黏结剂的制备及使用：将优质膨润土与羧甲基纤维素等有机黏结剂进行强力混合制备有机复合黏结剂，能够起到大幅度降低球团矿黏结剂用量的目的，同时提高了球团矿品位，改善球团矿冶金性能；复配和强力混合工艺，有利于微量有机添加剂的分散和均匀配加。鞍钢、太钢等球团厂添加复合有机黏结剂，球团矿黏结剂用量可降低到10kg/t球。

（3）高精度及微量精确自动称量配料设备及技术

自动配料控制系统中每种原料的比例是否精确将直接影响烧结矿和球团矿的质量。烧结配料工艺中的含铁原料、熔剂、燃料、返矿均应采用精度高的重量法，因此，有必要着力发展和应用高精度及微量精确自动称量配料设备及技术。

烧结生产过程的自动称量配料为动态称量，动态称量的精度受加料速度的影响，采用PLC烧结机自动配料控制系统，可以很好地控制配料的精度。自动配料系统由圆盘给料机、电子皮带秤、称重显示控制器、变频器等组成。目前在冶金行业，尤其烧结配料过程中逐步得到推广应用。

借鉴国外和相关行业应用的更精确的化学成分配料法，采用在线X射线荧光分析技术，实现配料过程的自动检测和调整，稳定生产过程和产品质量。目前，水泥行业的部分企业已实现化学成分配料法，国内柳钢已进行技术改造和实施。

（4）高效强力混合、高效强化造球和大型圆盘造球机高效强化造球、生球筛分、破碎技术

球团造球应继续推广强力混合技术，使得黏结剂及膨润土均匀混合。目前国内大型球团厂均配备了爱立许强力混合机，对降低膨润土用量、稳定造球过程、提高生球质量和改善成品球团矿的质量起到了重要作用。宝钢在混匀和制粒的过程中通过增加强力混合机、增设强力混合工序，改善了烧结矿的成分及质量的稳定性。

造球设备的大型化不仅可以改善生球质量，同时有利于稳定造球过程。目前大型球团厂普遍采用直径7m的圆盘造球机，济钢的圆盘

直径可达到7.5m。武钢程潮年产500万吨球团仅采用5台大型圆筒造球机生产，达到了球团矿生产高自动化率及高生产效率。

加强生球筛分技术，通过设置小球筛分和大球筛分破碎装置，生球粒度均匀，质量稳定，有利于强化球团矿的焙烧过程，提高球团矿质量。

在混合机进出料端设导料板和挡圈并安装强化造球挡料板，采用含油尼龙衬板和雾化喷水等，不仅可达到高效强力混合制粒的目的，同时具有改善烧结矿强度、降低燃料消耗的优势。

对于大量使用细精粉，且其粉尘、污泥等难制粒原料的钢铁企业，强化混合和制粒技术具有技术优势，可实现高达25%超细精粉（粒度小于0.1mm）用于现有烧结原料。

（5）高配比褐铁矿、高铁、低硅烧结技术

随着我国铁矿资源多元化的趋势，进一步实施不同类型铁矿资源高效利用是钢铁企业关注的内容。高配比褐铁矿、高铁、低硅烧结技术是炼铁降低配矿成本、提高高炉入炉品位和降低高炉渣量的重要技术。

目前我国进口矿石绝大部分来自澳大利亚和南美。褐铁矿含结晶水高，结晶水在烧结过程中分解，产生裂纹和孔隙，影响烧结矿的产量和质量。所以高比例配加褐铁矿有不少技术问题。取得成功后，我国在结合铁酸钙固结理论的基础上，借鉴日本高比例褐铁矿自致密烧结技术，通过结合不同矿物类型优化配矿、厚料层、低温烧结等技术，在提高褐铁矿配比方面也取得了很大进步，褐铁矿配比可达40%以上。

在高铁低硅烧结技术方面，结合芬兰、法国等国家的研究成果，20世纪90年代我国开展实施高铁低硅烧结技术研究、开发及推广应用。十余家钢铁企业在碱度为1.8的条件下生产TFe含量大于58%的烧结矿，为我国炼铁技术进步作出了重要贡献。受铁矿资源短缺和品质劣化的影响，当前形势下在铁矿资源允许的企业，应继续实施高铁低硅烧结技术，促进炼铁高炉优质、高产、低耗、提高喷煤量。

（6）提高烧结烟气和冷却废气的余热发电效率

2004年马钢引进日本川崎重工核心技术及关键装备在2×300m² 烧结机上建成中国第一套烧结冷却机废气余热发电系统（装机容量为17.5MW），该系统于2005年9月并网发电。随后国内其他钢铁企业纷纷开展烧结冷却余热发电技术的探索研究，先后有济钢第二烧结厂320m² 烧结机余热发电工程于2007年3月投产、鞍钢360m² 和400m² 烧结环冷机低温余热发电工程于2008年10月投产等多个烧结冷却余热发电工程投产。我国马钢、莱钢、太钢、昆钢、唐钢、邯钢等烧结厂均采用热废气发电技术，吨矿发电量达到10～20kW·h。

为提高烧结废气余热发电效率，需要采取的措施包括：提高烧结系统生产的稳定性和设备运行的可靠性；通过适当调整烧结终点来提高烧结烟气温度；改进烟气回收输送系统，使烟气系统的流场分布合理；改善烟气系统的保温性；改善冷却机台车和烟罩的密封，减少带冷机上的漏风；提升设备作业率；选择进气参数低且允许波动范围大的汽轮机，从而保证汽轮机的安全运行；热力循环系统采用双压系统，提高热能利用率，增加发电量；选择耐腐蚀材质的电除尘器，以抵抗由于除尘器内的结露现象而产生的腐蚀。

邯钢435m² 烧结机通过采用环冷机烟罩柔性密封等多项技术创新，减少了环冷机冷风漏风率90%以上，提高了烟气温度10℃，发电机组发电量每小时提高300kW·h。经济效益明显，技术推广前景广阔。

（7）成熟、先进、经济的烧结烟气综合治理技术

烧结烟气综合治理技术是钢铁工业达到国家环保标准必须实施的技术，具有重要的社会效益。烧结烟气污染是钢铁企业的污染重点。烧结烟气脱硫、脱硝技术可分为干法、半干法及湿法三类。烧结烟气脱硫技术在我国被普遍应用，目前已投入运行的达到438台(套)。但受技术、投资、使用成本和脱硫产物处理等限制，虽然使用的方法达到31种，但使用效果差距很大，有大量需要完善的环节。而烧结烟气脱硝技术目前未达到推广应用，只有太钢应用活性炭技术，实现烧结烟气的脱硝。

太钢450m² 烧结机烟气脱硫制酸系统采用国内第一套活性炭烧结

机烟气活性炭脱硫装置，集脱硫、脱硝、脱二噁英、除尘、除重金属五位一体，是当前世界上最先进的烧结烟气脱硫工艺技术。系统投产后，每年可减少二氧化硫排放量4000t、氮氧化物排放量1200t、粉尘排放量620t，年回收二氧化硫再生浓硫酸近万吨，实现废物零排放，从根本上彻底治理了烧结烟气对环境的污染。但需降低投资及生产运行费用后，方可在其他钢铁企业推广应用。

积极探索、研发、加快工程化的关键技术

（1）新型低漏风率、长寿命、高质量和高效节能型大型烧结机、带式焙烧机、链箅机-回转窑氧化球团成套设备设计和制造技术

大型烧结机是国内外烧结技术的主流发展方向，截至目前我国已投产21台400~660m^2大型烧结机，130台200m^2以上烧结机。大型烧结机和环冷机设计、制造的关键环节在于大型抽风机的设计制造、台车结构及材质设计与选择、自动控制及检测仪器的开发应用等环节。

我国烧结机平均漏风率在40%~50%，降低漏风率具有重大的节能降成本意义。

烧结机漏风主要包括烧结机头尾漏风、烧结机台车中间漏风和环冷机漏风。因此，应进一步加强对机头机尾两端和环冷机滑道的新型抗高温、抗磨损密封材料与结构的研发。

中冶长天国际工程有限责任公司设计的日本和歌山185m^2烧结机，漏风率可降低到30%以下，但材质和运行费用较高。新余钢铁公司360m^2烧结环冷机采用液压密封新型鼓风环式冷却机，结构先进合理，漏风率可由原来的30%~40%降至5%，可节能20%左右；同时由于漏风率小，减少了周边的扬尘污染，改善了环境。该设备已在我国涟钢360m^2烧结机、济钢400m^2烧结机上得到应用，效果很好。

球团装备大型化是目前国内外球团生产的一个重要趋势。国外近期建设的生产线规模都在500~700万吨/年，并以大型带式焙烧机为主，占球团矿生产的68%。首钢国际工程公司设计的首钢京唐球团项目是一条大型的带式焙烧机球团生产线，焙烧机面积504m^2，年产能力400万吨，是目前国内已投产的最大的带式焙烧机生产线，并且在

使用燃料和设备上取得突破。但国内球团矿生产带式焙烧机比例较低，需要得到重点开发应用，特别是台车材质的选择和寿命、合理热值燃料的选择和企业热源的匹配。

目前我国的链箅机-回转窑球团生产线产能已达到1.5亿~1.6亿吨，约占我国球团矿产能的65%，成为我国球团产能的主力。我国采用链箅机-回转窑球团生产工艺的重要特点是可以直接使用煤做燃料，并且几乎所有设备和备件均能在国内制造加工。中冶长天、中冶北方、首钢国际等设计院均掌握了大型链箅机-回转窑的设计技术，但仍需优化并形成标准化、系列化的设计。

(2) 新型烧结机偏析布料、双层布料铺料、液压调速梭式和摆头布料、改善料层透气性技术

根据烧结生产特点，台车布料工艺采用偏析布料技术，实现烧结混合料中燃料偏析，能够有效地利用烧结料层中的自动蓄热作用，降低燃料消耗，改善烧结矿质量。

偏析布料一般有反射板、多辊布料、磁辊布料、带式反射布料、条筛反射布料、空气布料、双层偏析布料等方法。而对于国内目前多为高比例富矿粉烧结技术的情况下，重视偏析布料技术，对于强化烧结过程具有重要作用。

双层布料技术是一种将碳含量较低的粗颗粒混合料分布在台车中下部，而将碳含量较高的小颗粒混合料分布在台车中上部的工艺技术，技术关键是增加一套配料、混料和布料系统，双系统的布置、匹配是关键。

日本偏析光隙金属丝法（SSW）、强化筛分式布料器（ISF）、川崎公司开发的磁力制动布料器（MBF）和磁力分散布料器，通过磁力控制，能分别起到降低烧结料落下速度和分散烧结料的作用，需引起国内设计、制造部门的关注。

我国大型烧结机布料普遍采用多辊布料器，且多辊布料器角度、圆辊转速均不可调速，影响偏析布料效果，在目前高比例富矿粉烧结的条件下，限制了超厚料层烧结技术的发挥及应用；而且对新型偏析布料装置的研发与应用重视不足，需要引起关注。

（3）厚料层烧结（>800mm）和高球层焙烧技术；低能耗点火、低水、低碳、低风量的烧结工艺技术

厚料层烧结技术近年来在国内外获得了迅速的发展，国内300m^2烧结机料层厚度均在700mm以上，其中我国莱钢、首钢烧结料层厚度达到800mm，马钢烧结料层厚度提高至900mm。厚料层烧结具有以下七个方面的优点：1）节省烧结固体燃料消耗以及降低总的热量消耗；2）改善烧结矿还原性；3）提高烧结矿的固结强度；4）有利于褐铁矿的多量使用以及开展高品位低SiO_2烧结；5）进一步提高烧结矿的成品率；6）有利于环保；7）提高烧结产能。

当前，厚料层（大于800mm）烧结必须进一步研发的关键技术有：1）低碳低温烧结技术，料层厚度的增加，烧结自动蓄热加强，需要降低燃料配加量，使得烧结矿在1230～1280℃的烧结温度下烧结。2）改善烧结热态透气性技术。在工艺技术方面，重视燃料质量，改善燃料燃烧效率，同时采用新型布料装置，使得烧结料层沿高度方向燃料分布偏析，沿料层高度方向自上而下减少燃料用量，使烧结料层从上到下保持稳定的高温，达到均热烧结的目的。3）降低烧结机漏风率。降低漏风率，避免由于料层高度的增加，料层阻力增加，使得通过料层的有效风量降低，影响超高料层烧结效果。

低能耗点火、低水、低碳、低风量烧结技术则要重点优化原料水分、粒度的在线测量；混合（匀）料、混合料水分的在线监测和自动调节；工艺过程的温度、压力、气氛、流量的在线测定和自动调节（工艺模型的建立和专家系统），烧结终点精确控制和人工智能，生产过程的监控和操作管理等信息化技术。

（4）减少烟气排放量的热废气返回循环利用烧结新工艺技术，烧结废气脱硫脱硝（NO_x、二噁英）、余热发电一体化的烧结技术

烟气循环烧结工艺，是将烧结过程排出的部分烟气返回点火器后的台车上部密封罩中循环使用的一种处理烧结烟气的方法。烟气循环烧结工艺特点是：减少烟气排放量，降低尾气净化处理成本；利用烟气潜热和显热，降低固体燃耗和污染物排放；粉尘被

部分吸附并滞留于烧结料层中；循环烟气中的 NO_x 被部分降解，二噁英在高温下热解；为利用现有烧结设备、扩大产能，提供了经济的解决方案。

目前世界上典型的烧结烟气循环工艺有 EOS 工艺、LEEP 工艺、Eposint 工艺，各有优缺点，而且循环气量、分析测试效果、能耗降低等指标差距大，推广应用的实例也不多，仍在优化中，需关注其发展动向。国内则刚有 4 套试生产装置，还需要在循环废气中氧含量、循环废气的温度、除尘及净化、循环量、低温废气对设备的腐蚀及对烧结的影响等多方面进行深入的研究及技术开发。

研究开发优化烧结废气处理技术，开发既能脱硫、除尘，除 HCl、HF、SO_3、二噁英和重金属的综合治理烧结烟气的绿色环保工艺，并与发展烧结废气余热发电一体化结合的技术。并把降低成本和提高效率作为研发重点，进行大量深入的理论研究和工业试验。

(5) 先进的烧结矿整粒、分级技术

烧结矿整粒分级是把冷却后的烧结矿经破碎和筛分，使烧结矿无过大粒度和过小粉末。经整粒后的烧结矿粒度均匀，粉末减少，高炉料柱透气性得到改善，有利于高炉顺行。

先进的烧结矿整粒、分级技术需要高效、耐用的筛分设备及技术。应重视筛分装备的筛分效率、材质与结构的开发及应用。

分级入炉、改善高炉透气性具有十分重要的意义，国内大部分企业虽然都具备烧结矿整粒、分级装备和技术，但输送过程中又全部混合，高炉仍使用混合粒级的烧结矿，不利于高炉冶炼。因此，合理的整粒、分级烧结矿运输、入仓储存的应用和管理技术需要高度重视，研发完善。

(6) 可大幅度降低烧结燃耗、提高烧结矿产品质量的新型添加剂、催化助燃剂技术

燃料燃烧是烧结的最关键因素，燃料燃烧提供烧结所需热量的90%，在钢铁企业能源消耗中占 10%。改善烧结过程的燃料燃烧对于强化烧结过程、提高烧结矿产品质量指标、降低能耗具有重要意义。

催化助燃则是基于对燃料的氧化燃烧反应起到的催化作用，从而焦粉或煤粉可充分燃烧，达到降低燃料消耗的效果。

目前，我国添加剂、催化助燃剂技术和产品虽然较多，但质量参差不齐，应用效果不稳定，需要高校、科研院所、企业等多方进行产学研合作，研发和推广一两种适合目前烧结原料条件下的新型添加剂、催化助燃剂技术和产品。需要注意其合理的配加比例、矿种的适应性、混匀效率及使用的经济性。

（7）球团升温-焙烧-冷却的热工工艺数学模型和控制技术

先进的热工制度不但能保证合理的升温速度、气体流速和流量、焙烧气氛和较高的焙烧温度，同时可以强化生产过程，最终获得最好的成品球的质量。先进的热工制度必须以性能优越的设备质量来保证，比如耐高温、低漏风、寿命长、安全可靠性好等。先进的热工制度不但对产品质量有保证，而且也是球团矿生产本身达到节能目标的最重要的技术。

近年来，先进的计算机技术、数学计算方法、数值模拟技术的发展，为球团矿热工制度的优化创造了良好条件。但仍需要进一步开发及应用能准确反映冶金过程中速度、温度、压力等热工参数，描述干燥、预热阶段料层不同高度的温度分布及随时间变化的升温、干燥和氧化速度，设定不同焙烧燃料、空气流量、流速条件下的温度分布、焙烧气氛、焙烧区间长度等工艺参数的数学模型，建立智能化操作管理专家系统。

（8）造球混合原料水分、粒径、球团生产过程工艺参数在线测定和自动调节；烧结、球团生产终点精确控制、模糊控制技术和智能化操作管理专家系统等先进的自动化技术

应加强研发：1）强化混料，快速多点测定和调节混合原料含水量、混合料粒径、混料时间等参数的自动调节技术；2）先进的生球整粒与分级技术，实现对造球机转速与角度、加水量、黏结剂加入量等工艺参数的自动调节技术；3）精准的鼓风干燥与抽风干燥控制成球率的技术；4）建立成品球团矿质量控制智能化操作管理专家系统，快速检测；5）调整干燥、预热、焙烧以及冷却制度的先进控制

技术。

国外一些企业在烧结厂取得了较大的成绩，如日本川崎的水岛厂开发了诊断型专家系统，它由终点控制、设备保护和产品质量控制功能构成。该诊断型专家系统的应用使烧结终点的波动范围由7%降低到3%，稳定了烧结过程，提高了烧结矿的产品质量。芬兰罗德洛基烧结专家系统主要包括：配料计算、总料量调节控制、终点控制、布料控制、点火控制等模型，在本国已经成功应用，实现了烧结生产的局部闭环控制。

国内部分企业虽然引进，但仅仅解决了烧结过程中某个局部环节的智能控制。需要国内的设计、自动化部门高度重视，研发全工序智能控制系统，同时关注专家系统在球团矿生产上的技术开发及应用。

(9) 赤铁矿、褐铁矿、菱铁矿球团、熔剂性球团、低膨胀和低还原粉化球团矿生产技术

赤铁矿球团固结温度较高，焙烧区间范围窄，能量消耗高，需从改善赤铁精矿表面性质、促进固相扩散、活化晶格、调控液相量等方面研发改善赤铁矿球团的造球、焙烧性能，开发赤铁矿球团制备的工艺技术。

菱铁矿和褐铁矿球团焙烧的最大特点是碳酸盐及结晶水的大量分解，这不仅使生球在干燥过程中产生爆裂，还大大降低了预热球的强度。需要在控制焙烧工艺参数方面，开发有效的技术，实现菱铁矿和褐铁矿球团焙烧及应用。

随着高炉冶炼技术的发展，酸性球团由于自身的缺点，已满足不了现代高炉的冶炼要求。实践证明，碱性球团矿、镁质球团矿能有效地改善球团矿的冶金性能，高炉冶炼指标远优于酸性球团矿。熔剂性球团矿、镁质球团矿的生产，不仅是当今国外大型球团企业的生产主流，也是我国球团企业今后的发展方向。

碱性球团矿、镁质球团矿的生产一方面应重视不同类型碱性和镁质熔剂在球团矿焙烧过程中的作用机理、焙烧热工参数的优化方案及技术开发及应用；另一方面需要重视结合国内铁精矿资源和生

产装备条件，合理地利用国外高品位赤铁矿生产碱性球团矿、镁质球团矿技术。

（10）还原性烧结矿、复合烧结等新烧结法的生产技术

烧结矿的还原性是用还原气体从铁矿石中排除与铁结合的氧的难易程度的一种量度，是铁矿石冶金性能的重要质量指标。提高烧结矿的还原性，对于提高炼铁经济效益、降低高炉焦比、节约能源具有重要的现实意义。烧结矿还原度增加10%，焦比降低8%～9%，产量增加8%～9%。

需要重视以铁酸钙固结理论为基础，特别研究碱度、燃料配加量及质量、合理配矿比等工艺参数优化的高还原性烧结矿生产技术。

关注金属化烧结矿的研究和应用。金属化烧结矿的应用，有利于提高高炉生产效率，降低能耗和资源合理利用。需要在防止烧结过程中再氧化、优化制粒参数、颗粒外裹层性质与选择、燃料配加量、燃料质量及种类等方面进行更加深入的研究。

复合造块法是基于不同含铁原料制粒、造球、烧结与焙烧性能的差异，提出了原料分类、分布处理、联合焙烧的技术思想，将造块用全部原料分为造球料和基体料两大类，将造球料制备成直径为8～16mm的酸性球团，而基体料混匀并制成3～8mm的高碱度颗粒料，然后将两种料混合，将混合料布到烧结机上，通过点火和抽风烧结，制成由酸性球团嵌入高碱度基体组成的人造复合块。2008年我国包头钢铁公司率先投入工业应用。

复合造块法能够有效地利用部分细精矿于烧结工艺，对于难利用铁矿资源具有较大意义。为更好地应用复合造块方法，需要在不同类型铁矿资源小球及比例，黏附层原料选择及作用机理，液相生成、浸润、冷却结晶固结等方面进行深入研究，不断完善复合造块工艺技术。

4.3.1.2　炼焦关键技术

加快推广的关键技术

（1）6.25m大型捣固炼焦技术

将配合煤在捣固箱内捣实成体积略小于炭化室的煤饼，然后由托

板从焦炉机侧推入炭化室内高温干馏，称为捣固炼焦。我国自行开发的6.25m捣固焦炉是迄今世界炭化室高度最高的捣固焦炉，其经济规模是2×52孔、年产焦炭125万吨或2×2×52孔、年产焦炭250万吨，适合与大型钢铁企业的大型高炉配套。一般情况下，采用捣固炼焦可多配用15%～25%的弱黏结性煤或者提高焦炭质量；对250万吨/年捣固炼焦产能，就可多用50万～84万吨/年弱黏结性煤替代我国稀缺的强黏结性主焦煤，大大缓解强黏结性主焦煤的供应，降低入炉煤成本。该焦炉使用的捣固-装煤-推焦一体车（SCP机）的逐步国产化，意义重大，可大大降低一体车的投资；同时使我国大型捣固机械的机械化、自动化、稳定操作、安全性能和环境保护等水平大大提高，步入国际先进行列。

至2013年底，此炉型在国外只有德国有3座在运行；而我国已投产运行15座，正在施工9座，总计产能达到1450万吨/年。

（2）7m大型顶装焦炉工艺和装备技术

7m大型顶装焦炉是对我国已工业化的6m、7.63m焦炉实践基础上的继承、发展和提升；是对焦炉三维仿真模拟和优化理论分析的成果；是对现有工业化焦炉成功经验的总结和集成；是理论指导实践、实践促进理论下的互动提升；是我国焦化技术的自主创新和自主集成。我国自主开发的7m大型焦炉的参数选择适合于我国强黏结性主焦煤少而气煤多的资源国情，同时可降低炼焦耗热量、提高焦炭质量、提高劳动生产效率、减少阵发性和非阵发性污染，尤其是多段加热的7m焦炉的开发成功，大大减少了氮氧化物的排放。7m大型顶装焦炉填补了我国150万吨/年级大型顶装焦炉炉型的空白，使我国大型现代化焦炉设计和装备技术达到世界先进水平，大大减少了对国外特大型焦炉的技术引进，每200万吨焦炭产能至少可节省投资1.5亿元人民币。7m焦炉研发前，我国共引进德国7.63m大型焦炉15座；而7m焦炉研发后，我国只引进1座7.63m焦炉，却新建投产和在建44座国内开发的7m焦炉，年焦炭产能达3150万吨，节省技术引进费22亿元。正在建设和拟建的宝钢湛江工程和广西防城港工程均采用国内开发的7m焦炉。

(3) 采用高温高压锅炉的干熄焦技术

干熄焦装置可以采用3.9MPa、450℃的中温中压锅炉，也可以采用9.8MPa、540℃的高温高压锅炉。采用中温中压锅炉吨焦净发电100kW·h左右，而采用高温高压锅炉净发电115kW·h左右，因此，国家推荐干熄焦装置采用高温高压锅炉。因种种原因，2010年我国干熄焦装置采用高温高压锅炉的仅占20%多。近几年，随着人们节能意识的提高，在研究干熄焦回收红焦显热并在锅炉中变成蒸汽的能源转化中，不再只注重蒸汽量回收的多少，而更加关注回收蒸汽品质的优劣，因为蒸汽品质（压力、温度）决定蒸汽的做功能力。所以，干熄焦装置采用高温高压锅炉的比例逐步提高。2011～2013年6月期间，我国新投产和在建的干熄焦装置共85套，其中选用中温中压锅炉的45套，占53%；选用高温高压锅炉的40套，占总数的47%，采用高温高压锅炉的干熄焦比例是2010年的2倍。今后新建项目，均应采用高温高压锅炉的干熄焦技术，并应进行现有中温中压锅炉干熄焦改造为高温高压锅炉干熄焦的装备技术和技术经济比较研究，尽量提升发电能力。

(4) 煤调湿和型煤炼焦技术

煤调湿（Coal Moisture Control，简称CMC）是装炉煤水分控制工艺的简称，是将炼焦煤料在装炉前去除一部分水分，保持装炉煤水分稳定在6%～9%，然后装炉炼焦的工艺技术。其原理是通过直接或间接加热来降低并稳定控制入炉煤水分，从而达到使入炉煤密度增大、焦炭及化工产品增产、焦炉加热用煤气量减少、焦炭质量提高、焦化废水减少和焦炉操作稳定等效果。焦炉烟道废气带出热占焦炉带出总热量的17%，相当于1t焦带出18～20kg标准煤热量（对大中型焦炉而言）。钢铁企业焦化厂的焦炉用高炉煤气加热，其焦炉烟道废气含水分较低，有利于煤水分的蒸发，应大力推广以焦炉烟道废气为热源的煤调湿技术，但对已投产的焦炉烟道废气煤调湿遇到的二次扬尘、作业率不高、投资效益比低等问题应加快研发优化技术以利于推广应用；在低压蒸汽充足过剩的焦化厂，也可以采用以低压蒸汽为热源的煤调湿技术。至今，日本已投产各种煤调湿装置16套，我国投产和在建的共14套，但我国的焦炭产能是日本的15倍，应迅速推广。

型煤是将炼焦原料煤中的一部分配加黏结剂进行压块成型，再按一定比例和粉煤配合为装炉煤去炼焦。采用此工艺能提高装炉煤的堆密度，从而改善煤料的炼焦条件，增大煤料塑性温度区间，促进煤粒间的黏结，最终提高焦炭质量。另外，型煤炼焦技术可以使用部分低硫、低灰分的弱黏结性煤。型煤炼焦的目的是增加非黏结性煤，将煤压块成型后装炉炼焦。但因投资、生产效率等各种原因产业化过程较缓，有待进一步优化。

（5）焦炉煤气高附加值资源化利用技术

焦炉煤气含有55%以上氢气、24%甲烷和一氧化碳等有应用价值的组分。目前大多将其用做气体燃料，加热钢坯、城市燃气和发电。将焦炉煤气由燃料化利用提升为多用途综合性资源化利用，附加值更高，效益更显著。例如用焦炉煤气合成氨；用焦炉煤气生产社会需要的清洁燃料——氢气；焦炉煤气用高炉煤气或转炉煤气补碳，生产甲醇和LNG；用焦炉煤气直接还原生产海绵铁；焦炉煤气喷入高炉，替代焦炭炼铁等。

至2013年底，我国焦炉煤气制甲醇的产能已达到1137万吨/年，2013年用焦炉煤气制甲醇约600万吨，占全国甲醇总产量2878.5万吨的20.84%；至2013年底，我国共有10套焦炉煤气制天然气装置投产，设计年产能13.3亿立方米天然气，可利用焦炉煤气41亿立方米。

（6）废气循环与多段加热相结合、降低NO_x排放的焦炉加热组合燃烧技术

为降低焦炉排放NO_x量，在焦炉结构和炼焦工艺上采取的措施是：焦炉加热采用废气循环，从而淡化燃气和空气浓度，拉长火焰，使高向加热均匀，避免高温区的集中，降低NO_x的生成量；采用多段加热，即空气和贫煤气分段供应或者只空气分段供应，形成分段燃烧，降低燃烧强度，从而降低燃烧温度，以实现降低燃烧废气中NO_x含量的目的。废气循环与分段供气各有所长，将两者结合起来，可更有效

地降低焦炉燃烧过程中 NO_x 浓度。最近，我国开发并投产了采用废气循环与多段加热相结合的组合燃烧技术的7m大型顶装焦炉和6.25m大型捣固焦炉，既能使焦炉高向加热均匀，又能降低 NO_x 排放。我国正在建设和拟建的宝钢湛江工程和广西防城港工程均采用国内开发的组合燃烧技术的7m大型顶装焦炉。

积极探索、研发、加快工程化的关键技术

(1) 低 NO_x 排放的焦炉加热燃烧技术

理论研究分析和实践经验表明，焦炉加热煤气在焦炉燃烧室立火道内的燃烧火焰属扩散燃烧，焦炉煤气燃烧过程中生成的 NO_x 为温度热力型（T-NO_x）。近年来为实现焦炉煤气低 NO_x 排放，借鉴其他行业节能减排技术，诸如燃料分级燃烧技术、高温贫氧燃烧技术、浓淡偏差燃烧技术、特定设计低 NO_x 燃烧器及催化燃烧技术等加热燃烧技术，应积极探索、研发，如适合焦炉生产应加快工程化。

(2) 特大型现代化焦炉（炭化室高8m）的设计和装备制造技术

炭化室高8m的特大型焦炉，2×68孔，年焦炭产能210万吨，填补我国200万吨/年超大型焦炉炉型的空白，同时，使我国特大型顶装焦炉技术和装备达到世界领先水平。对特大型焦炉而言，高向加热均匀是生产优质焦炭的关键。8m特大型焦炉采用废气循环和三段加热组合的加热方式，降低煤气燃烧强度，拉长火焰，保证纵向加热的均匀性，同时降低燃烧火焰温度，减少 NO_x 的排放。

开发8m特大型焦炉技术可以替代引进的7.63m特大型焦炉，节省建设投资。两座8m焦炉年产210万吨产能就可节省引进资金将近2亿元人民币。采用8m特大型焦炉，可以降低炼焦耗热量；可以减少炼焦过程中的阵发性污染和非阵发性污染；可以提高劳动生产效率；可以大大提高焦炭质量。8m特大型焦炉可以在经济规模条件下，与大型钢铁企业的特大型高炉耦合配套，实现高效益、高环保。

(3) 焦炉荒煤气余热回收技术

650～700℃焦炉荒煤气带出的热量占焦炉输出总热量的36%，相当于1t焦带出39kg标准煤热量（对大型焦炉而言）或43kg标准煤热量（对中型焦炉而言）。为了冷却高温的荒煤气必须喷洒大量循环氨水，高温荒煤气因循环氨水的大量蒸发而被冷却至82～85℃，再经初冷器冷却至22～35℃，荒煤气带出热被白白浪费。因此，回收焦炉荒煤气余热的潜力巨大。当前，我国正在研发各种回收荒煤气余热的办法，如用导热油间接换热、用水套管间接换热生产蒸汽、用余热锅炉或热管回收荒煤气余热等。应积极支持探索、研发，使其尽快工业化。

研发和探索的重点是防止荒煤气余热回收管道的煤焦油黏接堵塞管道的难题。国内企业初步试验取得效果，应加快工业试验和工程化进度。

（4）多用弱黏结煤生产高强度焦炭技术

通常情况下，生产高强度的焦炭必须使用大量强黏结性的主焦煤。2010年，我国77家大中型焦化厂入炉煤配比中，主焦煤（焦煤和肥煤）的配比为52.66%，而弱黏结性气煤的配比仅29.73%，这与我国强黏结性煤紧张、弱黏结性煤相对宽松的炼焦煤资源状况正好相反，因此，开发多用弱黏结性煤生产高强度焦炭技术迫在眉睫。煤预热、捣固炼焦、煤调湿、型煤、选择粉碎、分组粉碎和煤预成型（DAPS）技术等均能在保证焦炭质量的条件下，提高弱黏结性煤的配比。因此，深入研究炼焦机理，开发、优化和集成多用弱黏结性煤生产高强度焦炭技术，前景广阔，意义重大。2013年我国生产焦炭47600万吨，其中冶金焦占94.5%约45000万吨，消耗洗精煤60000万吨。如果通过采用多用弱黏结性煤生产高强度焦炭技术节省10%的强黏结性焦煤，即6000万吨/年，若强黏结性焦煤与弱黏结性煤的差价为200元/吨，则每年可节省入炉煤成本120亿元，这在当前钢铁企业和焦化企业艰难转型情况下具有现实意义。

（5）配加废塑料炼焦技术

21世纪的焦化厂不仅要进一步发挥好生产优质焦炭的制造功能，而且还要高度重视能源转化功能的优化和充分发挥废弃物消纳－处理及再资源化的功能。将废塑料添加在入炉煤中高温干馏，不仅为社会消纳废弃物，而且将其资源化再利用，具有重要的经济效益、巨大的环保效益和广泛的社会效益。依据国内外的生产实践，添加1%～2%废塑料与煤共炼焦，其中40%分解成煤焦油和粗苯，40%分解成煤气，20%变成焦炭，并可显著改善焦炭反应性、提高焦炭反应后强度。我国2013年生产焦炭4.76亿吨，若有50%的焦炭在入炉煤中添加1%的废塑料，则全国每年就可以处理利用317万吨废塑料，相当于减排1000万吨二氧化碳。此项技术已在一些企业初步试验，前景良好。当前主要问题是解决废塑料回收、加工和供应问题，以促进配加废塑料炼焦技术的工程化。

（6）关注日本SCOPE21、美国CASP等国际新型炼焦技术

1）日本SCOPE21技术。SCOPE21含义是“面向21世纪高效与环保型超级焦炉”。

1994年日本钢铁联盟与日本煤炭利用中心合作投入110亿日元，开展为期10年的SCOPE21新炼焦技术的研究。其目标是：将炼焦利用劣质煤比例从20%提高到50%；将焦炉生产效率提高3倍；使炼焦过程产生的NO_x减少30%；实现无烟无尘密闭生产；节能20%。

2001年完成了中试，2003年进行了单孔炉半工业试验，取得了较好的阶段成果。2005年日本在新日铁大分制铁所建设采用SCOPE21技术的5号焦炉，共64孔年产焦炭100万吨。2008年2月建成投产（工期35个月），总投资370亿日元。

与传统焦炉相比，大分5号SCOPE21焦炉的原料煤入炉温度由25℃升高至250℃；焦饼温度1000℃，与传统焦炉相同；结焦时间缩短至13h，与采用煤预热工艺的现行传统焦炉相同；劳动生产效率提高1.35倍；达到焦炭产能146万吨/年时，所需炭化室孔数由126孔减少至94孔。但大分5号SCOPE21焦炉与单孔炉半工业试验的预期效果有一定差距。

现在日本正在新日铁名古屋制铁所建设第二座采用SCOPE21技术的新焦炉。

2）美国CASP技术。美国Carbonyx低碳技术公司开发了一种焦炭替代品——Cokonyx，也被称为“碳合金”。其生产工艺被命名为碳合

金合成技术，它几乎能使用任何等级的煤做原料。美国钢铁公司2009年的工业试验显示，Cokonyx与常规焦炭在理化性质上非常相似。按1∶1的比例用Cokonyx逐步替换常规焦炭，最多一直替换到50%，而高炉各指标和炉况均未发现任何异常，因此，证实Cokonyx能够替代常规焦炭，而且可与常规焦炭混用。

CASP工艺是首先对原煤进行干燥和破碎，按一定比例配煤，然后装入上料增强反应器（FBR）（回转窑式设备）中进行预反应，制得半成品Carborec；再进一步与其他原材料和黏结剂混合，压成块送往颗粒熔融反应器（PFR）（隧道窑式设备），在这里发生一系列反应后混料块变为半晶质结构的碳质终产品，即Cokonyx。

2010年9月美国钢铁公司在Gary厂建设总规模100万吨/年Cokonyx项目，共包括4个25万吨/年的CASP系统。第一阶段先建设两个系统，投资2.2亿美元，生产的50万吨/年碳合金将替代Gary厂20%的常规焦炭量。

4.3.1.3 高炉炼铁关键技术

加快推广的关键技术

(1) 高球团比、低块矿比及进一步提高入炉铁品位的低成本精料技术

从技术层面而言若高炉不加熔剂，以高碱度烧结矿和酸性球团矿的搭配使用最为有利，因为两者搭配不但可以减少或停止熔剂入炉，而且提高原料的冷强度，有利于高炉的顺行，同时也有利于节能环保。

我国高炉炉料中，使用球团矿的比例平均不足15%。为了炼铁系统节能、减排，我国应进一步提高与烧结矿相比节能、少排放的球团矿产量比例，并大幅度降低球团矿生产的成本，特别是铁矿石应尽可能精选到67%~68%高品位的铁精粉，进而生产出品位大于65%的球团矿，以提高高炉铁矿石的入炉品位。

近年来由于进口球团矿的价格高于块矿，为了降成本一些企业特别是一些烧结矿生产能力不足的企业增加了块矿使用比例，甚至达到22%及以上，球团矿的比例限制在小于10%的水平，这种情况将随着

我国国产球团矿成本的降低和品位的提高而改变。我国应该采用高碱度烧结矿和较高比例酸性球团矿搭配的炉料结构，以更有利于高炉节能减排和提高高炉的生产效率。

（2）适应大喷煤量强化冶炼的5%～8%富氧鼓风技术

高炉大喷煤是高炉提高生命力和竞争力的关键技术，由于煤的价格比焦炭大致低500元/吨左右，所以也是炼铁降成本的关键技术。进入21世纪以来我国高炉的喷煤量取得了长足的进步，全国重点钢铁企业的平均喷煤比已经从120kg/tHM上升到了150kg/tHM，一些先进的企业喷煤量达到或接近200kg/tHM。

大喷煤必然是较大幅度增加炉腹煤气量和在料柱中不断增加未燃煤粉量，所以大喷煤的限制环节主要有：1）高炉合理的煤气流分布，可以接受较大的炉腹煤气量，使高炉的顺行不被破坏；2）不能超出高炉料柱中吸收未燃煤粉的能力，否则喷煤的置换比就会下降，不但燃料比升高而且也会影响高炉的顺行。因此为了降低未燃煤粉量，富氧鼓风提高煤粉的风口燃烧率就成了炼铁工作者的必然选择。另外一些企业炼铁能力不足，炼铁能否高产是企业生产环节中的短板，高富氧率又是提高高炉产量必不可少的对策，起到了既提高喷煤量又提高产量一箭双雕的效果。我国虽有沙钢富氧率大于10%的生产实例，但一般富氧率不足5%，应创造条件实现富氧率5%～8%、喷煤量不小于180kg/t的优化生产。

生产实践已经证明了高富氧大喷煤的效果，如2008年以来达涅利艾莫依登钢厂进行了高炉高富氧大喷煤及喷吹天然气的生产实践。其代表性的生产指标为：风温不低于1250℃，富氧10%～17%，喷煤量不小于230kg/t铁，焦比小于260kg/t铁，大高炉的有效容积利用系数可达到2.5～3.0t/(m³·d)，同时实现了炼铁成本最小化。

（3）高炉长寿、稳定顺行冶炼操作技术

高炉长寿和稳定顺行的高炉冶炼操作技术是提高钢铁企业核心竞争力的关键技术。这一关键技术应该对所有高炉都是非常重要的，但对大型高炉尤为重要。另外，高炉大型化和装备现代化也大幅度提高了一次性投资，花巨资建设的大型高炉如果不能长寿，就无法体现高炉大型化的优势！

近20多年来我国炼铁行业也涌现出一批稳定顺行、高效长寿的高炉，如宝钢的2号、3号高炉和武钢的5号高炉，它们的炉龄达到了15～19年，一代炉役的单位产铁量超过13000t/m³，甚至超过了15000t/m³，由于长年的稳定顺行，高炉的技术经济指标达到了国内甚至世界的一流水平，其中最具有代表性的是宝钢3号高炉，其主要技术经济指标如图4-1所示。

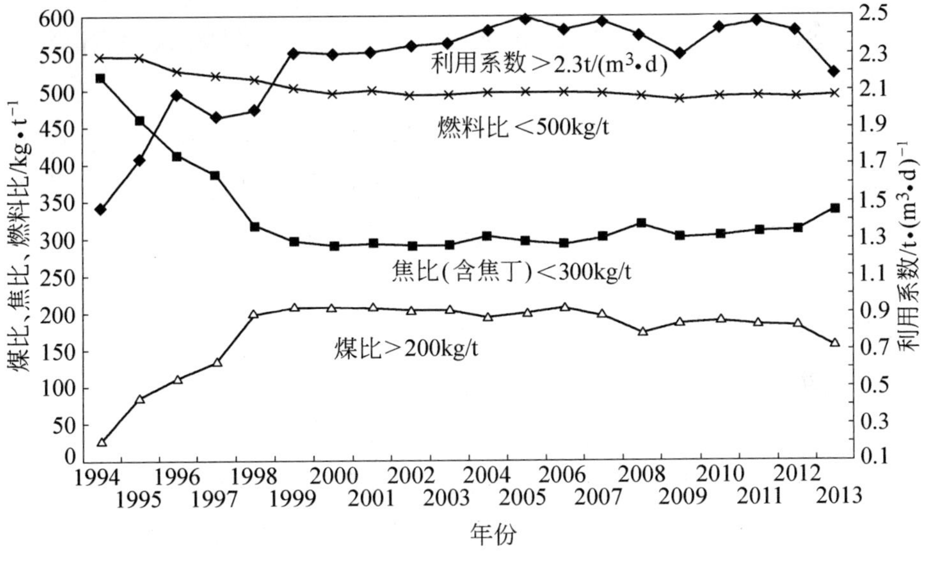

图4-1 宝钢3号高炉近20年主要技术经济指标

宝钢3号高炉除了初期因搭接生产期压产以外，其利用系数大于2.3t/(m³·d)，燃料比小于500kg/t，焦比（含焦丁）小于300kg/t，煤比达到和接近200kg/t。这应当成为我国大型高炉追求的目标。

由于我国高炉炼铁的原燃料条件千差万别，炉型和设备也各有特色，稳定顺行的操作技术就难有一种统一的可以照抄照搬的模式，不但各厂的高炉之间操作制度会有不同，而且同一厂不同高炉的操作制度也会有一些不同。但炼铁操作技术的共性也是显而易见的，这就是合理的煤气流分布。在送风制度中必须要控制好足够的适合自己高炉顺行的鼓风动能；在装料制度中必须控制好边缘气流和中心气流的合理匹配；在热制度中必须保证炉缸具有充沛而均匀的热量；在造渣制度中既要保证炉渣的流动性和足够的脱硫能力又要尽可能地降低渣铁比。

高炉长寿则是一项系统工程，除了稳定顺行的冶炼操作外，还包含了工程设计、设备选型、安装施工、生产维护的全过程，既有炉料结构优化，又有耐材选择、砌筑、维修，也有冷却系统优化等。这就需要建立高炉长寿管理工作体制，定期检查诊断影响高炉长寿的问题，及时处理好这些问题，使高炉的长寿始终处于受控状态。

总之，高炉长寿、稳定顺行的操作技术是一项系统工程，既有技术问题，还有管理问题，因此是一项综合技术，通过推广这一技术使高炉高产、优质、低耗、长寿，成为钢铁企业最重要的核心竞争力之一。

（4）高流动性、高硫容量渣系的低硅生铁冶炼技术

高炉渣流动性好、脱硫能力强对高炉顺行和铁水质量起到十分关键的作用。流动性和脱硫能力需要恰到好处的匹配，其中涉及二元碱度或四元碱度的选择和 Al_2O_3 含量以及 MgO 含量的控制。这里特别需要指出的是，近年我国炼铁随着高炉渣中 Al_2O_3 含量的升高，渣的流动性问题凸显出来而提出镁铝比的概念，究竟选择多少镁铝比是一项值得研究的课题。

低硅冶炼一直是炼铁界的追求，除了钒钛矿冶炼必须低硅以外，一般要求高炉冶炼制钢铁硅含量在 0.3% ~0.4% 范围，先进的还可以达到小于 0.3%，目前我国不少高炉达不到这一水平，比我们的目标值高出 0.1% 左右。按照 0.1% 硅含量相当 3kg/t 燃料比计算，一个年产 1000 万吨炼铁产量的企业就有 3 万吨/年燃料的潜力可以挖掘，这对环保和经济效益都是十分重要的。

（5）风温≥1200℃的高炉系统操作优化技术

高风温一直是炼铁技术工作者的追求。高风温也是高炉自身能量

的循环利用、大幅度地降低燃料消耗和活跃炉缸工作的必要手段。过去使用高铝砖拱顶的内燃式热风炉最高风温一般超不过1100℃，现在采用硅砖拱顶和外燃式或顶燃式热风炉，同时采用焦炉煤气或转炉煤气的富化烧炉和高炉煤气自预热技术，进行助燃空气和煤气的双预热，使风温能力达到或超过1300℃。但是热风输送系统输送高风温的能力和高炉炉况的不顺却在一定程度上制约了高风温的使用。所以目前制约高风温使用的限制环节：一是高温热风的输送管路，热风总管、围管、鹅颈管和直吹管结构和耐材的配套技术；二是长期保持稳定顺行的炉况。攻克了这些技术难题，我国高炉的风温有望再上一个台阶。推广这一技术就是要系统地解决阻碍高风温实现的一系列问题。

(6) 高炉寿命≥18年的冷却器、耐火材料的使用、维护及快速修复综合技术

随着高炉技术的发展，高炉冷却器的发展也是显而易见的。目前有铸铁光面冷却壁、球墨铸铁镶砖冷却壁、铜冷却板、铜冷却壁等，而且在结构和制作技术上也有很大的进步，为高炉的长寿提供了有效保障。近十几年来，特别在冷却水流量、水管内水的流速、冷却壁水管的比表面积和热流的传导以及与热流强度配套的冷却技术等诸方面都探索出一套卓有成效的标准。宝钢2号高炉和武钢5号高炉达到15年以上的炉龄，宝钢3号高炉达到近19年的炉龄就是冷却技术和耐火材料技术发展的实例。

同样，高炉技术的发展也带动了耐材技术的发展，炉底、炉缸有普通碳砖、石墨化碳砖、高导碳砖、微孔碳砖、超微孔碳砖、小块热压碳砖和陶瓷杯等，炉体则有高铝砖、刚玉砖、Si_3N_4结合SiC砖、Sialon结合SiC砖、堇青石结合硅线石砖等。

快速修复技术主要有：热喷涂技术和炉体冷却壁更换技术等。

当前影响高炉寿命的主要原因除冷却器和耐材外，还有产品的制造质量和施工的砌筑质量以及投产以后长寿管理工作。推广这一技术就是为高炉更加长寿打下更厚实的基础。

(7) 高炉操作智能专家系统软件平台及相关信息的在线监测预报技术

随着计算机技术和检测技术的发展，高炉的检出端也越来越全面

甚至走向可视化，如激光测定炉料的落下轨迹、炉顶煤气流可视装置、风口可视装置等。计算机对一次仪表的数据进行采集、整理、显示、制表等，而高炉专家系统把人的操作经验通过计算机编程，自动为操作者提供操作指导和预警，这对统一操作理念、规范使用调剂的动作变量、有利于高炉的稳定顺行起到了重要的作用。目前的重点是专家系统实现闭环控制，关键在于高炉的操作经验数字化，提高高炉专家系统的控制精度。

（8）高炉煤气干式除尘、余热回收、发电量≥40kW·h/t铁的TRT压差发电技术

全干法高炉煤气除尘、热风炉烟气余热回收、TRT差压发电技术在我国高炉已经全面推广实施，发电量已经达到35kW·h/t，最好的可达45～50kW·h/t，这一技术已经越来越走向成熟。随着国家对节能减排的推进力度的加大，这些已经成为新建高炉和高炉大修或技改必须的选择。

当前最具代表性的是京唐公司的曹妃甸两座5500m^3高炉，这是全面采用这一技术的典范，代表了这一技术的国内乃至国际的先进水平。推广这一技术已经成为目前高炉节能减排的必然。

（9）大型高炉的炉型合理优化技术

高炉技术的发展也包括了炉型设计的优化和发展，21世纪以来炉型技术优化的主要挑战是从厚壁炉型转入薄壁炉型后，如何选择合理的接近操作炉型的问题。在生产过程中，厚壁炉型随着耐火材料的侵蚀会自然而然地形成适合高炉冶炼顺行的操作炉型，而薄壁炉型则不能如厚壁炉型那样使耐材经受较大幅度的侵蚀，所以要求薄壁炉型更加接近或者就是高炉的操作炉型。薄壁炉型的设计刚刚从21世纪开始才全面铺开，随着生产实践的验证和比较，薄壁炉型技术的优化将会得到进一步发展和完善。推广这一技术就是要系统总结、梳理、比较、分析目前生产运行中的薄壁炉型的高炉生产顺行和指标情况，从而获取规律性的炉型数据。

积极探索、研发、加快工程化的关键技术

（1）≥1280℃的高风温热风炉技术

技术上我国先进的热风炉在高风温的能力上已经可以实现，而限制环节是配套管路和炉况顺行的接受能力。对这些限制环节的探索和研发，进而突破使用高风温的瓶颈，才能使我国高炉风温更上一层楼。

（2）≥0.28MPa高压炉顶设备和生产操作技术

高炉的高压操作技术已经应用很多年了，目前高炉的设计压力大都是0.25MPa，而在生产中使用的高压大致在0.22～0.24MPa水平。≥0.28MPa的超高压炉顶在我国还很少，这主要是超高压操作需要有风机能力的匹配和炉顶设备以及全系统相关设备密封性能的提高。超高压也会对炉前出铁和泥炮能力乃至炮泥质量提出新的要求。

德国蒂森公司斯韦尔根1号、2号高炉的炉顶压力为0.3MPa和0.35MPa，国外3000m^3级以上先进高炉几乎都采用0.25～0.30MPa的顶压操作。生产实践表明，炉顶压力每提高0.01MPa，可增产2%～3%，降低焦比5～7kg/t，冶炼强度可提高约2%。目前国内京唐钢铁厂5500m^3高炉炉顶压力最高0.28MPa，2010年3月实现了月均风温1300℃、燃料比480kg/t、焦比269kg/t、工序能耗373kgce/t的先进水平。通过提高高炉炉顶装备制造水平和技术创新进一步提高我国高炉的炉顶压力，是一项值得研究开发的生产操作技术。

但是需要指出的是高压操作必须与煤气流合理分布统一起来考虑，这需要与高炉产量、富氧率、鼓风动能、炉腹煤气量等诸因素一起考虑来选择最合适的炉顶压力，而不是单一追求所谓的“超高压”。这些配套技术需要在研发中予以解决。

（3）高炉煤气脱除CO_2和循环利用技术

高炉煤气脱除CO_2和循环利用技术是炉顶煤气经合适处理后作为还原介质通过风口直吹管或者炉身某个合适的部位喷入高炉内，参与和加速炉内铁氧化物的还原反应，提高碳、氢等元素的利用率，减少焦炭消耗，从而通过改善高炉能量利用效率来达到系统节能。该技术应配合氧气鼓风技术，以现有的高炉为基础，用氧气（氧含量90%以上）取代空气鼓风，部分炉顶煤气经过 CO_2 分离、加热后从炉身和炉缸喷入高炉。其具有增加喷煤量、降低焦比、节约焦煤资源、减少炼焦污染和工序能耗、降低燃料比、提高煤气热值、提高能源利用效率等技术优势。难点主要在氧气高炉作为一种全新的炼铁流程，要实现其工业化应用还存在一系列关键技术问题需要解决：1）由于以煤代焦而产生的煤粉高效燃烧及氧煤燃烧器长寿问题；2）为解决“上冷下热”，需要进行煤气调质和炉内温度场及流场的合理调控；3）煤气的输送、加热及返回位置、数量等工艺参数的确定以及系统安全技术等。欧盟和日本都有一个长期高炉炼铁 CO_2 减排的创新工艺研究项目（15～30 年），即由政府支持了大量资金的欧洲 ULCOS 和日本 COURSE 50。为了推进我国钢铁企业减排 CO_2 的技术进步，应开始做一系列研究。

（4）≥1300℃的高风温，富氧10%～20%、喷煤≥230kg/t、焦比≤260kg/t、生产率≥3.0t/(m^3·d)的大型高炉低能耗高效生产技术

超高风温、超高富氧、超大喷煤、超低焦比、超高产率是高炉炼铁技术工作者的终极追求，应加强这些极限条件下高炉生产的应用基础理论研究，并在实体生产的大型高炉中分步研究并实践，最后综合集成。

（5）大型高炉一代炉役≥22年（或单位容积产铁1.5万吨）综合技术

宝钢3号高炉一代炉龄单位炉容产铁15700t/m^3，停炉前产量依然是9000t/d水平，炉缸还没有太大问题，只要略加维修超过20年应该是没有问题，所以炉龄≥22年的长寿高炉并非可望而不可即。所谓“综合技术”就是从工程设计、设备制造、施工安装到生产维修的全过程的长寿保证体系，也是高炉长寿的系统工程。这里包含了技术问题，也包含了管理问题。

（6）每5s更新一次、类似多层CT的高炉炉缸耐材侵蚀及炉内温度和压力分布曲线实时在线监视技术

高炉是钢铁生产中的重要环节。但是，由于种种原因，高炉炉墙（缸）被烧穿的事故频发，导致了重大事故。频发的事故不但对人民

的生命和财产安全造成重大损失，也造成了不良的社会影响。对高炉炉衬的侵蚀状况进行实施监测，准确预测其厚度变化，并及时采取有效维护修补措施，能促进高炉安全高效生产、延长高炉寿命。从目前炉衬检测技术的设备状况和精度来比较，众多高炉无损检测技术中还没有任何一种技术能满足高炉生产需要，都有一定的缺陷和局限性。应积极探索、研究一种类似多层 CT 的高炉炉缸耐材侵蚀及炉内温度和压力分布曲线实时在线监视技术。

CT 探查的重点是寻找炉缸最薄弱的部位，避免炉缸烧穿的恶性事故。高炉炉缸的侵蚀是渐进过程，每 5s 更新一次扫描周期，应该考虑这种 CT 设备的投资和使用价格，使其更实用、可靠、便捷。

（7）喷吹焦炉煤气量≥100m^3/t 铁、煤比≥120kg/t 铁的低碳冶炼技术

焦炉煤气属于氢系还原剂，用于高炉可替代一部分焦炭，而且与碳系还原剂相比，在还原铁矿石时产生的是 H_2O 而非 CO_2，所以更有利于减少 CO_2 排放。日本把高炉喷吹焦炉煤气作为 COURSE 50 项目的主要研究内容之一。如果开征企业碳税，实施高炉喷吹焦炉煤气不仅可通过节焦作用产生一定的经济效益，也会因为起到减排 CO_2 作用而有利于提高企业经济效益。为了推进我国钢铁企业减排 CO_2 的技术进步，工信部和中国金属学会承担了管理“十二五”国家重点科技支撑计划项目之一“高炉炼铁 CO_2 减排与利用关键技术”，包括：高炉喷吹焦炉煤气、高炉煤气脱除 CO_2 和循环利用、高炉煤气资源化利用制甲醇技术。国内外都有高炉喷吹焦炉煤气的研究和试验，目前难点主要在于对易燃易爆剧毒的焦炉煤气，如何净化其中的氨、苯、萘及焦油等低熔点有害物质，以及煤气的加压及安全输送和喷吹机理、工艺优化等问题。高炉富氧喷吹焦炉煤气技术需对高炉操作指标的影响、钢铁联合企业能源平衡以及焦炉煤气使用最佳经济效益等方面进一步开展研究探索工作。建议从炉身下部喷入焦炉煤气，效果最佳。

（8）高炉煤气深度净化系统技术（处理能力≥4000m^3/h，硫、砷和氯等杂质含量≤1×10^{-6}，金属氧化物粉尘含量（标态）≤5mg/m^3）

高炉煤气深度净化系统技术是高炉煤气资源化综合利用的支撑

技术，相关文献表明目前已开展研究有：1）筛选确定了深度净化催化剂以活性炭为载体的配方；2）确定了深度净化催化剂批量生产方法采用浸渍法；3）确定了深度净化工艺方案；4）通过实验室扩试试验，掌握了高炉煤气集中深度净化的规律和控制方法等研究。此项技术总体上，尤其是扩大处理能力方面还需进一步研究、探索。

(9) 高炉煤气资源化利用制甲醇技术（规模≥1000t/a，总碳单程转化率≥25%，综合转化率≥50%，正常运行≥2000h）

以高炉煤气为原料气的甲醇制备包括煤气深度净化、气质调整、甲醇合成和精馏等生产单元及自动化控制系统等相关配套设施。目前国内外研究发表的文献中所采用技术无需对原料气中的CO、CO_2进行分离，从而实现CO、CO_2共氢化制备甲醇，不仅实现了CO_2的减排，同时也提高了碳资源利用率，降低高炉煤气资源化利用的能源消耗。应该进一步加大探索、研究。

(10) 焦炭、烧结矿、球团矿炉料及炉渣显热高效回收利用及≤400℃中低温烟气、低压蒸汽的乏能余热回收利用的装备技术

本项技术目前已有一些应用如CDQ等，但提高应用效率，尤其是低温余热（如200℃左右的数量很大的高炉煤气余热）利用的技术还需加强研究。

(11) 高炉处理废塑料、废轮胎、木屑、可燃性粒化垃圾等社会含铁废弃物技术

高炉喷吹废塑料、废轮胎等社会废弃物具有量大、价廉、易得的特点，且与环境保护和二次资源利用结合，发展很有潜力。目前相关的研究工作也已经做了不少，主要难度是这些废料的回收、运输、制粒、脱氯是否形成社会的产业链，有一个稳定的供应量。另外还要对不同配比废弃物利用时，高炉冶炼工艺的调整等问题加大探索、研究。

4.3.1.4 非高炉炼铁关键技术

加快推广的关键技术

(1) 低品质炉料提高铁品位，降低钾、钠、氯、磷元素含量的预处理技术

2010年年底我国铁矿石资源储量达726.99亿吨，但98%是低品位的贫矿，低品质难选矿占30%以上。我国铁矿石资源分散、储藏深、采选难度大、生产成本高。其中磁铁矿占55%，共生矿占24%，赤铁矿占21%。国内含铁原料的资源保障程度低，2010年我国铁矿石对外依存度达60%以上，而2010年矿石进口价比2000年上涨了4倍多。铁矿石资源已经成为今后钢铁企业生存和发展的关键制约因素，所以低品位难选含铁原料资源的综合利用十分重要。因此，提高低品质铁矿及含铁炉料的铁品位，针对低品质难选赤铁矿、褐菱铁矿、高铁铝土矿、含钒钛磁铁矿或钒钛磁铁矿海砂、化工硫酸渣、有色冶金高硅含铁废渣、贫镍红土矿等廉价难选含铁资源利用，降低其氧化硅、氧化铝及有害元素钾、钠、氯、磷含量，提高其含铁品位，使其达到钢铁流程使用要求的预处理关键技术的开发和推广应用十分紧迫。

目前我国不少钢铁企业建立起了低品位矿应用综合（技术与经济）评价体系并积累了实用的预处理技术与经验，具有推广意义。

(2) 转底炉炉床均匀布料，精确控制炉膛温度和气氛，顺畅出料的矿粉还原、含铁尘泥处理与废气余热利用技术

转底炉（Rotary Hearth Furnace）是一种用于处理和回收利用各种含锌、铅较高的含铁尘泥（高炉粉尘、转炉粉尘、电炉粉尘等）的煤基快速直接还原炼铁装置，其核心是一个环形高温反射炉装置。生产时将1~2层配有碳粉的含铁原料冷固结球团均匀地铺在炉底小车上，炉底小车可在一个环形通道中的轨道上移动。使用固定在炉壁两侧的煤气烧嘴加热，通过调节加热温度、炉内气氛和停留时间来控制产品的金属化率，还原温度1250~1350℃，停留20~40min可获得金属化率70%以上的直接还原铁产品（DRI）。转底炉高温还原过程中炉料中90%以上的铅、锌、钾、钠等对高炉有害的元素会挥发出去，使产品中有害元素的含量达到钢铁生产的原料标准，因而DRI产品可再循环用作高炉、炼钢生产的含铁原料。从目前已有的工程实践可见，转底炉还应对炉床均匀布料、炉膛温度和气氛分段控制、余热充分利用、

降低直接还原铁产品硫含量、金属化率精确控制、提高作业率和生产效率等关键技术进一步优化，使其铅、锌的脱出率达到90%以上，工序能耗低于12GJ/t DRI。

(3) 15万吨/年煤基直接还原铁链箅机-回转窑的成套工艺与设备制造技术

国内某企业引进了两条15万吨/年煤基直接还原铁链箅机-回转窑的成套工艺与设备，但始终未能达产，与国外相比生产稳定性、生产效率、金属化率等都还有差距，余热回收利用更是空白。应加强成套工艺与装备的研发，尽快打破近四十年来直接还原铁生产不超过60万吨/年的落后状况，为推动我国电炉生产发展做贡献。

积极探索、研发、加快工程化的关键技术

(1) 产能≥150万吨/年、焦比<150kg/t、工序能耗<16.5GJ/t的熔融还原炼铁新工艺生产技术

迄今为止，这一产能的熔融还原生产工艺只有COREX和FINEX。COREX在宝钢罗泾生产了约5年，由于与高炉相比，成本太高，缺乏竞争力，已经停炉并被搬迁至新疆八钢。韩国浦项开发的FINEX已与我国重钢签订了意向性的协议，应关心和跟踪它的发展。

(2) 高磷铁矿预脱磷-煤基直接还原，同时回收磷、铁资源的粒铁生产成套工艺技术

我国长江流域富产的近百亿吨高磷铁矿还没有得到开发利用。我国直接还原铁产业应优先发展、创新、开发直接处理我国富产的低品质难选高磷铁矿转底炉生产粒铁或低磷压块铁的工艺技术，并重点研究开发高磷铁矿预脱磷，同时分别回收磷、铁资源的产业化新工艺技术，这是我国煤基直接还原工艺技术的重要研发方向。转底炉生产粒铁新工艺技术是一项还没有取得成功的世界难题，还有许多关键、共性技术需要突破，也亟待开展科技攻关和技术研发，争取尽快形成具有中国特点的高磷铁矿预脱磷-煤基直接还原，同时回收磷、铁资源的粒铁生产成套工艺技术。

(3) 低成本煤制合成气工艺与大型竖炉直接还原有效联结的无焦炼铁生产设备及技术

直接还原铁（DRI/HBI）是冶炼纯净钢和高等级钢的重要原料，受资源的制约，我国直接还原铁的产量不到全球直接还原铁（DRI）产量的1%，不到高炉生铁产量的0.1%。气基竖炉法直接还原炼铁生产技术是世界直接还原技术的主流，也是我国直接还原炼铁技术的优先发展方向。近十年间，煤气化技术取得极大发展，几乎世界上所有类型的煤气化技术的生产装置都已在中国运行，这是我国今后发展大型直接还原炼铁新工艺的有利条件。在南非撒丹那有一套DRI产能为80万吨/年的利用COREX输出的煤合成气生产直接还原铁的MIDREX竖炉，已经生产了8年。建设大型竖炉直接还原与煤制气无焦炼铁工艺，关键是煤制合成气的投资、成本能否大幅度降低，在非炼焦煤、天然气和焦炉煤气便宜的地区，应优先采用此项炼铁技术。选用现有成熟的加压煤制气煤气化装置，将应用成熟的MIDREX、HYL-Ⅲ竖炉直接还原技术与其连接起来，可形成大型煤制合成气生产直接还原铁的联合工艺流程。在缺乏焦煤而非焦煤资源丰富而且廉价的地区，大型煤制气-竖炉海绵铁联合流程具有很强的竞争力。中国的能源结构适合发展以煤气化为气源的直接还原炼铁工艺。采用最新一代的洁净煤气化技术的大型直接还原竖炉是一种低能耗、低排放、高效率、产品质量优良的大型化先进炼铁工艺，由于避免了环境污染最严重的烧结和焦化工序，在能耗及排放方面与高炉流程相比应当具有明显的优势。

这一工艺的技术可行性似乎没有问题，但在我国做过几次可行性研究报告，都是因为投资大、成本没有竞争力而告退。其原因：一是煤气化技术都是引进技术，价格不菲；二是为了生产提供电炉炼钢的DRI，必须有竖炉级的球团矿作为原料，国产球团矿不够格，使用引进球团矿价格昂贵；三是煤气化所产生的高压、高温、高硫煤气，要达到竖炉使用的压力、温度和硫含量要求并使流程和能量利用最优化，还有诸多的问题要解决。

(4) 利用可再生能源，化石能源消耗 <4GJ/t 的直接还原铁工艺设备与技术

可再生能源利用对钢铁冶金绿色化发展具有重大意义，国内外都在进行研究，我们应关注可再生能源高效率、低成本生产技术的发展，尤其是可再生能源生产过程的不平衡性与钢铁生产连续性的衔接匹配技术研发的进展。

4.3.2 炼钢关键技术

4.3.2.1 转炉炼钢关键技术

加快推广的关键技术

(1) 脱磷炉大流量底吹搅拌 [C] ≥3.5%、[P] ≤0.025%、渣中 TFe≤5% 的高碳低氧化铁铁水预脱磷工艺技术

脱磷炉是转炉洁净钢生产新工艺流程中的核心技术之一，我国京唐钢铁公司已成功使用专用脱磷转炉技术，并充分体现了优质降耗的优势，应加快在新建钢厂中推广应用。表 4-1 给出京唐钢铁公司与日本和歌山厂脱磷炉工艺操作参数比较。

表 4-1 脱磷炉工艺操作参数比较

单位 \ 工艺	半钢成分			炉渣成分		工艺参数		
	[C] /%	[P] /%	T/℃	TFe /%	R	供氧强度（标态）/$m^3 \cdot (t \cdot min)^{-1}$	供氧时间 /min	底搅强度（标态）/$m^3 \cdot (t \cdot min)^{-1}$
和歌山	≥3.5	≤0.025	1600 ~ 1620	≤5	2.0 ~ 2.5	1.0	10	≥0.35
京　唐	≥3.2	≤0.035	1620 ~ 1640	8 ~ 12	1.7 ~ 1.9	1.5	8	≥0.15

从表 4-1 可以看出，京唐公司脱磷炉比和歌山的主要优势在于低

碱度、高供氧强度，但在脱磷保碳、熔池搅拌强度、低 FeO 控制等方面与和歌山相比还有差距，应尽快在推广过程中优化，主要有：1）进一步优化开发脱磷炉大流量底吹搅拌成套工艺技术。主要研究内容包括：不同吨位转炉合理配置底吹喷嘴，大流量底吹喷枪的结构优化设计和大流量底吹喷嘴长寿命维护技术。2）在脱磷炉采用大流量底吹搅拌工艺技术的基础上，进一步降低脱磷炉渣 TFe 含量，开发完善低 FeO 渣高效脱磷工艺和脱磷炉快速成渣技术，实现保碳脱磷，降低半钢磷含量，尽快使国内脱磷炉工艺操作达到国际领先水平。

（2）降低钢铁料消耗 30 ~ 50kg/t 的脱磷炉铁矿石熔融还原技术

转炉炼钢过程中由于 C、Si、Mn、P 等杂质元素的氧化造成吹炼过程中铁的理论损耗为 60kg/t，实际损耗波动在 70 ~ 90kg/t（即钢铁料消耗为 1070 ~ 1090kg/t）。为适应环保要求，目前国内外多数转炉均采用造高氧化铁渣熔化石灰的化渣工艺，严格限制萤石加入量。但由于传统转炉渣量大，炉渣 TFe 含量高，加入熔池用于化渣的氧化铁还原率基本为 0，全部损耗于炉渣中。脱磷炉采用低 FeO 渣脱磷工艺后可控制渣中 TFe≤5%，总渣量一般为 35 ~ 45kg/t，加入脱磷炉作为化渣剂的 FeO（或铁矿石）还原率达到 90%。利用脱磷炉这一工艺特点，适当增加造渣剂中 FeO 加入量，一方面有利于石灰熔化，提高炉渣碱度；另一方面可通过熔融还原提高铁的收得率，降低转炉炼钢过程中的钢铁料消耗。

在脱磷炉内采用铁矿石熔化石灰实现熔融还原炼铁具有明显的经济效益。按铁矿石与废钢差价为 1500 元/t 计算：采用 TFe≥60% 的铁矿石熔融还原回收铁（铁回收率为 90%）的实际价差为 810 元/t。在脱磷炉内适当增加铁矿石用量，通过熔融还原回收铁水 30 ~ 50kg/t，可使炼钢过程中钢铁料消耗降低到 1030 ~ 1050kg/t，可降低炼钢成本 24 ~ 40 元/t。

实现脱磷炉大量采用铁矿石化渣和熔融还原工艺需要研究开发以下技术：

1）低 FeO 渣脱磷工艺：稳定控制脱磷炉终渣 TFe≤5%，确保脱磷炉脱磷效率≥75%，半钢［P］≤0.025%。

2）高FeO渣快速熔融还原技术：在脱磷炉内大量添加FeO往往造成渣中TFe含量过高，引起炉渣喷溅。因此，必须研究开发高FeO渣快速熔融还原工艺，通过加强熔池搅拌，提高渣中FeO还原速率；优化FeO加入批次和控制加入量，控制渣中TFe含量在合理范围，既能保证石灰快速熔化，又避免因FeO积聚造成喷溅。

3）优化脱磷炉热工控制：通过适当减少废钢加入量提高铁水比，以保证铁矿石熔融还原的热量需求和合理的脱磷炉终点温度控制。

（3）脱碳炉少渣冶炼长寿复吹技术

21世纪转炉炼钢技术发展的三大核心技术仍然是：

1）转炉洁净钢冶炼技术，控制终点钢水[P+S]≤100×10^{-6}；

2）转炉终点钢渣反应平衡控制技术，优化复吹工艺使终点[C][O]积≤0.0025%；

3）转炉长寿技术，转炉炉龄≥10000炉。

我国转炉普遍采用溅渣护炉工艺，使转炉长寿技术达到国际先进水平。京唐公司脱碳转炉采用留渣操作工艺，解决了少渣冶炼溅渣渣量不足的技术问题。通过采用脱碳炉少渣溅渣护炉工艺，目前脱碳炉炉龄已达到7000炉以上，达到国际领先水平。但采用溅渣护炉工艺对脱碳炉冶炼造成以下问题：一是使冶炼周期延长，京唐脱碳炉冶炼周期为28min，比和歌山厂延长8min，其中溅渣护炉延长3.5min，供氧时间延长1.5min，出钢时间延长3min；二是采用溅渣护炉后渣中P_2O_5含量高于超低磷钢冶炼所要求的含量，对超低磷钢（[P]≤30×10^{-6}）冶炼带来较大危害。

日本和歌山厂脱碳转炉未采用溅渣护炉工艺。为提高脱碳炉炉龄，采用加快转炉生产节奏、降低转炉出钢温度和终渣氧化性等技术措施使脱碳炉炉龄达到5000炉。

今后，国内在脱碳炉长寿技术研究开发方面应注重吸收日本护炉的经验，通过加快生产节奏，减轻由于急冷急热造成的耐火材料损失；研究开发低氧钢冶炼技术，避免钢渣过氧化；通过工艺流程优化适当降低转炉出钢温度，降低溅渣频率，减少溅渣时间。

（4）脱碳炉供氧强度（标态）≥4.5m^3/(t·min)的高效供氧技术

大幅度提高转炉生产效率是转炉洁净钢生产新工艺流程的主要技术特点，核心技术一是通过转炉炼钢功能的合理解析，减少转炉工艺负荷，缩短冶炼周期；二是通过提高转炉供氧强度，缩短供氧时间；三是采用快速精炼、高速连铸和各工序优化匹配等措施建立炼钢全工序高效快节奏生产体制。

和歌山厂为缩短脱碳炉供氧时间，将转炉供氧强度提高到5.0m^3/(t·min)，从而保证转炉冶炼周期达到20min。在此基础上，实现转炉-精炼-连铸等各工序20min等节奏生产模式，建立炼钢全流程高效快节奏的生产体制，获得巨大的经济效益。

京唐钢铁厂脱碳炉供氧强度平均为3.7m^3/(t·min)，使脱碳炉供氧时间延长到11.5min。为在炼钢全流程建立高效快节奏生产模式，要求将供氧强度进一步提高到4.5m^3/(t·min)以上，保证脱碳炉供氧时间≤10min，为进一步缩短脱碳炉冶炼周期创造条件。

大幅提高供氧强度往往造成熔池火点铁的蒸发量上升，使烟尘中铁含量急剧增加。和歌山厂开发的高强度供氧工艺中以下技术值得我们借鉴：

1）研究开发非对称氧枪取代传统对称式氧枪，解决吹炼过程中因氧气射流互相干涉、叠加造成的火点温度升高的技术难题。通过降低火点温度减少烟气中粉尘发生量。

2）优化脱碳炉前期化渣工艺，解决无硅铁水快速成渣的技术难题。通过尽早形成一定数量的初渣和避免炉渣返干，抑制和避免金属喷溅。

3）优化终点控制技术，将转炉后期操作时间（从TSC至出钢）平均缩短1.5min。

（5）控制钢中残锰≥0.5%的脱碳炉锰矿熔融还原技术

通常炼钢铁水中含有0.2%～0.4%的残锰，由于国内转炉炼钢渣量大（吨钢渣量≥100kg），采用低碳脱磷工艺钢水过氧化现象较严重，造成炼钢过程中锰的烧损≥90%，渣钢间锰分配比波动在30～40，钢中残锰一般≤0.04%。显然传统炼钢工艺造成极大的资源浪费，并使炼钢成本有所增加。

采用洁净钢生产新工艺流程通过铁水“三脱”解决了高碳脱磷的技术难题，有利于脱碳转炉实现高碳出钢；同时，脱碳炉采用少渣冶炼一般控制渣量≤25kg/t，远低于传统转炉。由于上述原因，日本钢厂生产中、高碳钢时一般均采用锰矿熔融还原工艺，可使钢中残锰含量提高到1%以上，锰矿收得率≥90%，渣钢间锰的分配比≤10。转炉洁净钢生产新工艺采用锰矿熔融还原技术不仅具有较大的经济效益，有利于金属资源的回收利用，同时可解决大量加入铁合金造成钢水增钛、影响钢质量的技术难题。

采用锰矿熔融还原工艺的核心技术包括：1）实现转炉高碳出钢；2）采用少渣冶炼工艺；3）降低渣钢间锰分配比的工艺技术。锰矿熔融还原工艺的研究开发和推广应用，将钢水中残锰含量提高到0.5%以上，对于降低炼钢成本和提高钢水洁净度具有重要意义。

(6) 控制终点钢水 $a_O \leq 350 \times 10^{-6}$ 的转炉低氧钢冶炼工艺技术

转炉低氧钢冶炼工艺技术根据冶炼钢种不同常采用以下两种模式：

1）适于低碳、超低碳钢冶炼的低氧钢冶炼工艺，包括以下技术内容：

① 采用转炉-RH双联工艺，转炉采用定碳出钢技术，控制出钢［C］在0.06%～0.08%之间，避免因拉碳过低造成钢水严重过氧化。

② 转炉采用顶底复合吹炼工艺，严格控制终点［C］［O］积≤0.0025，保证终点钢水 $a_O \leq 350 \times 10^{-6}$。

③ 转炉出钢采用弱脱氧沸腾出钢工艺，避免出钢过程中钢水大量吸氮。

④ 转炉出钢后钢水直接进RH炉精炼，RH采用顶吹氧工艺，通过顶吹氧进行二次燃烧，一方面补充热源，减少RH处理温降；另一方面可将钢水［C］脱至0.025%以下，保证钢水 $a_O = (350 \sim 450) \times 10^{-6}$。

⑤ RH吹氧脱碳后进入自然脱碳，通过真空下钢水碳氧反应达

到钢种所要求的碳含量（IF 钢[C]≤0.003%），并控制 RH 加铝前 a_O≤200×10^{-6}；加铝后自然搅拌 10～15min，上浮去除钢中脱氧夹杂物。

采用以上工艺可生产[C]≤0.002%的超低碳钢，同时可降低脱氧铝耗，减少脱氧产生的钢中非金属夹杂物，保证精炼后钢水中 T. O≤30×10^{-6}。

2）适于中、高碳钢采用的低氧钢冶炼工艺，包括以下技术内容：

① 通常采用铁水“三脱”预处理加脱碳转炉的洁净钢生产新工艺。

② 转炉采用高碳脱磷和高碳出钢工艺，控制冶炼终点钢水[C]≥0.2%。

③ 转炉采用复合吹炼，严格控制[C][O]积，保证终点钢水 a_O≤150×10^{-6}。

④ 转炉出钢采用挡渣工艺，对洁净度要求高的钢种采用扒渣工艺，严格控制下渣量。转炉出钢时加铝强脱氧，然后进行 LF 脱硫精炼，严格控制夹杂物尺寸和形态。LF 结束后进行真空脱气精炼。

（7）控制终点[S+P]≤100×10^{-6}的转炉高洁净钢冶炼工艺技术

转炉采用传统炼钢工艺根本无法生产终点钢水[S+P]≤100×10^{-6}的高洁净钢；采用洁净钢生产新工艺流程可稳定、大批量生产终点钢水[S+P]≤100×10^{-6}的高洁净钢，这是两种工艺的本质区别。

转炉生产终点钢水[S+P]≤100×10^{-6}高洁净钢的技术核心是控制终点钢水[P]≤50×10^{-6}，[S]≤50×10^{-6}。其生产工艺可划分为：

1）转炉超低硫钢（[S]≤0.005%）冶炼工艺，包括以下技术内容：

① 采用铁水脱硫预处理工艺，控制脱硫预处理后铁水[S]≤0.002%。

② 采用铁水“三脱”和转炉少渣冶炼工艺，必须严格控制脱磷炉

回硫；脱碳炉因采用少渣冶炼工艺，通常可降低钢水[S] 10×10^{-6}。

③ 为避免脱磷炉回硫，适当采用高铁水比操作，控制废钢比≤10%。

④ 控制加入脱磷炉的废钢硫含量[S]≤0.025%。

⑤ 改进脱磷炉造渣工艺，控制渣钢间硫分配比 $L_S\geqslant15$。

⑥ 当 $L_S=15$ 时，石灰[S]≥0.3%将不再具备脱硫能力，石灰可能成为超低硫钢污染源，因此要求炼钢石灰[S]≤0.3%。

⑦ 为避免对钢水［S］的污染，对其他炼钢辅料如轻烧白云石、烧结矿、补炉料等均要求对硫含量有严格控制。随铁水［Si］增加脱磷炉渣量增大，有利于提高脱硫能力。

京唐钢铁厂采用以上工艺目前已可稳定控制转炉终点［S］在0.004%~0.007%之间，基本达到转炉洁净钢冶炼对终点［S］的控制要求。

2）转炉低磷钢（[P]≤0.005%）冶炼工艺，必须采用铁水“三脱”和脱碳炉少渣冶炼工艺才能稳定生产超低磷钢。日本和歌山厂铁水［P］平均为0.1%，采用以下工艺生产[P]≤0.005%的低磷钢：

① 控制脱磷炉碱度 $R=2.0\sim2.5$，半钢温度为1280~1320℃，底搅强度（标态）≥$0.35m^3/(t\cdot min)$，保证半钢[P]≤0.025%。

② 脱碳炉采用少渣冶炼工艺，控制石灰加入量10kg/t，渣量≤25kg/t。

③ 脱碳炉采用高效脱磷工艺，控制渣钢间磷分配比 $L_P=(P_2O_5)/[P]\geqslant350$，渣中（$P_2O_5$）≤1.85%可保证终点钢水［P］稳定地≤0.005%。

应对脱磷炉脱磷工艺和造渣工艺进行优化和改进，进一步提高终渣碱度，降低半钢［P］控制指标，以保证转炉可稳定生产[P]≤0.005%的低磷钢。

（8）控制下渣量≤5kg/t、出钢时间≤5min、出钢增氮≤50%的快速出钢技术

快速出钢技术也是转炉炼钢过程中的重要工艺控制环节，今后随

着钢质量要求日趋严格，生产效率更加高效，快速出钢技术的重要性日益突出。

控制出钢过程下渣量在国内已经引起足够的重视，最近几年国内不少钢厂推广采用滑板挡渣技术，可控制转炉下渣量≤3kg/t。采用滑板挡渣虽然增加耐火材料成本（1～2 元/t），但通过脱氧剂和造渣剂消耗降低足以弥补滑板成本，并可提高钢水洁净度，具有较好的经济效益。今后应加强出钢滑板挡渣的技术推广工作，严格控制转炉下渣量。

目前不少钢种要求严格控制钢水中［N］，如 IF 钢要求成品［N］≤30×10^{-6}。通常铁水中氮含量波动在$(200\sim300)\times10^{-6}$，经转炉冶炼后可降至$(10\sim18)\times10^{-6}$，采用真空精炼钢水［N］一般可从$(60\sim80)\times10^{-6}$降低到$(35\sim45)\times10^{-6}$，说明转炉炼钢过程具有最佳的脱氮动力学和热力学条件。因此，低氮钢冶炼必须以转炉脱氮为主，严格控制钢水增氮才能保证部分钢种成分要求。京唐钢铁厂脱碳炉采用全自动炼钢工艺，实现不倒炉出钢，终点钢水［N］≤10×10^{-6}；采用沸腾出钢工艺控制出钢增氮≤5×10^{-6}；优化 RH 精炼工艺，解决浸渍管漏气问题和优化连铸保护浇铸工艺，可控制 RH 精炼与连铸过程总计增氮≤3×10^{-6}，保证成品［N］≤18×10^{-6}。

（9）终点控制精度$\Delta[C]\leqslant\pm0.01\%$、$\Delta T_{终}\leqslant\pm10$℃、双命中率≥90%、自动炼钢比率≥95%的转炉终点精确控制技术

近几年，我国转炉自动化炼钢技术得到快速发展：

1）国内 120t 以上大中型转炉大部分配备了副枪设备，可实现终点动态控制。

2）不少钢厂在稳定铁水条件、提高石灰等炼钢辅料质量水平、加强废钢管理等方面进行了大量工作，为提高自动化炼钢控制水平奠定了良好的技术基础。

3）国内一些先进的炼钢厂如宝钢、武钢、首钢等已经实现转炉全自动吹炼控制，通常称为“一键式”炼钢。C、T 双命中率达到 85% 以上，自动化炼钢比例超过 90%，不倒炉出钢率已不小于 92%。

以终点精确控制为核心的转炉全自动化炼钢必须抓好强化精料措施、稳定优化工艺、开发静态和动态控制模型三个关键，而尽可能实现铁水全量预脱硫与更高比例的“三脱”是重要基础。

（10）控制石灰加入量≤30kg/t、渣量≤70kg/t 的常规转炉少渣冶炼工艺技术

和传统流程相比，转炉洁净钢生产新工艺流程适于大批量稳定生产洁净钢，炼钢生产效率提高近 1 倍，而洁净钢炼钢成本低于传统转炉，具有很大的技术优势。但对于尚未建设脱磷炉的钢铁厂无法实施。为解决这一问题，国内外都开发应用了在同一座转炉内利用上一炉留渣进行脱硅、脱磷预处理，中途倒渣，然后再继续进行吹炼直至炼钢终点的技术，如国内的 SGRS 和日本新日铁的 MURC，可大幅度降低渣料消耗和成本，全面提高钢水质量。国内近几年各种同炉双渣留渣少渣炼钢工艺的开发应用发展较快，但仍需在优化前期脱磷效果、倒尽前期渣和缩短冶炼周期等方面加快优化与推广。

（11）炼钢全工序“负能”生产工艺技术

近几年，为满足节能环保的技术要求，国内钢铁厂普遍加强能源管理和余热余能回收工作。绝大多数转炉炼钢厂均已建立转炉煤气和蒸汽回收装置，通过工厂能源网络建设基本解决回收煤气和蒸汽放散的问题。绝大多数大中型转炉厂已实现转炉工位“负能”炼钢，少数先进钢厂已实现炼钢全工序（从铁水预处理至连铸）“负能”炼钢。

实现炼钢全工序“负能”炼钢首先要充分回收转炉炼钢过程中产生的煤气和蒸汽。通常转炉炼钢过程中产生的余能（煤气 + 蒸汽）波动在 20～25kgce/t，因此实现全工序“负能”炼钢必须要求转炉工位炼钢能耗≤10kgce/t，精炼工位能耗≤5kgce/t，连铸工位能耗≤10kgce/t。今后，随着国内转炉钢厂品种增加、质量提升，炉外精炼比例会进一步提高，使精炼工位能耗增加；随着连铸机大型化和电磁搅拌、电磁制动与中间包加热等先进技术的推广，连铸工位能耗也会相应提高，这些都为实现炼钢全工序“负能”炼钢带来新的困难。

为实现炼钢全工序“负能”炼钢，需优化与推广以下技术：

1）缩短单元冶炼周期，加快生产节奏，建立全流程高效快节奏生产体系的技术；

2）加快铁水包和钢包周转速率，减少运输过程中铁水、钢水温降，降低各工序烘烤能耗的系统技术；

3）转炉强化供氧、自动吹炼快速出钢、连铸高拉速等高效化生产技术；

4）降低精炼过程中 LF 炉的负荷，增加 RH 处理比例，采用机械真空泵系统技术；

5）优化生产调度，保证生产连续性，降低除尘、水处理等辅助工序能耗。

积极探索、研发、加快工程化的关键技术

（1）稳定控制终点[S+P]$\leqslant 50\times10^{-6}$的超纯净钢转炉冶炼工艺技术；与炉外精炼匹配可稳定生产钢中杂质含量(S+P+T.O+N+H)$\leqslant 100\times10^{-6}$钢种的转炉洁净钢生产工艺技术

转炉生产流程大批量稳定生产钢中杂质含量总量Σ(S+P+T.O+N+H)$\leqslant 100\times10^{-6}$的超纯净钢是研究开发转炉洁净钢生产新工艺流程的核心目标。应关注的研发控制要点有：

1）钢中［P］的控制：采用铁水“三脱”预处理工艺控制半钢[P]$\leqslant$0.025%，可稳定生产脱碳炉终点[P]$\leqslant$0.005%的低磷钢。

2）钢中［S］的控制：采用铁水脱硫预处理工艺控制处理终点铁水[S]$\leqslant$0.002%，采用脱磷炉回硫控制工艺技术，控制半钢终点[S]$\leqslant$0.005%，脱碳炉终点[S]$\leqslant$0.004%。采用 LF 精炼脱硫率$\geqslant$80%可保证终点[S]$\leqslant 10\times10^{-6}$。但 LF 脱硫往往造成氮含量升高，为解决这一问题日本各钢厂多采用真空喷粉技术，采用水冷氧枪顶喷粉，脱硫率可达到60%，适于生产[S]$\leqslant 20\times10^{-6}$的低硫钢。采用浸没式喷枪脱硫率可达到90%以上，可稳定生产[S]$\leqslant 5\times10^{-6}$的超低硫钢。

3）钢中［N］的控制：转炉采用自动吹炼和不倒炉出钢工艺，实现沸腾出钢和快速出钢，在精炼和连铸过程中配套采用适当的钢水保护等低氮钢系统冶炼技术，适于生产[N]$\leqslant 20\times10^{-6}$的超低氮钢。

4）钢中 T. O 的控制：采用高碳脱磷或铁水“三脱”预处理工艺和不同钢种的低氧钢冶炼技术，以及真空碳脱氧工艺、钢中夹杂物形态控制和软吹促进夹杂物上浮等成套工艺，可稳定生产钢中 T. O$\leqslant 20\times10^{-6}$的低氧钢。

5）钢中［H］的控制：采用 RH 或其他真空精炼设施可控制钢水[H]$\leqslant 2\times10^{-6}$。

综合采用以上技术可实现转炉炼钢流程稳定生产杂质含量总量$\Sigma(S+P+T.O+N+H)\leqslant 100\times10^{-6}$的超纯净钢。

（2）少渣冶炼和炼钢粉尘、炉渣 100% 自利用的转炉零排放清洁生产技术

为满足国家对冶金行业节能环保的发展要求，绝大多数钢厂均建立了炼钢固体废弃物回收利用的生产线。对于转炉渣的回收多数采用热闷工艺，降低炉渣中自由 CaO 含量，防止炉渣粉化，部分用于烧结配料，其他外销。炉渣处理后的铁滴回收后代替废钢返回转炉使用。转炉渣基本可实现 100% 回收利用。

对于炼钢粉尘多数厂采用冷固结回收方式，将粉尘中 CaO 加水后消化然后压制成球供炼钢厂作为冷却剂使用。

今后我国钢厂应继续加强对炼钢粉尘和炉渣等炼钢固体废弃料的回收利用，重点开展以下几方面的研究：

1）减排：通过改进炼钢工艺实现少渣冶炼，大幅削减炼钢总渣量，从传统工艺的 100 ~ 120kg/t 降低到 60kg/t 以下。

2）自主消纳：炼钢形成的废渣和粉尘应尽可能在转炉炼钢过程中自主消纳、回收利用。应研究开发炼钢粉尘制造高效脱磷剂的工艺技术，脱碳转炉渣、高碱度精炼渣返回应用于脱磷转炉等新工艺方法。

3）研究开发废弃转炉渣高效利用技术：随炼钢工艺改进和高碱度脱碳转炉终渣和精炼渣的返回利用，使转炉排渣碱度和 FeO 含量降低，越来越接近高炉渣成分。今后应研究开发脱磷渣掺混高炉渣制造水泥

的工艺技术，提高转炉废渣的附加值。

4）转炉钢渣细粉制造和应用技术的研发也应尽快与用户结合进行。

（3）转炉兑铁温度≥1380℃、出钢温度≤1640℃、冶炼周期≤25min的全流程高效、快节奏生产工艺

1）转炉兑铁温度≥1380℃的控制技术：根据京唐钢铁厂的经验，采用以下技术措施可实现转炉兑铁温度≥1380℃：

① 控制高炉出铁温度≥1500℃；

② 采用“一罐到底”的铁水运输方式，减少二次兑铁温降40～50℃；

③ 提高铁水包调度管理水平，实现铁水包周转率≥5次/日，保证脱硫站的铁水进站温度≥1420℃；

④ 优化铁水脱硫预处理工艺，控制脱硫预处理温降≤40℃。

2）转炉出钢温度≤1640℃的控制技术：目前国内板材厂因采用转炉-RH双联工艺，出钢温度普遍控制较高，波动在1660～1680℃。特殊钢厂因大量采用LF精炼工艺，出钢温度较低，波动在1620～1640℃。为解决转炉出钢温度偏高的技术问题，建议进一步研发应用以下技术：

① 缩短出钢时间和加速钢包周转，降低出钢温降；

② 进一步优化RH-顶吹氧（如RH-KTB）技术，通过RH吹氧脱碳和二次燃烧进行热补偿，减少RH冶炼过程温降；

③ 推广钢包全程加盖工艺，减少钢水和空包的散热损失；

④ 建立全流程高效快节奏生产模式，通过加快生产节奏减少钢水运输等待过程中的温降损失。

综合采用以上技术有可能使板材厂转炉出钢温度稳定地控制在1640℃左右。

（4）$CaCO_3$与CO_2在转炉冶炼中优化高效应用的系统装备与工艺技术

直接用石灰石（$CaCO_3$）炼钢最早应用于平炉和电炉生产。由于转炉属于自热法炼钢工艺，热量紧张，为保证炼钢终点温度的控制要

求采用石灰代替石灰石造渣。由于转炉采用石灰造渣具有较好的经济性，随着转炉炼钢的发展，目前电炉和高炉均已采用石灰代替石灰石进行造渣。

近几年废钢和铁水价格倒挂，一些钢厂为降低炼钢成本采用高铁水比操作，造成炼钢过程热量富余。采用石灰石造渣可替代废钢、矿石等冷却剂，有利于降低炼钢成本。此外，石灰石在炼钢炉内分解生成大量 CO_2 搅拌熔池，对加强熔池搅拌、尽快形成初渣有一定好处。今后应根据铁水、废钢等市场价格的波动研究开发石灰石直接炼钢技术，适当增加石灰石用量，降低炼钢成本，对国内转炉炼钢技术多元化发展有一定作用。

从节能减排的角度出发，利用转炉炼钢过程的富余热量实现 CO_2 向 CO 的转化，有利于减少 CO_2 排放量，值得研究和开发。CO_2 在炼钢过程中可作为底吹搅拌气体代替氮气和氩气，但 CO_2 属于弱氧化性气体，对底吹喷嘴烧损较严重，是今后攻关需解决的主要技术问题。CO_2 还可作为稀释气体与氧气混合，降低氧射流中的氧势，对生产低氧钢和不锈钢有一定益处，也可作为今后研究开发的技术方向。转炉生产应用 $CaCO_3$ 和 CO_2 的研究开发必然要重视新条件下的造渣、供氧工艺的全面优化研究。

4.3.2.2 电弧炉炼钢关键技术

加快推广的关键技术

(1) 大型电弧炉冶炼周期≤60min、全固体料工况电耗≤360 kW·h/t的大型电炉高效生产技术

大型电炉系指公称容量大于70t的电弧炉，标准的工况是使用全固体炉料（即冷废钢、配加15%左右的冷生铁块及HBI），一般每炉要加2～3次料。出钢-出钢的冶炼周期平均低于60min，吨钢冶炼电能消耗平均低于360kW·h，这是当前国际领先水平。为此在工艺、装备、生产组织各个方面都必须达到非常高的水平。相应的吨钢 CO_2 排放和综合能耗均较低，真正体现出电炉炼钢的优势。

主要技术有：优化配料技术，尽量采用杂质少、堆密度大的粉碎

加工类废钢，装料次数≤2 次；大功率化学能输入技术；合理供电技术。下面叙述的(2)~(5)项技术也都可应用于全固体料工况条件下，以提高效率。

国内目前电炉炼钢大都配加 30%~60% 的热铁水，热铁水带入大量的物理热和碳硅等发热元素，而且装料次数也减至两次，甚至一次，由此冶炼周期缩短、电耗降低，但与全固体炉料相比，加铁水后总能耗增加，铁水比越高，能耗越高，对环境的影响也加大。

(2) 比功率≥700kV·A/t 钢、供电合理化的超高功率电炉技术

20 世纪 60 年代，美国联合碳化物公司提出了超高功率电弧炉(UHP-EAF) 的概念，超高功率电弧炉炼钢理念主导了近六十年电弧炉炼钢生产技术的发展，其中心思想是最大限度地发挥主变压器能力，包括以下两个方面：1) 提高每吨钢配置的主变压器容量，即将功率级别由 200~300kV·A/t 提高至≥600kV·A/t，90 年代以后，又提高至 800~1000kV·A/t。2) 极大地提高最大功率供电时间的比例。

大型超高功率电弧炉主变压器容量很大，达到 60~120MV·A，为了提高炉子的工作效率，使电极电流保持在$(5\sim6)\times10^4$A 的合理范围以内，电弧炉的供电和电气运行方式需发生改变，其技术是：高功率因数、高电压、合理电流操作。大型超高功率电弧炉操作区间的功率因数接近于电弧稳定燃烧上限的 0.866，如图 4-2 所示的阴影区域，而传统的小电炉大电流低功率因数操作制度、操作电抗接近短路电抗，不必考虑操作电抗的非线性，由于谐波的影响，冶炼过程的操作电抗不同于电路的短路电抗，操作电抗的非线性是大型电弧炉炼钢过程最重要的技术特征。近二十年来，我国对于不同容量的电弧炉的电气运行技术进行了系统的研究，掌握了自行开发合理运行技术的经验，非线性电抗模型研究和许用工作点开发，实现了电弧炉的优化供电，节约电能 2%~5%。

(3) 集束氧气射流供氧强度≥40m^3/t 钢的高效高强度供氧技术

集束氧气射流是近年来发展的全新供氧技术，其特点是氧气射

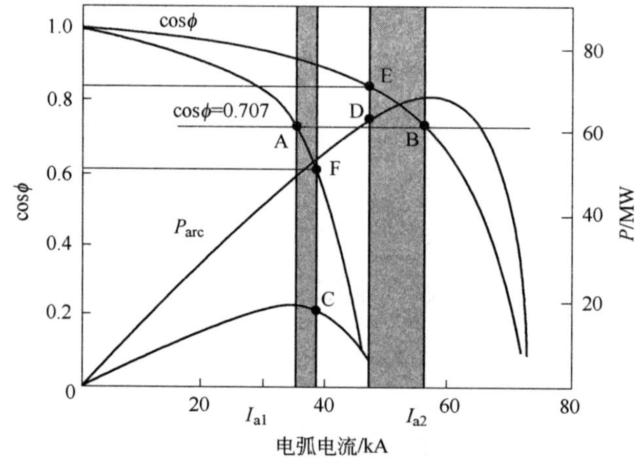

图4-2　超高功率与普通电炉电气运行比较

流由内外两股射流组成。中心为超音速射流，外层为氧气与煤气燃烧的高温气体，外层高温气体将中心超音速射流包裹，中心超音速射流处于类似真空的环境，使中心射流流速衰减很慢，射流长度达2m以上，可以由炉壁达到熔池中心；并能调节射流长度，氧枪不必离钢液面太近，既有利于延长枪的寿命，又有助于氧气吹入熔池。随着炉容量的大型化和冶炼过程高效化，供氧强度大幅度增高：总供氧强度达到1.2m^3/(t·min)以上，特别适合中高碳配料及电炉铁水热装工艺。单支枪的供氧能力超过2500m^3/h。十年来，国内自主研发的氧-燃烧嘴单支的功率已达到2～3MW，已完全主导了国内市场，技术水平可与国际先进烧嘴媲美，当前的重点是迅速扩大推广面，并结合不同炉料结构和炉型，进一步优化结构与布置。另外则是与顶底复合吹炼结合，探索更优化的冶炼工艺。多数先进企业的电弧炉炼钢均采用该技术，节约电能5%～10%，提高冶炼节奏3%～5%。

（4）喷吹煤粉、炭粉、废轮胎粉、天然气，降低吨钢电耗和总能耗的系统技术

电弧炉炼钢过程的主要冶金任务是向炉料输入能量，所以在输入电能之外特别是在冷区、冷点，还应尽可能地输入其他辅助化学能。

同时，喷碳及喷吹燃料技术，可提高脱碳速率，减少熔池过氧化，炉渣中 FeO 的含量降低，氧气利用率更高。在全废钢炉料的情况下，炉料中发热元素较少，吹入的氧气会使铁元素氧化，造成损失，更必须避免。为此吹入煤粉或炭粉不仅可提供能量，还有助于减少铁的烧损。废轮胎粉也是一种炭粉的代用品，但会带入硫。另外，喷入煤粉等一次能源部分代替电力二次能源在经济上也是合算的。在有条件的地区，天然气资源较丰富、价格相对便宜，也可以设置用喷吹系统喷入天然气。

喷吹煤粉、炭粉或废轮胎粉，通常由单独设置的喷粉枪与氧气射流配合喷入炉内。应设置专用的存储、输送系统。粉剂需事先制备、运输和存储。喷入辅助能源缺点是逸出气量增大，相应热损失大一些，除尘等装置的任务加重，使用辅助能源主要是部分代替电能，必须注意应使总能耗也降低。另一个缺点是 CO_2 排放有所增加。

(5) 全程泡沫渣埋弧冶炼技术

电弧炉炼钢过程中电弧是电能转化为热能的主要形式。大型电炉的电压较高，电弧很长，电弧温度达 3000℃ 以上，裸露的电弧辐射对耐火材料浸蚀严重。另外，电弧埋在泡沫渣中非常有利于电弧的稳定燃烧和能量吸收。在现代电炉炼钢技术中采用泡沫渣技术是非常重要的。

造泡沫渣技术的要点：一是炉渣要有适当的黏度和表面张力，炉渣过稀过稠都不行；二是要能在渣中产生一定的气体，一种方法是加入碳酸盐类造渣材料，使其在高温下分解产生 CO_2，属于内生气源，另一种方法是向渣中加炭粉，适当吹氧，属于外生气源。

泡沫渣形成的高度要适当，基本上以略高于电弧弧长为宜，过薄不足以遮挡弧长，过厚影响冶炼操作。

(6) 电功率、供氧、废气余热综合集成合理利用的电炉冶炼系统节能技术

将废钢加热至 1600℃，理论能量 1t 钢需求不足 400kW · h。电炉

炼钢过程实际(较好的操作水平)总的能量需求均为每吨钢620～650kW·h。废气带走的物理热和化学潜热所占份额很大,所以二次燃烧和废气余热利用是非常重要的技术。其中最理想的方法是利用废气余热预热废钢,但是各种技术方案均有效率不高和产生二噁英的问题。近年来Fachs炉和Consteel炉都得到了一定的应用,但仍有改进的余地。从当前发展看,采用气化冷却等余热回收技术节能效果更佳,关键是要优化回收蒸汽的蓄能系统配置,保证蒸汽质量及不受冶炼周期性波动影响,稳定供汽。用于发电或供真空精炼用蒸汽,将具有更好的前景。

在合理供能方面,重点在于电气运行和供氧优化,保持全程泡沫渣,并根据冶炼操作节奏将供能、用能、回收综合考虑形成系统节能的集成技术。

(7)炉盖、炉衬寿命≥1000炉的电炉长寿综合技术

电弧炉炼钢过程中电弧温度达3000℃以上,生产过程又是间歇式的周期性操作,炉盖、炉衬工作条件非常恶劣。目前寿命大多为300炉次(10余日)左右,但先进的已可超过1000炉次。开发推广电炉长寿命技术对于提高生产率和节能降耗都是非常重要的。

提高炉衬寿命是一项综合性的技术。包括:1)耐火材料的改进;2)炉型和炉子装备的改进;3)泡沫渣技术的合理利用;4)冶炼操作和炉衬维护技术的提高;5)自动控制水平的提高等。

积极探索、研发、加快工程化的关键技术

(1)电炉入炉废钢洁净化技术

“精料”是冶金技术发展的永恒主题。“源头处理”比“后步处理”更为合理。妨碍电炉钢质量更为优异的主要障碍在于废钢中夹带各种低熔点的有色金属-“金属残余元素”,这些残余元素在炼钢过程中不能有效地去除,带入成品钢中将危害钢材的性能。

金属残余元素的共同特点:一是熔点较低;二是其化学性质不活泼,氧化物等较易还原。因此,有必要开发一种还原性的废钢

预热装置，将预热的功能和净化功能结合，成为电炉炼钢的“预处理”工位，形成较高生产速率，又节能、又提高钢水品质的技术。

废钢中Cu、Zn、Pb、Sb等有害杂质元素均为低熔点元素，如Cu的熔点为1098℃，Sb的熔点为631℃，Zn、Pb在1100℃呈气态。所以将废钢预热到1100℃左右，通过实验室的研究，这些有害元素是可以有效去除的，关键在于要有强还原气氛，有关研究还将进一步的进行及完善。

(2) 电炉连续炼钢技术

电炉炼钢是将废钢资源直接加工成钢水的一步冶炼工艺。目前，冶炼生产是一炉一炉进行的周期式（或间歇式）的操作，冶炼周期为1h左右。周期性生产的优点是每炉钢水成品的品质可以不一样，从而适应品种多样化的需求。缺点是生产率不高，能耗较大。

目前，Consteel电弧炉炼钢等连续加料电炉已有较多应用，可以认为这类电炉已实现了“半”连续化生产。在此基础上通过进一步的改进和开发实现一到两个月为周期的连续炼钢的可能性是存在的。

实现连续炼钢能大大提高生产率，大大降低能耗。当前，连铸和连轧工序都实现了连续化生产，炼钢工序也有待于向连续化方向发展。目前这种方法仅是一种概念，还在技术研究阶段，需解决的问题是：1）在连续加料的基础上，实现连续的熔化、氧化精炼，并可精确控制冶炼终点成分与温度；2）连续出钢、脱氧合金化及成分精确控制。

实现连续炼钢不仅是炼钢工序装备技术的发展，也对耐火材料、铁合金和连续检测技术等相关方面提出了更高的要求。

(3) 与清洁能源相匹配的电炉冶炼技术

电炉炼钢是以电力为能源获取高温的熔炼技术。以往，电力主要来自于火力发电或水力发电，按照现有的能源结构，每吨电炉钢约产生600kg的温室气体，仅为矿石、高炉、转炉流程2000kg的1/3

左右。

近年来，以太阳光辐射能和风能为能源的清洁能源得到了大发展，而清洁能源大多以电能的形式供应，非常适合于与各种电炉冶炼相匹配。使用清洁能源将使吨钢 CO_2 排放减少 90% 以上。

近年来，我国研究人员已进行了一系列的清洁能源电炉炼钢技术的研发工作，提出清洁能源冶金技术基本由四项单元技术和一项系统集成技术构成，即发电单元、蓄电单元、供电单元和电炉冶金单元，还包括系统的能量匹配、电压匹配、电流匹配等系统的整合技术。另外，风光互补的清洁能源炼钢技术的研发也还在进行中，值得关注。

目前清洁能源冶金技术应用的最大问题是单位电力的价格仍高于现有的发电技术，还有待于科学技术与社会经济的整体发展。

4.3.2.3　铁水预处理及钢水炉外精炼关键技术

加快推广的关键技术

（1）搅拌法、纯镁和镁基喷吹法铁水预脱硫技术

我国铁水脱硫预处理的主要方法有机械搅拌法（如 KR）和喷吹法。KR 搅拌法脱硫主要采用 CaO 基脱硫剂，该方法动力学条件好，脱硫效率高，处理时间短，但处理温降和铁损稍高，生产实践表明：KR 法脱硫率可以达到 90% 以上，脱硫剂消耗根据不同的脱硫任务为 6～10kg/t 铁，最低硫含量可以小于 20×10^{-6}，处理周期 30～36min，温降 25～35℃。而喷吹法目前主要采用金属 Mg 或金属 Mg 与 CaO/CaC_2 相结合的复合喷吹工艺，该工艺在脱硫热力学条件上具有优势，温降也较低，但需要有喷吹装置并对喷吹粉剂有较严格要求。以上两种工艺均可对铁水实现深度脱硫，脱硫效率高，工艺简单，成本低，已经在国内外得到了广泛应用，在国内主要是加快推广，进一步提高铁水预脱硫的比率。

（2）转炉铁水预脱磷、预脱硅技术

传统转炉冶炼过程中通常要完成脱硅、脱磷及脱碳等多个基本冶金任务。而目前的发展趋势是把这些任务分阶段实施，其中转炉铁水预脱磷、预脱硅技术受到了国内外的广泛重视。然后进一步将预处理

后的铁水倒入脱碳转炉内进行脱碳，有效地缩短了传统转炉冶炼时间。国内外生产实践表明，这种工艺可以：1）减少渣量，比传统流程减少渣量30%～45%；2）缩短转炉冶炼周期15%～30%；3）有利于脱碳转炉的终点自动控制。近几年传统布置转炉单炉双渣留渣法新工艺在日、韩和中国都得到发展，充分发挥了转炉前期脱磷的优势，大幅度降低了渣料消耗和成本。

(3) 真空处理深脱碳、深脱磷、深脱硫、超低氧工艺技术

目前真空深脱碳主要是采用RH精炼工艺（不锈钢除外），通过优化初始钢液成分、采用预真空技术、采用顶枪吹氧等，目前可以稳定地将RH处理后的碳含量降低到15×10^{-6}以下。真空下的脱磷和脱硫则主要是通过向RH中喷吹各种脱磷剂和脱硫剂，如日本川崎和新日铁开发的RH-PB及RH-IJ等工艺可以稳定地将磷含量和硫含量分别降低至20×10^{-6}和10×10^{-6}以下。RH同样非常适合冶炼高洁净特殊钢，日本山阳特钢的轴承钢和低合金渗碳钢中的氧含量已经可以控制在$(4.7\sim6.7)\times10^{-6}$水平，我国先进特殊钢企业通过对RH工艺的精确控制，也可以稳定地实现轴承钢全氧含量小于7×10^{-6}。

(4) 夹杂物控制技术

非金属夹杂物通常对钢材的性能有着重要影响，如轴承钢的疲劳性能、帘线钢的拉拔性能、管线钢的抗氢致裂纹性能及低碳钢的易切削性能等，因此必须合理控制夹杂物的成分、尺寸、分布及形状等。目前，我国关于夹杂物在精炼及浇铸过程中的行为已经进行了大量的研究，对主要品种也已基本掌握其关键技术。主要包括：初炼炉终点碳和温度的精确控制、LF炉脱氧和造渣制度的工艺设计、真空精炼过程中夹杂物去除技术、钙处理对夹杂物的变性工艺、连铸中间包和结晶器内钢液夹杂物上浮和防止卷渣技术等。

(5) 机械真空泵系统RH、VD、VOD成套装备与精炼工艺技术

真空是钢铁冶炼中二次精炼的重要手段。目前国内各钢厂精炼工艺中的真空主要是通过多级的蒸汽喷射真空泵系统获得。喷射真

空泵可用来抽出含水蒸气、粉尘、易燃易爆气体，抽气能力大，但其缺点是能量损失较大，抽气效率较低。机械真空泵是利用机械运动以获取真空的一类泵，液环泵、罗茨泵和螺杆式真空泵均属于机械真空泵。与蒸汽喷射泵相比，机械泵具有起停迅速平稳、大幅度节能、无污染、占用空间小、运行费用低等诸多优点，已经在我国得到了快速发展。到2014年我国重庆钢铁公司建成并稳定运行世界上首台RH机械真空系统，并且迅速为渤海钢铁迁安厂建成一台机械真空泵系统RH，包头钢铁公司改造和新建RH机械真空泵系统3套、VD机械真空系统3套，莱芜钢铁公司新建一台VD机械真空系统。

（6）单嘴真空精炼技术

单嘴精炼炉（Single Snorkel Refining Furnace，简称SSRF）是一种我国开发的新型真空炉外精炼装置。它改变了传统的上升和下降两个浸渍管的模式，而是利用一个大浸渍管将钢包内钢水吸入真空室内，同时从钢包底部吹入氩气对浸渍管和真空室内的钢水进行软搅拌精炼。单嘴精炼炉已经在工业上批量生产出高质量轴承钢、超低碳钢和无取向硅钢等品种。我国工业性批量试验结果表明：该炉型能够冶炼出[C]≤0.001%、[S]≤0.0030%的超低碳超低硫钢种。氩气消耗量仅为同等吨位RH的1/3左右，插入管耐材寿命明显提高。这种单嘴真空冶炼技术能为我国高附加值钢种的生产提供良好的技术支持。尤其适合于我国80t以下钢包冶炼高质量钢。

在日本，4台REDA（Revolutionary Degassing Activator）炉已经在工业化生产中得到了成功的应用，该装置装备特点和冶金原理与我国上述的单嘴精炼炉基本类似。

积极探索、研发、加快工程化的关键技术

（1）[C]≤0.001%的极低碳钢精炼生产技术

尽管我国先进钢铁企业目前已经能够通过RH精炼将钢液中碳含量稳定降低到15×10^{-6}甚至更低的水平，但要进一步在不延长精炼时间条件下将碳含量继续稳定降低到10×10^{-6}以下，仍然有大量的研究工作需要去探索：1）RH中环流量的最大化。研究表明当RH中[C]

≤0.003% 时，自由表面脱碳为主要脱碳环节，增大环流量能有效增加反应界面面积，因而可进一步有效降低钢中碳含量。可以采用优化环流管直径和改变环流管为椭圆形等方式增加环流量。2）增加真空槽反应界面面积。如在 RH 下部槽底部或侧壁设置吹氩口吹入氩气；也有采用在 RH 上升管正下方的钢包底部辅助吹入氩气来强化钢液循环等措施。3）向真空室钢液表面喷吹铁矿石粉（RH-PB）等。铁矿石粉在钢水中的分散增加了反应界面面积并起到 CO 气泡发生核的作用。4）向钢液中吹入氢气。钢水中氢气在真空环境下极易去除，使得由于吹入而溶解在钢液中的氢在钢水表面附近放出微小气泡增加了脱碳反应的反应界面面积。5）采用单嘴精炼炉生产工艺。单嘴精炼炉真空脱碳时具有良好的表面脱碳性能，可以冶炼出［C］≤0.001%的极低碳钢。这几个方面都需进一步探索研发，实现工程技术系统化。

（2）钢中残余元素（Cu、Sn、Pb、Sb、Bi 等）去除技术

循环废钢用量的增加和多样化以及部分铁矿中含有较高的有害元素，使得有害残余元素 Cu、Sn、Pb、As、Sb、Bi 等在钢中的积存量日益增加，对钢铁产品的质量危害极大。然而，目前的常规冶炼工艺又无法将其去除。针对这些残余元素在废钢中的存在状态：机械地混入废钢中（主要为铜）、镀在废钢的表面上（主要为锡和锌）、固溶在废钢中，目前主要采用以下技术将其去除：1）采用人工分离或破碎后磁选等物理或化学方法，可将机械混入或者镀在废钢表面上的部分残余元素去除。2）对于固溶在废钢中的残余元素，目前主要去除方法有：① 采用 DRI、铁水、生铁等优质新型电炉铁料，通过降低渣含量和减少铁损来降低有害残余元素；② 稀释法，即通过兑入部分直接还原粒铁或优质铁水来降低钢中残余元素的有效浓度；③ 真空法，即对于在炼钢温度下蒸气压比铁高的残余元素 Zn、Pb 等，可以用抽真空的方法将其转化为蒸气去除；④ 化学变性法，即通过对钢水添加合金元素，如添加稀土等，改变有害残余元素的物化性质，从而减小其危害。总体来讲，如何寻找更好的办法来克服这些残余元素的危害问题仍有大量的工作要做。我国目前还

主要是采用稀释法。

（3）智能型炉外精炼设备和工艺技术

智能型炉外精炼技术主要是以特定炉外精炼装备为背景，对其工艺规程和所要完成的精炼操作标准化和信息化，最大限度地减少由于操作者人为带来的不稳定因素，实现炉外精炼工艺高效化、成本最低化和质量最优化。主要技术内容包括以下几方面：1）炉外精炼设备的基础自动化。其功能大致包括数据采集、自动控制、电力传动顺序控制、故障报警、数据处理、根据数学模型设定及人工智能的指令进行控制、画面显示、数据记录、数据通讯。2）过程自动化。其功能为试验分析数据处理、数据采集、跟踪、生产指令、生产操作管理、模型计算、优化与人工智能应用。3）过程控制数学模型和人工智能的应用。炉外精炼中所用数学模型为控制模型，是过程自动化的核心，它提供处理过程中钢水温度和成分等预报，是具有实时性特点的过程自动化。炉外精炼涉及复杂的化学反应、传热、流动等问题，难以用物理化学模型准确描述，因此可采用人工智能技术来优化工艺、节能降耗、提高效率、提高产品质量。

（4）高速无夹杂脱氧（如固体电解质脱氧）工艺技术

向钢液中添加不同类型的脱氧剂可以有效地去除钢中自由氧，但所形成的脱氧产物的彻底去除也是一项非常困难的任务。由我国提出的高速无污染脱氧新技术是指在电化学势的作用下，使金属熔体中的氧通过氧离子导体（氧化锆固体电解质或者熔渣）定向迁移到熔体外部与脱氧剂（氢气、一氧化碳、碳或活泼金属）发生反应，从而可以通过控制氧流对熔体中的氧进行监控，同时避免了脱氧产物滞留在钢液中形成夹杂物。这种新技术已经在实验室中获得了很好的研究结果，正在逐步向工业化应用方面深入研究。

（5）高合金钢炉外精炼技术

高合金钢（如不锈钢、耐热钢、高合金工具钢和高速钢等）成分复杂，合金含量高，对钢的质量要求苛刻，因此对夹杂物提出了越来越严格的要求。主要涉及的共性夹杂物问题包括：高钛钢、高铝钢、高硅钢、高硫钢等品种在精炼过程中的夹杂物控制。需要深入研究的是：1）在精炼过程中与这些高 Ti、Al、Si、S 钢相平衡的炉渣成分设计；2）以上这些元素的添加方法和合理工艺；3）高硫钢硫化物形态控制；4）由于这些钢容易形成类型繁多的复合夹杂物，尤其是形成内部以含镁氧化物为核心、外部为含钛（铌）氮化物的大颗粒有害夹杂物，对这些夹杂物的形成机理和工艺控制尚需研究。

（6）稀土在钢水中的添加和稳定控制技术

稀土元素与氧、硫元素的亲和力很强，使得如何选择稀土的加入方法成为一个具有独特意义的问题。常见的稀土加入方法有：大包投入法、大包压入法、钢包内喷吹稀土粉法、模铸中注管加入法、模内吊挂稀土金属棒法、中间包喂线、结晶器喂稀土金属丝法。模内吊挂和结晶器喂线使稀土完全避免了与浇铸水口和其他耐火材料的接触，减少了稀土再氧化，大大提高了稀土收得率，稀土收得率可以达到60%。尽管以上这些方法均不同程度地得到了应用，但对于连铸生产高含量稀土钢来讲，尚没有完全找到有效的稀土加入方法来保证连铸多炉连浇、成分均匀、夹杂物少的目标。稀土钢的高质量连铸技术开发仍是今后长时间的研究课题。

（7）氧化物冶金技术

氧化物冶金就是利用在钢液精炼、凝固、固态降温等过程中析出特定类型和大小的氧化物、硫化物、氮化物等细小颗粒，来达到改变凝固组织、细化钢材晶粒、提高焊接性能，并最终提高钢的质量和性能这一根本目的的一项新技术。其难点之一是氧化物的控制方法，即如何采用不同的脱氧工艺来获得理想的氧化物的析出形态和分布是广大冶金研究工作者所关心的研究课题。目前，氧化物冶金技术主要应用于高强度、中厚板钢等钢种性能的提高，以及开发高强度高韧性的非调质钢、微合金低碳钢、石油和天然气输送管线钢等。德国蒂森特钢铁公司、日本新日铁公司以及美国的匹兹堡大学等都对不同钢种采用氧化物冶金改变提高了钢的性能并取得了一定的成功。我国在这方面也已取得了一定进展，该技术为提高钢材质量提供了新方法和广阔前景。

（8）新型炉外精炼装备技术

除了上述提到的我国单嘴真空精炼炉外（日本同类型炉型称为REDA），新日铁的大分、名古屋和君津分别开发了生产超低硫钢的RH-IJ（RH-Injection）、RH-PB（RH-Powder Blowing）和V-KIP工艺，可以将钢中的硫含量稳定控制在10×10^{-6}以下；名古屋开发了减压下CAS-OB处理工艺，可以将转炉的部分脱碳任务转移到其中，从而防止钢液的过氧化，提高轻处理的效率；川崎开发了顶吹氧强制脱碳RH-KTB（RH-Kawasaki Top Blowing）工艺和新日铁广畑开发了生产超低碳钢的RH-MFB（RH-Multi Function Burner）工艺，可以实现处理过程中的强制脱碳、铝热升温、减少真空室内黏钢，从而降低转炉负担；住友和歌山开发了顶枪喷粉脱硫RH-TPB（RH-Top Powder Blowing）工艺，可以将硫含量降低到5×10^{-6}以下，用于生产超低硫电工钢等超低硫钢种；浦项开发了促进夹杂物去除的RH下降管吹气（RH-Downleg Bubbling）工艺，可以提高RH处理后钢液的洁净度。如何开发新的炉外精炼技术仍是今后需要不断研究的内容。

4.3.2.4　连铸关键技术

加快推广的关键技术

（1）恒拉速、高拉速、高效连铸系统技术

高效连铸技术是20世纪90年代我国重点攻关的技术，其核心是以高拉速为核心，实现高作业率、高连浇率、高无缺陷铸坯率的系统技术。当时高拉速是指150mm×150mm方坯$v_c\geqslant2.8\sim3.5$m/min，或厚度200mm板坯$v_c\geqslant1.8$m/min。当时，虽有一些争议，但攻关成果推广后迅速推动了全国连铸生产上水平，带动了钢铁流程的优化发展。十多年的发展，到21世纪头10年末期，在保持原有技术含义基础上，高效连铸技术更进入到注重恒拉速及进一步提高拉速的新阶段。恒拉速是指当铸坯断面和钢种确定后，按最佳凝固工艺和质量优化要求确定连铸拉速，并力求在整个浇铸过程中保持不变，保证连铸生产平稳、无事故（无工艺、设备、质量事故）地高效运行，这符合连铸工艺和质量的本质要求。恒拉速概念由武钢首先提出，首钢迁钢最先获得突破性进展，并提出了公式：

$$恒拉速率 = \frac{恒拉速浇铸时间}{连铸浇铸总时间} \times 100\%$$

迁钢至今恒拉速率始终保持在96%以上，全国已有几十台各种断面铸机实现了恒拉速浇铸，恒拉速率均≥90%。拉速保持不变有两种模式，一种是完全不允许波动，一种是允许有极小波动（如方坯±0.1m/min，板坯0.02m/min）。

实现恒拉速不仅要求钢水质量（成分、温度、洁净度）按规范严格控制，而且设备要始终保证设计精度、钢水供应数量、时间组织精准，因而是一项工艺、装备技术与生产组织管理一体化的系统技术。

新世纪的恒拉速高效连铸技术更注意了提高铸速水平的技术应用，如低碳板坯连铸在采用低过热度、电磁搅拌和电磁制动等技术基础上，已可将铸速提高到2.2~2.5m/min。

本项技术应是在所有铸机上加快推广和进一步完善的首要技术。

(2) 结晶器液面、塞棒、滑动水口自控、自动加保护渣的连铸自动浇铸技术

这是一项系统技术，核心是保持浇铸时结晶器液面的稳定，从而保证连铸稳定和铸坯质量。实质是通过控制钢液流量的塞棒、滑动水口与结晶器液面测定及保护渣加入系统的联锁来实现的。目前这样的系统已在一些方坯、板坯连铸机上实现应用或部分应用。下一步的目标是提高系统检测与控制精度，在所有铸机上推广应用。

(3) 连铸全保护浇铸技术

保持前工序钢水精炼的钢水质量水平，避免连铸浇铸过程中的二次氧化，从而保证连铸坯质量，必须实行全保护浇铸。

本项技术实质上包括两大方面：一是全程密封防止空气吸入造成二次氧化，主要是长水口、浸入式水口处从结构设计和加密封垫的密封技术；二是在接口处吹入氩气密封，这项技术已逐渐在重点企业及优质钢生产中得到应用，问题是要进一步扩大适用范围，并在解决密

封性能、便于水口更换、气量控制、避免钢液吸气造成表面气孔等方面还需优化。

(4) 结晶器液压非正弦振动技术

这对适应高拉速、合理消耗保护渣、优化铸坯表面质量具有重要意义。与机械、电动缸式非正弦振动装备与技术相比,液压非正弦振动具有更加平稳、连续可调和易于精准控制等优点。但目前采用的铸机不多,且有很多是引进国外不同厂家的,水平差异大。国产的全数字液压非正弦振动装备与技术,与一般液压非正弦振动比具有控制速度、精度、操作简易可靠等方面的全面优势,但只在少数铸机应用,需加快优化完善和推广应用。

(5) 连铸低过热度浇铸与漏钢预报控制技术

这项技术 20 世纪 90 年代中期就引进研发并在一些重点企业的大型板坯铸机上应用,对稳定连铸工艺、改善铸坯内外部质量、减少漏钢率起到重要作用。

低过热度浇铸主要涉及降低出钢温度、精确控制精炼后温度、中间包保温(或加热)等技术。

漏钢预报警装置一般设置结晶器铜板预埋热电偶测温、热成像技术与计算机数学模型设定与控制技术,不少优化的装置还采用了神经元网络、模糊控制等先进技术装备。

本项技术主要优化重点是不同钢种断面和工艺流程的中间包过热度精确设定与调控;减少漏钢预警的误报率稳定操作等方面。

本项技术应加快在各类铸机上的推广应用。

(6) 前馈与反馈相结合的二次冷却自动控制技术

结晶器内初凝铸坯(一次)继续在二冷区喷水冷却至全凝固的自动控制技术对保证各类钢种的质量具有重大作用。

按照设定的供水量和供水强度,实施分段供水控制是二冷自控的基本技术。采用铸坯表面温度精准测定(激光、红外、照相等),反馈控制二冷水量调节是一般连铸二冷自控的方法。本项技术强调加入中间包钢水温度测量作为前馈参数参与调节,以便进一步提高控制精度。要加快完善与推广。

(7) 凝固末端监测判定与动态轻压下技术

动态轻压下是改善铸坯内部质量、解决疏松偏析缺陷的重要技术，而凝固末端测定判断则是能否实现在线实时动态轻压下的关键。事实证明20世纪末就在我国一些铸机上进行的计算机模型凝固末端判定与定期用射钉枪测定验证凝固末端的轻压下控制技术不能精确控制铸坯内部质量。21世纪初起，各种直接测定凝固末端的方法进入了动态轻压下技术之中，包括超声探测、测温判定等与模型计算结合，提高了动态轻压下的水平。

轻压下技术包括了压下装置（液压、电动缸）、压下量与压下速率、动态轻压下区域设置等一整套技术。

本项技术应在大矩形坯、大方坯和板坯连铸机上加快推广应用。

(8) 倒角结晶器与二冷倒角辊工艺与装备技术

我国20世纪60年代连铸产业化初期结晶器都是倒角的，在小方坯组合式结晶器也是如此。其目的是为了改善角部冷却，是均匀铸坯温度、避免角裂缺陷的关键。但因结构设计和加工的困难，维护检修难度大，未能坚持应用。随着板坯、大方坯（尤其是浇铸包晶、亚包晶钢）角部裂纹缺陷成为铸坯质量的重大问题，人们再次发现倒角（尤其是大倒角）结晶器是解决这一问题的好方法。这是一项近几年来我国自主再研发的关键技术。已在多台板坯、大方坯、大矩形坯连铸机上应用，取得良好效果，应加快推广应用。

二冷倒角足辊是配合和增强倒角结晶器优势的配套技术，也应与倒角结晶器配合推广应用。

(9) 结晶器与二次冷却电磁搅拌、电磁制动技术

电磁连铸技术是利用钢水与电磁场的相互作用控制钢水流动或表面形状的方法。

电磁搅拌（EMS）是利用感应电动机原理使导电融体流动的方法和设备。这种流动发生在铸坯液芯里会有多方面的作用：其一是均匀液芯内钢水的温度；其二是将凝固枝晶带入铸坯心部，使其成为等轴晶的凝固核心；其三是冲洗凝固前沿的富集溶质，最终在这一区域形

成白亮带。所以电磁搅拌的冶金效果是扩大等轴晶区、降低中心偏析及减少皮下缺陷。早期的连铸电磁搅拌主要用在特殊钢连铸机的二冷区（S-EMS）。这种方法生成的白亮带很明显。近几年使用的电磁搅拌器安装在结晶器段（M-EMS）的最普遍，也有的在二冷区（S-EMS）或凝固末端（F-EMS）与M-EMS配合使用形成复合电磁搅拌的。设备结构较复杂的板坯连铸M-EMS及S-EMS普遍用于不锈钢和硅钢的浇铸。经过10年的努力，国产电磁搅拌装备技术已主导国内市场，但仍有节能和智能化的探索课题有待工程化。

电磁制动是在结晶器设置电磁铁，使熔池内维持一个稳恒磁场，该稳恒磁场能够抑制熔池内的钢液流动，减少钢液面旋涡的形成，使结晶器内的钢液面趋于平稳。凝固坯壳内钢液流动过程稳定，将减少钢流对坯壳的冲击，降低穿透深度，减少卷渣的可能，使电磁制动适合于薄板坯连铸的高拉速及窄液面。国际国内一些薄板坯连铸机装备了电磁制动。国产电磁制动技术刚刚实现工程化应用，并形成独特的电磁搅拌-电磁制动相结合的全新技术。但尚有待进一步研发、完善。

我国开展电磁搅拌技术的研发始于20世纪70年代初，但近30年发展十分缓慢。且20世纪80年代起以重点企业引进为主，直到21世纪初加强自主研发与应用，才逐渐达到主导地位。截至2012年，全国已有3500多流（台）电磁搅拌装置在运行，国产装备占了92%，而且在内水冷铜管烧嘴、单位功率电磁搅拌力等关键技术方面又比国外装备具有明显优势。

结晶器电磁制动20世纪80年代末期国外开发，我国21世纪初自主开发，迅速实现产业化，并实现了与结晶器电磁搅拌协调的技术。加强国产技术的主导地位是推广本项技术的关键。

(10) 薄板坯连铸大幅度液芯压下技术

这项技术是提高薄板坯连铸生产效率、铸坯质量和优化与轧钢衔接的重要技术。各类薄板坯连铸技术开发初始阶段都涉及了铸坯液芯压下的课题，且许多都从结晶器内就开始进行（CSP、FTSC），还有出结晶器后就大幅度压下（TPS）或凝固末端大幅压下的（ISP），但压下幅度都有一些界定，以避免影响表面及内部质量。21世纪初大幅度压下的技术才逐渐完善和发展。

积极探索、研发、加快工程化的关键技术

(1) 连铸中间包钢水加热恒温低过热度快速浇铸技术

中间包钢水浇铸温度的控制是连铸成功的关键，是连铸技术的核心内容，除了中间包加盖与耐材绝热层保温、减少中间包钢水温降外，更积极的方法是钢水加热，主要方法有中间包等离子加热、感应加热和燃气加热等技术，配之以中间包连续测温可以实现钢水的热量补充，稳定温度。直至目前，中间包加热技术主要靠引进，且使用较少。等离子加热已基本不用（国外仍有应用，最近我国有的企业又有引进），感应加热国产技术近两年刚开发成功，应加快工程化和推广应用。采用中间包加热技术后，可降低出钢温度 10～15℃，而且在浇铸温度稳定的前提下可以实现低过热度快速浇铸。低过热度浇铸对控制铸坯内部缺陷有重要作用。

(2) 连铸坯质量全程在线监测、预报与控制技术

由于直接轧制、热送热装的发展，提出了无缺陷铸坯生产和铸坯质量预报跟踪的要求。连铸坯质量预报包括两个基本内容：1）判断各种缺陷产生的知识、经验等技术内容；2）用这些知识、经验与现实的生产状况进行对比，给出每一节铸坯缺陷信息并纳入缺陷判断的自动化系统。铸坯质量在线检测预报首先依赖完备的仪表、传感器等基础装备。早期开发的连铸坯质量预报系统采用简单逻辑判断方法进行“思维”。如果实际生产过程的某项指标或几项指标的组合不符合质量要求，系统将认为相关的缺陷指标超标。后来发展了人工智能的连铸坯质量预报专家系统。现在的连铸坯质量预报系统一般具有自学习功能，它要求连铸机在正常生产条件下向系统回馈上千炉次的铸坯质量检验结果，“教”给系统判断的尺度。但是这种回馈学习过程完成难度很大，应加紧产学研攻关，加快工程化步伐。

(3) 磁约束结晶器、磁约束中间包水口、电磁细晶形核的连铸电磁浇铸技术

电磁约束（或称软接触电磁连铸）技术是利用高频交变磁场透过结晶器对金属产生从表面向内部的压力，控制结晶器弯月面的形状，

减少初生坯壳与结晶器壁的接触和摩擦，达到减轻铸坯表面振痕、提高铸坯质量的目的。现在，软接触电磁连铸结晶器存在的主要问题是：1）分瓣式结晶器的实用性及可靠性；2）电磁约束减轻了铸坯的横向振痕，但分瓣式结晶器又使铸坯表面产生了纵向裂纹；3）高频电磁场在结晶器壁中产生大量的热，不仅耗费电能，而且对结晶器的热状态影响显著；4）经济性问题。2012年我国已有不锈钢连铸首个工程化应用案例，但尚需进一步完善。

电磁侧封也是根据电磁约束的原理提出的，用于双辊薄带连铸的铸辊侧封。目前仅进行了实验室试验，尚需加快工程化。

结晶器电磁浸入式水口的研发在我国已进行多年，但尚未实现工程化。

电磁细晶化技术十多年来一直在研发工程化技术，但效果不稳定。近几年来，电磁形核或电磁结晶雨“形核”的理论及工程技术研究有了新进展，应予以关注。

（4）薄带铸轧装备与技术

经过几十年发展同辊径双辊薄带铸轧已成为主流，从21世纪初开始，已由单纯连铸发展为铸轧，即对铸态高温铸坯马上轧制，减厚30%~80%，故称为薄带坯铸轧技术。这是用一对双辊薄带连铸结晶辊及侧封形成结晶器熔池，靠结晶辊相对转动将钢水铸成带坯的连铸方法。双辊薄带连铸是一种同步结晶器技术，结晶辊与坯壳间没有相对运动。相对现有连铸工艺它是革命性的，具有超高铸速、设备最简单化和平面布置极为紧凑等巨大优势，并将在节能减排、生产灵活高效、节省投资等方面表现出无可比拟的优势。

目前世界上已有德国克莱菲尔德（已被芬兰收购）和美国纽柯两条工业化生产线运行已达8~10年。我国宝钢宁波钢厂一台50万吨/年生产线已于2014年3月热试。目前的主要问题是表面质量（尤其是边部裂纹）问题尚有待进一步解决，以提高成材率并推广应用。

（5）15~25mm超薄板坯连铸新工艺与装备技术

我国这项技术研究始于1965年，采用轮式连铸进行厚20mm、宽200mm的薄板坯工业试验，但未成功。国外德马克20世纪80年代ISP

也试浇过25mm薄板坯，但难度太大，未工程化。21世纪以来，薄带铸轧工程化发展缓慢的同时，国内外都进行了开发，探索更灵活、高效的超薄板坯连铸技术。如西马克公司20mm×1600mm水平辊式超薄板坯连铸，达涅利18mm×2000mm、$v_c \geqslant 15$m/min立弯式超薄板坯连铸（声称能力80万~100万吨/年）等，但均没有产业化。

我国北京科技大学与德国阿亨大学合作研发多年的RTSC快速超薄板坯连铸（厚度25mm，宽度1600mm，$v_c \geqslant 15$m/min，100万吨/年）装备技术已具备了工程化的基本条件，是我们应积极关注、推动的重点。

（6）150mm×150mm方坯≥5m/min、220mm厚宽板坯连铸≥3m/min超高速连铸技术

高效连铸技术在20世纪90年代开发和不断完善以来，集洁净钢生产、低过热度浇铸、连铸电磁冶金等优化技术于一体，已具备了实现超高速连铸技术的基本条件，但稳定地工业化的实例尚未在国内出现（日本福山厂250mm原低碳板坯曾实现过$v_c = 3.5$m/min的生产）。积极优化相关技术，实现上述超高速连铸生产，可更好地优化炉机匹配，成倍提高生产效率，从而减少近一半铸机作业，大幅度节能降耗。

（7）80mm薄板坯连铸≥7m/min超高速连铸-无头轧制衔接技术

本项技术就是要实现连铸-无头轧制。国外已有意大利阿尔维迪ESP和韩国浦项CEA两条200万吨/年的生产线，80mm厚铸坯拉速均可达7m/min以上。我国则只有唐钢FTSC铸机达6m/min。如果实现≥7m/min铸速，我国十多条薄（中厚）板坯连铸生产线均可实现与轧钢的无头轧制衔接。

本项技术的核心是结晶器优化设计和连铸工艺条件的稳定与优化。

（8）复合连铸坯生产技术

一块钢铁材料的不同部位可能需要不同的性能，如强度、韧性、硬度、耐腐蚀、耐磨损、导热、导电等。一般可以通过涂层、渗透、热处理、复合轧制、复合铸造等工艺制造出复合金属件，常见的有涂镀板、轧辊、渗碳齿轮等。人们一直试图用连铸的方法高效率地大量生产复合坯料，目前探索的工艺有双水口浇铸、包覆层连续铸造法、

电渣外层金属液法、反向凝固等。

这些方法在有色金属和铸铁上有少量应用，一般处于研究开发阶段。此类技术用于大量制造复合铸坯要走的路还很长。

(9) 半凝固成型与加工技术

合金（包括钢）的凝固都是在一个温度区间完成的，从液相线开始，到固相线完成。在此温度区间内的合金含有凝固晶体和未凝固液体的“半凝固体”。其具有一定流动性可以充填铸模，但没有溶质宏观迁移造成的偏析，凝固潜热及收缩少；具有类似粉末合金的特性。这即是半凝固成型技术。目前半凝固成型技术在有色合金件加工中有一些应用。

一般来说本项技术有四个关键，即半凝固态制备、输送、成型和加工。我国10年来断续进行过研究，对国内外的动向我们应加以关注。

4.3.3 轧钢关键技术

加快推广的关键技术

(1) 连铸坯热送直轧技术

连铸-直轧（Continuous Casting-Direct Rolling）技术是指将高温无缺陷连铸坯或经过高温热清理后的连铸坯，按照连铸出坯顺序，不经过加热炉或仅仅经过部分补热后就直接进行轧制的技术。连铸坯直轧能最大限度地减少热轧工序的燃料消耗，其对于钢铁工业的节能减排将是意义深远的。目前我国已普遍实施了连铸坯热送热装轧制，在品种规格比较单一的机组上稳定地实现了连铸坯直接轧制，但在无缺陷连铸坯生产技术、高温连铸坯生产技术、过程保温补热均热技术、适应不同热履历的轧制技术及其不同的变形机理与组织性能变化规律、炼钢-连铸-轧钢调度管理技术和信息支撑系统、连铸坯表面质量在线检测及反馈控制技术等方面还应加强研究，特别需要尽快推进适应于连铸坯直轧的炼钢、热轧工艺布局的设计研究，以及生产管理信息一体化架构系统的研究。

(2) 加热炉燃烧系统与加热控制模型的优化技术

钢坯加热过程中的能耗和氧化烧损对轧钢工序总的能耗和成材率

有着重大的影响，为此需进一步推进蓄热式加热、燃烧优化自动控制、脉冲燃烧、低热值燃料的燃烧、低氧化或无氧化加热技术等先进加热技术的研究和推广。国内在加热炉燃烧系统加热控制模型的优化技术方面已达到国际先进水平，但存在的问题是一些企业轧钢加热炉装备和检测的一次仪表精度及稳定性不高，进而影响二级模型的预测与控制精度。目前，燃耗低、氧化烧损小、产量高、钢坯出炉温度准确均匀的加热炉燃烧技术，一方面包括基于双交叉限幅连续燃烧控制模式的专家系统、模糊控制系统、人工神经网络系统、无模型集散控制模式等方法，需继续提高和优化其控制效果；另一方面包括脉冲（数字）燃烧控制技术，其适应性强、传热效率高、炉气氧化性易控、炉内温度场均匀，需推进脉冲燃烧控制系统及其装备（脉冲控制阀组、烧嘴、变频风机等）的开发，研究脉冲燃烧的炉内温度场和浓度场等的分布规律，在充分研究的基础上加以推广。

（3）扁平材与长型材高效节水除鳞装备与技术

扁平材与长型材的除鳞处理对钢材成品的表面质量起着至关重要的作用。目前热轧生产中普遍采用高压水除鳞方式，同时对高压水射流压力、喷嘴直径、喷射角、散射角、入射角和喷射距离、射流重叠量等主要参数与除鳞效果的关系作了全面的分析研究，促进了高压水除鳞技术的发展，但大多采用恒压恒流量调节方式和固定不可调式除鳞集管，耗水、耗电量大，而且对轧件的温降也有较大影响。为此首先应推广应用除鳞泵高压变频驱动技术以适应不同轧制节奏和产品规格的不同除鳞要求，并通过优化变频器控制模式和研发更适于变频驱动的电机、泵本体和阀等设备，提高设备的控制精度、响应能力和使用寿命，从而达到降低能耗的目的。其次应采用分段式除鳞集管控制技术，针对不同的、变化的轧件宽度和不同的除鳞要求，实施除鳞喷嘴的分段控制，减少除鳞水量，降低除鳞系统能耗。另外还要继续开展除鳞喷嘴的结构和性能研究，以及其他低能耗除鳞方式的创新研究。

（4）热轧钢材基于超快冷却的新一代控轧控冷装备及工艺技术

控制轧制控制冷却技术在国内外都得到了飞速发展，也对钢材性能的提高和新产品的开发作出了很大的贡献，这一方面得益于近年来物理冶金学学科和金相检测技术的机理研究和机理分析的新发展，另一方面得益于高刚度轧机、超紧凑布置轧机、超快速冷却装置等实现手段的新突破。新一代控轧控冷技术的特点在于轧后冷却路径多样化及其精确控制。它包括近期获得广泛应用并仍处于不断发展的超快冷技术，冷速连续可调，对开冷、终冷和冷速的精确控制等技术。它突破了传统控冷的局限，能在更宽的范围内实现钢材组织的多样化并获得更优异的性能。其中，新发展的超快冷技术可对热轧钢材进行高效率、高均匀性的冷却（有数据表明，对于3mm厚钢板冷却速度可达400K/s以上；50mm厚中厚板的平均冷却速度超过50K/s），可有效抑制形变奥氏体的再结晶、碳化物析出和向铁素体的转变，进一步发挥细晶强化、析出强化和相变强化的作用。试验和生产数据表明，采用新一代控轧控冷技术，可利用简单的一种化学成分设计获得不同性能的钢材，实现"一钢多级"；或采用控轧控冷技术开发全新的先进钢铁材料。同时，采用该技术可获得显著的减量化效果：将普通C-Mn钢的强度提高100～200MPa以上，或降低合金元素的用量30%以上，因改善了钢材性能而可以节省钢材5%～10%。这一技术正在推广应用于除钢管外的热轧中厚板、热轧板带、热轧棒线材、热轧型钢等绝大多数热轧钢材的生产中，为钢铁工业技术与产品的更新换代做出了很大贡献。

（5）单线和多线切分高速中小型轧机装备与技术

在解决棒材与中小型型钢生产效率相对较低的持续攻关中，切分轧制技术已得到广泛应用，其极大地提升了我国棒线材的小时产量水平，四线切分和五线切分技术已在唐钢、萍钢、首钢等多家企业的棒线材生产线上成功生产。切分轧制具有解决轧机与连铸机衔接、匹配问题，显著提高生产率和产品尺寸精度、降低能耗和成本、减少机架、节省投资等优点。但多线切分轧制工艺与传统单线轧制相比，在钢料控制、导卫调整、速度控制、轧机准备等几个方面都有更大的难度。今后在进一步推广的同时还应研究改善产品尺寸控制精度以及提高切分轧制作业率等问题。

除切分轧制技术外，另一个棒材高效生产技术——单线高速轧制在国内也有了尝试性的应用，其最高轧制速度可达 40 ~ 50m/s，关键设备是高速轧机、高速飞剪、高速上钢系统和轧后控制冷却装置，其中可使得棒材在高速轧制后准确快速地制动并顺利卸料至冷床的高速上钢系统目前国内还需进口。单线高速轧制不仅能避免切分轧制带来的问题，减少轧线的事故率，保证 ϕ6 ~ 8mm 小规格棒材的高产量和成材率，更能保证产品的尺寸公差和表面质量。高速轧制工艺也可与传统轧制工艺灵活结合，扩大产品规格、增加产品种类以及提高轧线小时产量，是今后棒材与中小型型钢轧制工艺的发展方向之一。

(6) 质量、形状高精度适时、高响应速度的在线检测装备与技术

轧钢生产向连续化、高效化、智能化不断进步的过程中，关于产品质量监控和管理的尺寸、形状、表面质量、材料性能等的检验检测技术至关重要。目前国内对轧钢产品形状和质量的在线检测装备与技术的研究较多，且大多已产品化，基本解决了有无的问题，但在线检测专用传感器和检测仪表与国际先进水平差距较大，这些仪表仍需要大量引进，是国内轧钢技术发展的最大短板之一。市场对产品高质量、高性能的要求也对轧件质量和形状检测技术提出了全过程、多目标、高精度、高响应速度的要求，其不仅涵盖了对轧件本身质量和形状的测量与监控，还包括对轧辊表面、乳化液状态、设备磨损状况等轧件质量直接相关因素的测量与监控，不仅需要在检测仪表上取得自己的知识产权，还要在信号处理技术、控制模型、控制手段上取得原创性的成果，其中轧件表面形貌、清洁度、缺陷等表面质量的在线检测，以及内在组织和性能的检测和分析技术应作为今后研发的重点。

(7) 涵盖高精度平面形状控制、立辊轧制技术的无切边中厚板生产技术

中厚板平面形状控制技术是提高成材率和尺寸精度的有效手段，国外在 20 世纪七八十年代就开始进行相关技术的研究，并成功应用于生产实际。国内的研究几乎也是同时展开，并在我国中厚板轧机的设备和控制系统硬件全面赶上世界先进水平的基础上，成功应用了 MAS 轧制法、薄边展宽轧制法、狗骨轧制法、立辊轧边法和立辊轧机 AWC 功能、轧后进行在线铣削的无切边轧制等平面形状控制方法，迅速提

高了我国中厚板的成材率。平面形状控制技术的基础是中厚板成品的预测模型和控制模型、能动态调节辊缝的高性能液压AGC系统。对于模型，国内外都已进行了大量的研究和应用，我国企业只是如何选择和如何较好地应用到实际生产上的问题，在设备和控制系统方面也已具备一定基础，下一个课题是如何将平面形状控制技术与尺寸、形状高精度在线影像检测技术结合，实现智能化控制。另外，采用钢锭等大断面坯料生产特厚板时一些特定的平面形状控制方法也需要深入研究。

(8) 消除残余应力及板形控制的高质量剪切及平整装备与技术

高强度薄规格热轧、冷轧带钢的板形控制一直是轧钢生产中的热点问题。随着对新型和高强韧性产品需求的日益增加以及为实现减量化而采取越来越高的轧后冷却速度，大大增加了剪切和平整后获得优质板形的难度，有时甚至成为该类产品生产的技术瓶颈。究其原因，一方面在于轧制高强度薄规格产品时产生的残余应力，另一方面在于轧后冷却时产生的热应力，加之厚规格产品剪切装备、内应力分布和质量控制的特点，三者的叠加使某些板形问题在剪切后才能暴露出来。近年，欧洲、日本等在高强度薄规格热轧、冷轧带钢的残余应力及板形控制的在线检测及控制设备方面处于领先水平。在国内首先需加强在加热、轧制、冷却全过程中残余应力和板形缺陷的产生机制与控制理论及相关学科基础问题的研究，并解决高强度薄规格热轧、冷轧带钢的残余应力的高精度在线检测和控制模型等关键技术；其次，需要针对薄规格、高强度产品的特点，开发新的高质量剪切及平整工艺，如既能控制高强钢残余应力水平又可提升性能稳定性的矫直与平整相组合的精整工艺、平整辊型控制技术等。另外，还要研制高质量剪切和平整机械设备（如大负荷、大辊径平整机），以及在线残余应力和板形检测设备，以不断满足国民经济发展对高性能钢板提出的新的精整加工技术要求。目前我国中厚板的剪机正由滚切剪和圆盘剪逐步取代铡刀剪，对于其优化剪切来说，基于三维立体钢板外形检测技术、表面和内在质量检测技术的综合优化剪切技术是中厚板精整技术今后的研究重点。

(9) 超薄规格冷轧带钢生产技术

尽管我国冷轧带钢的工艺装备已达到国际先进水平，超薄规格的生产也取得了突出进展，冷连轧的最薄规格达0.18mm，经二次冷轧后最薄规格可至0.08mm，但产品的质量和数量仍与电子信息、电器仪器、精密机械、航天航空、建筑、包装等行业的要求有距离。在装备方面需迈过冷连轧机和多辊可逆轧机的高技术含量和国外技术专利门槛，形成包括冷轧机、退火炉、平整机、拉矫机、剪切设备等在内的系统的自主装备制造技术，解决超薄规格冷轧带钢生产的瓶颈，并增加装备的选择性。在工艺方面需开发高精度轧制和平整技术，解决超薄规格冷轧带钢的厚度、板形控制难题。另外，超薄规格冷轧带钢高速轧制时的振动、打滑等装备不稳定问题，以及产品性能的稳定控制技术、产品表面质量控制技术、高精度头尾非稳态轧制和不切边冷轧技术、机组产能提升技术等也应给予关注和重视。除此以外，为实现无故障的超薄冷轧带钢生产，对钢质、热轧原板的表面和内在质量也提出了更高的要求。从而还涉及全面提升冶炼（尤其是精炼）、连铸和热轧工序的问题。

(10) 虚拟轧钢、高精度高适应性轧制模型、在线与离线组织性能预报技术

利用信息技术改造传统制造业是第三次工业革命的标志，虚拟轧钢技术在计算机、数据库等技术支持下，在虚拟环境里实现产品的化学成分设计、加热、轧制、精整、成品性能的模拟与仿真分析，并进行参数和工艺的优化，可极大地提高成品质量和一次研发成功率，使轧钢生产的柔性化自动化程度不断提高，还可能催生出轧钢技术的重大创新。虚拟轧钢技术需要高精度高适应性轧制模型、质量检测和控制模型、在线或离线组织性能预测预报模型等。其中，钢材组织性能预测预报技术是目前世界性的研究热点，现已有商业化产品的实际生产应用，但离轧钢企业的期望相去甚远。鉴于统计建模时生产统计数据的质量与数量的难题，以及机理建模中组织演变过程的复杂性、机理研究的局限性，当前应先立足于钢种优化、新钢种设计、性能动态控制来研究开发组织性能预测预报模型，运用冶金机理确定组织性能

演变规律，采用统计学方法量化数据模型，满足轧钢企业对于钢材组织性能预测预报技术精度高、适用范围广、稳定可靠、计算速度足够快的要求。

（11）先进轧辊制造与应用技术

我国轧辊制造业跟随轧钢技术的飞速发展，产能不断扩大，技术持续进步，轧辊材质经历了由低合金铸铁、低合金铸钢到目前的高镍铬、高铬铸铁、高速钢、高铬钢、硬质合金等高合金材质的发展过程，除少数大型、高端轧辊暂不能生产外，其余产品在规模、技术装备、材质、性能上与国外产品不相上下，吨钢轧辊消耗也得到了显著降低。但在轧钢生产线持续向大型、连续、高速、优质、高产、低耗方向发展的背景下，对轧辊的性能和制造工艺又提出了更高的要求。

首先是代表当今世界轧辊材质发展趋势的高速钢、硬质合金等高合金化材质轧辊的制造和冶金/机械复合技术，其重点一是优化最为成熟高效的离心复合高速钢轧辊中铬、钒、钨、钴、钼等元素的含量及其热处理工艺以进一步提高轧辊寿命，研究降低元素偏析和裂纹敏感性的技术；二是利用我国钨、钼资源丰富的优势，研究开发连续浇铸外层成型法、液态金属电渣熔接法、电渣重熔法、喷射成型法和粉末热等静压法等无偏析、高耐磨高速钢复合轧辊制造关键技术；三是开发大尺寸硬质合金辊环与钢轴紧密连接的复合轧辊、硬质合金辊环与钢材环-环复合的复合辊，进行 WC 原料（如高温 WC、超粗晶 WC 等）、功能结构材料的应用等研究；四是开展轧辊制造过程的冶金数值模拟研究，裂纹、碳化物偏析、内部气泡、微观组织等的数值模拟研究。

其次是提升轧辊表面强化、毛化与修复技术，这些是延长轧辊寿命的主要研究方向，包括轧辊表面的感应加热淬火技术、堆焊技术、热喷涂技术、热喷焊技术和激光表面改性技术等，使其既适用于平辊、孔型辊、异型辊各种辊型，又适用于多种材质的轧辊。

第三是检测技术和使用技术，包括建立更科学的轧辊特性的表征方法、自动化检测和无损检测技术向在线、高精度、高分辨率方向发展。

积极探索、研发、加快工程化的关键技术

(1) 富氧与纯氧燃烧加热炉装备技术

富氧燃烧是指作为助燃用的空气中氧含量大于20.94%时的燃烧，纯氧燃烧则指助燃气体为100%的氧气，二者均能提高燃料的理论燃烧温度并降低烟气量，是轧钢厂提高产量、节能减排的一种有效手段，备受重视。国外已开发出了新一代氧-燃料燃烧技术及烧嘴系列，并成功地应用于轧钢生产线各类加热炉、有色金属熔炼炉、玻璃熔炉等。国内已经开始富氧和纯氧燃烧技术的试验研究，但尚未见实际生产应用。应进一步展开低成本的制氧、送氧、储氧技术研究，燃烧中氧气流量和浓度控制技术、炉内温度场研究，以及诸如燃烧废气循环燃烧等降低 NO_x 生成量的技术研究。另外，还需开发富氧与纯氧燃烧专用烧嘴和加热控制技术。

(2) 大功率高刚性轧机的研发与制造技术

大功率高刚性轧机的研发应用随着钢材产品强度级别快速升高、控制轧制与控制冷却技术的发展和广泛应用、大变形系数轧制和高精度轧制等的发展而愈显迫切，其已然成为了钢材产品升级换代的必要条件。不过我国装备制造业在智能化、数字化再工业革命浪潮中的快速崛起，将有能力为我国轧制装备的大型化、高刚性、大功率、大压下、高精度提供切实保证。其初步目标包括：自主研发和制造2000mm以上大型宽幅薄板热连轧机和冷连轧机、4000mm以上宽厚板轧机成套装备，以及强力矫直装备和高质量平整装备；完善和推广单机架冷轧成套装备技术，自主研发用于高强度、难变形、宽幅薄/箔带材的强力高刚度冷轧机；开发新一代宽带钢热连轧机和冷连轧机板形控制技术。从而实现我国大功率高刚性轧机装备技术的完全自主化。

(3) 以高强高韧和极端规格产品为代表的先进控轧控冷技术、在线热处理、离线热处理装备与技术

先进控轧控冷技术、在线和/或离线热处理技术共同构成了先进TMCP技术，如中间冷却（IC）、弛豫-析出控制（RPC）、高温终轧（HTP）、常化控冷技术（NCC）、直接淬火（DQ）、间断直接淬火（IDQ）、在线热处理（如HOP）和直接淬火-分配（DQP）等使抗大应

变管线钢、超高强度汽车板等高强韧性钢材的生产成为可能，在极端规格工程机械用钢、管线用钢、船板用钢、压力容器用钢、桥梁用钢的生产方面也取得了辉煌的业绩。这使该技术在中厚板、热轧板带、线棒材、型材和钢管的生产中获得了越来越多的应用和快速发展，备受重视，成为今后轧钢技术进步的重要主题。该技术的进一步发展一方面需要通过对材料形变与相变强化、细晶强化、析出强化等强韧化机理的综合研究，给出适应性强的高精度工艺模型，设计出科学合理的先进TMCP工艺；另一方面则要求在装备方面给予保证，以实现大范围的冷却速率、多区冷却且各区冷速连续可调、精确的冷却起讫点温度控制和冷却路径控制特性的冷却装备，以及节能、高效的在线加热装置。同时，还需要配以包括强力轧机、减定径机和矫直剪切等装备的研发，解决大断面产品（如40mm以上钢板）的冷却均匀性和高的冷却速率、小断面产品（如10mm以下钢板）的冷却变形和长度方向的性能均匀性等生产难题，为我国钢材性能高端化和新品种开发奠定坚实基础。

（4）薄、超薄规格热轧产品生产与应用技术

目前热轧宽带钢厚度规格范围可降到0.8～1.2mm，我国实际生产的超薄规格极限厚度已达到0.77mm。薄、超薄规格热轧带钢可部分取代冷轧带钢，实现“以热代冷”，缩短生产周期，极大地降低生产成本；作为冷轧原料时，可减少冷轧轧制道次，降低冷轧带钢的生产成本。因此国内外都投入大量资金和人力研究开发这一代表现代板带轧制技术发展方向的前沿技术。但无论是采用常规热连轧机组还是薄板坯连铸连轧机组，均存在机械设备在高速重载高温下的平稳、高精度运行，带钢高速运行的稳定性，带钢尺寸和板形精度，以及生产效率与成材率等突出问题。国内外近年来的研究表明，采用半无头轧制和无头轧制技术是解决上述问题的有效方法，可显著减少穿带次数和带钢的头尾个数，大大增加带钢连续高速稳定轧制段的比例，从而提高带钢全长的尺寸形状和性能的均匀性，提高成材率和生产效率。意大利阿尔维迪ESP已于2009年完成相应的热试，设计年产量180万～200万吨，带钢最薄规格为0.8mm；国内涟钢等企业也已实现了低碳

钢、微合金高强钢和无取向硅钢等薄和超薄规格带钢半无头轧制的批量生产，形成了具有自主知识产权的成套技术。事实证明，为进行薄和超薄规格带钢的低成本大批量生产，不仅需要提高轧钢生产线技术与装备的水平，还要在包括生产组织、中间坯连接设备与技术、铸轧一体化稳定控制等方面提供保障。此外，还必须加强该类产品“以热代冷”应用技术的研发，开发相应的市场，从生产和应用两个方面促进薄、超薄规格热轧产品的生产。

(5) 控制轧件表面与介质（气氛、润滑剂、涂层介质等）间交互作用的技术

轧件加热时与炉内气氛接触，在轧制和涂镀时又与水、液、油、气等多种介质接触，从而产生轧件表面与多种介质交互作用的现象。因为这些现象会对产品质量和轧制过程，如表面氧化、脱碳、轧制过程的力能参数等产生重要影响而受到关注。近期，随着资源环境问题日渐突出以及对低成本高效率生产优质产品的追求，轧件与介质表面交互作用控制技术越发受到重视。出现了可实现气氛控制的低氧化加热技术、气体保护的无氧化加热技术、免氧化涂层技术等；对于轧制时轧件与水、空气接触而发生的氧化及氧化铁皮控制技术正成为研究热点，出现了免酸洗带钢生产技术；为降低轧制力、改善轧件表面质量，在大力推广水乳液或油润滑液轧制润滑的同时，加强对环保型轧制润滑介质、高效润滑技术和循环利用技术的研发；现有的钢材表面处理工艺都或多或少对环境有害，为此需加强各种涂镀介质与钢材间交互作用的机理研究，开发新型表面处理技术，使其更加环保、节约资源、资源容易回收，并实现涂层多功能、高性能的未来需求。

(6) 以“湿法喷丸”为代表的新一代无酸酸洗规模生产装备与技术

国内外去除经热轧或热处理后钢材表面存在的氧化铁皮的普遍方法是酸洗，其处理效果好、效率高，但日益突出的环境压力及废酸处理成本的增加激发了对无酸除鳞技术的开发。加之薄和超薄热轧带钢生产及“以热代冷”技术的发展则使该技术越来越受到关注。国内外正在探索干式喷丸除鳞、湿法喷丸除鳞、机械滚刷等物理除鳞方法，

及气体还原、电解除鳞等化学除鳞方法，但均处于试验或单体简单工业试用阶段，其最大的阻碍是处理效率低和当有些氧化铁皮难去除时除鳞效果欠佳。其中湿法喷丸除鳞法是热点，国内和国外都已有了实际生产应用的验证性报道，其有两种方式，一是将丸料与水混合后送入抛丸器，以高速射向带钢，清除表面氧化铁皮；二是丸料由供料装置注入高压水中后，从喷嘴喷射出来，形成能量高度集中的高速丸料射流，清除表面氧化铁皮。丸料可选钢丸、砂粒或钢丸与砂粒的组合，其形状、大小、分布、流量、冲击速度等是研究的重点。湿法喷丸能清除99%以上的表面氧化铁皮，具有取代酸洗除鳞工艺的可能前景。另外，CO或H_2气体还原法无酸除鳞技术结合机械除鳞的方法也有很多研究，并也已有实验机组的试运行，值得国内单位深入研究其化学机理和实施工艺，以期开发出能低成本工业应用的新一代无酸酸洗技术。

（7）薄带铸轧的产业化技术，产品大纲（品种）的扩展

薄带铸轧技术是钢铁近终形加工技术中最典型的节能高效型新技术，是当前钢铁冶金领域的一项前沿技术，从两个反向旋转水冷铜辊的辊缝中直接将钢水浇铸成薄带，随后再进行热轧，实现铸轧一体化，使钢铁生产流程更紧凑、连续、高效、节能、环保。因其良好的发展前景，美国纽柯、韩国浦项、德国蒂森克虏伯等都投入巨资竞相开发。我国在薄带铸轧技术的应用基础研究、应用研究和产业化应用研究方面都取得了丰硕成果，宝钢先后建成中试平台和生产线，成功试验了中碳钢、微合金钢、硅钢等产品，实现了低碳钢的成功浇铸、轧制和卷取以及小批量供货。尽管如此，若要真正实现产业化，该项技术仍然需要克服两个关键性的障碍。其一是如何提高产能，使之得以和常规铁、钢工序的产能匹配；其二是表面质量需进一步改善，争取达到常规流程生产板材的水平。就目前阶段，需要对工艺、产品、设备、控制等进一步完善。如优化钢水的注入系统及浇铸过程存在的控制问题，保证连铸过程的稳定性和连续性；侧封板的结构设计、材料选择，以及铸辊的材质、结构和表面处理等设备技术以及扩大生产品种等一直是国内自主创新方面的主要课题。

(8) 合金钢与优质钢中小型型钢生产中的高精度减定径装备技术

中小型型钢由于断面小而使其生产成为历来国内外技术研发的重点，合金钢与优质钢多用后续的机械精加工，因而高精度自然就是轧制技术研发的永恒主题，由此减定径技术得到了越来越多的重视。目前国内合金钢与优质钢中小型型钢生产线采用的高精度减定径机组均为进口产品，国产同类装备正处于前期研发阶段，尚无实际业绩。利用减定径技术可生产最小 ϕ4.5mm 的线材，尺寸公差控制在 ±0.1mm 以内，椭圆度为尺寸总偏差的60%，还可进行一定规格范围内的自由尺寸轧制；对于合金钢和优质钢来说，采用减定径技术另一个重要目的是实施控温轧制，尤其是可以进行 700～800℃ 的低温轧制。我国在进一步推广应用减定径技术的同时，应将尽快实现 4 或 2 机架减定径机组的国产化和单独传动控制系统的技术突破作为国内冶金装备设计制造部门的一项紧迫任务，以降低减定径技术的应用成本。同时，还需要结合产品大纲，根据控轧控冷的需要，优化包括减定径机组在内的平面布置和设置适当的控冷装置，充分发挥减定径机组控轧控冷的作用，进一步推动合金钢与优质钢中小型型钢生产的技术进步与产品升级。

(9) 特殊用途（含国防用钢、航母、大飞机、深海海洋工程等）轧制生产线与辅助工序（精整、修磨）及后续工序装备与技术

高端装备制造产业被《“十二五”国家战略性新兴产业发展规划》列为七大新兴产业之一，其涉及的航空航天和卫星、高铁动车和轨道交通、智能装备、海洋工程装备、节能环保装备、能源工程等的用钢需求，既为钢铁企业调整产品结构指出了方向，也为钢铁行业提供了新需求、新市场。这些战略性新兴产业关键材料的国产化需要钢铁企业配套相应的特殊生产线，对于轧钢工序来讲，尺寸规格方面就有向特厚、特大直径、超薄、超细方向发展的需求，相应就要配套大功率高刚度轧机和高精度轧制技术，以及后续的平整矫直、剪切、热处理、表面处理等精整技术；性能和表面方面有向高性能、高品质方向发展的需求。由于新一代控轧控冷技术和在线热处理技术在高端产品的生产上已经明显展示出节省资源、节省能源、减少排放、提高效率的显

著效果，因此应以此为主要性能控制手段，加强机理研究和装备开发，以实现战略性新兴产业关键材料的减量化、绿色化生产。同时，还要研发这些战略性新兴产业关键材料的应用技术，如先进高强及超高强度钢材的成型、连接应用技术等。

4.3.4 相关工艺技术中的关键技术

4.3.4.1 冶金分析测试关键技术

加快推广的关键技术

（1）成分、状态火花与激光原位统计分布分析技术

高性能钢铁材料的需求与日俱增。为增强汽车钢的耐腐蚀性和美观性，常在钢带表面涂镀各种金属或有机材料，钢板表面的缺陷直接影响涂镀性和加工后的产品质量，严重的将会造成后续产品的降级。因此测定高性能钢铁材料的化学成分以及化学成分在材料表面的分布状况就显得尤为重要。材料化学成分、偏析、表面缺陷、夹杂物的含量是钢铁等材料生产质量重要内容。采用硫印试验可以检验元素在钢中偏析或分布，用酸浸试验来检验中心疏松，采用金相法检验夹杂物的形貌，用扫描电子显微镜等技术可表征微区组织结构，但分析过程较为烦琐，周期很长。

火花与激光原位统计分布分析技术可对材料元素成分及状态进行原位定量分析。钢研纳克检测技术公司研制的金属原位分析仪以及激光扫描分析仪具备如下功能：元素在深度方向含量的分布分析；表面任何位置精确空间坐标（x，y，z）化学成分含量及分布；0.001%以上夹杂物含量直接测定；夹杂物（大于1μm）尺寸分布及夹杂评级；成分最大偏析与最小偏析的空间定位分析等。激光扫描分布分析技术的独特优点是检测实时激光测量头和被测表面保持一定距离，可以进行非金属材料表面分析，也能对涡轮叶片曲面以及其他非平面小样品表面直接分析。特殊情况下材料表面无需制样，测量过程中采用激光预剥蚀清理表面。激光扫描分布分析技术应用于汽车面板、镀层材料、合金材料等的质量控制、缺陷检测以及成分分布分析等。

(2) 质谱氧氮氢元素同时测定技术

高性能金属材料对气体成分如氧、氮、氢、氩和氦及其状态的测定提出了更高的要求，以纯净钢等为代表的新型钢铁材料，杂质元素含量很低，现有技术灵敏度不够，且氧、氮、氢三种元素需分别测定；高速铁路、大飞机、舰船等工程服役期内安全事故如氢脆事故的防范，必须对用材中超痕量氢进行准确检测和控制；此外月球及太空技术和资源开发对材料中氦和氩的分析技术需求也提上议事日程。

钢铁研究总院研发的“脉冲熔融-质谱分析技术”，是冶金和金属材料分析技术领域中我国首创的一项同时测定金属材料氧、氮、氢、氩和氦的新技术。能够实现金属材料中氧、氮、氢和氩（或氦）元素的单机单次同时分析，分析周期约2min；测定下限降低至0.1μg/g，满足了高性能金属材料的需求；能够分析金属材料中Ar和He元素；样品熔融过程采用程序升温，可实现各气体元素不同状态的分别定量分析。

该成果已在钢铁、有色、国防、中科院等领域的实验室，应用于西气东输、石油管线、高速铁路、大飞机工程、钛合金或专用金属材料中超痕量气体元素（氧、氮、氢）的定量分析，特别是对氢元素的准确测量和控制，成为保障工程和设施安全的重要检测技术之一；解决了金属材料中Ar和He含量及状态的分析难题，并在储氦材料和火箭推进剂纳米金属粉体催化剂中得到实际应用。

(3) 在线炉气质谱气体成分测定技术

20世纪80年代以来，日本的几大钢铁公司、奥钢联等开始在转炉上使用质谱分析系统，通过在线、连续监测转炉排放气体的成分和流量，结合相应的动态控制模型，实现生产自动化。与副枪相比，炉气分析动态控制技术在终点碳含量预报的准确性、成渣过程控制、提高Mn降低P、喷溅和漏水预报、提高金属收得率、节约合金消耗以及延长炉衬寿命方面，具有综合优势，并且投入和操作费用较低。目前国内外已经在转炉、精炼炉、电炉及高炉等工艺过程中采用不同方式实现了炉气成分在线分析。

在线炉气质谱气体成分测定系统，是一套集成化、自动化、同生产工艺紧密配合的过程监测设备。系统通常包括耐高温采样探头、贮压式反吹系统、样品处理系统、质谱仪、采样泵、自动控制系统（软硬件）、计算机以及控制模型软件。在线分析炉口排出气体中 CO、CO_2、H_2、N_2、Ar 和 O_2 等成分的含量，以便计算熔池内瞬时脱碳速度，剩余的碳含量，Si、Mn 和 P 的氧化速度，卷入空气量及反应热平衡等。实现动态控制要求分析系统测量精度高，分析速度快。炉气分析动态控制技术的应用成功，也主要得益于过程质谱这种高精度、高速度在线分析仪器的出现。在线质谱炉气成分分析系统，通常系统滞后时间在 20s 以下；质谱仪的分析精度可保证在千分之五以下。为了提高质量和增加品种，国内多家冶金企业如宝钢、武钢、本钢、马钢、莱钢在转炉终点控制中引进炉气质谱分析系统参与终点动态分析。

（4）钢铁材料纯净度检测技术

钢的纯净度主要指非金属夹杂物的数量、类型、形貌、尺寸及分布。有几种常见钢纯净度分析方法，其中化学分析法是通过检测钢中非金属夹杂物形成元素氧和硫的含量来估计非金属夹杂物数量。室温下钢中的氧几乎全部以氧化物夹杂形式存在，钢中全氧含量可代表氧化物夹杂数量。化学分析法不能反映夹杂物的类型、形貌、分布。光学金相法采用光学金相显微镜观察非金属夹杂物的形状、分布、色彩等特征，对超低氧钢标准图谱不适于评定评价高纯度钢。扫描电镜可以对非金属夹杂物的内部结构和物相组成进行分析。电解萃取法是适当的电解液和电流密度下对钢中非金属夹杂物电解分离的方法，可分为水溶液大样电解法和非水溶液小样电解法两种。除经典纯净度测量方法外，也推出了新的夹杂物分析技术（如北科大的夹杂物原貌分析法等），并已在多个钢厂应用。几种典型新技术分述如下。

激光扫描分布分析法：原理是激光照射到金属表面，将范围 10～200μm 的区域金属熔化形成等离子体，这些被激发的等离子体发射样品特有的特征谱线，用分光系统接受相应信号。当样品中夹杂物存在时，夹杂物形成局部浓度高度富集，接收到的光谱信号高于固溶元素信号，以此可区分夹杂物和固溶元素，解析这些信号可实现夹杂物分析。激光扫描分布分析仪可同时测量样品中大于 1μm 的夹杂物颗粒成分含量及夹杂物尺寸、分布，并可进行夹杂物评级。

高频超声波探伤法：其原理是根据钢中缺陷与基体之间由于声阻抗的差别形成的反射脉冲来判伤。其特点是无损检测。它能检测到30μm以上的非金属夹杂物颗粒。通常采用高频超声波对被检试样进行超声波探测，并对含有大尺寸非金属夹杂物的试样进行原位切割取样，再借助光学金相显微镜、扫描电子显微镜、电解萃取等分析检测手段对大尺寸非金属夹杂物的形貌、尺寸、成分等性状进行更确切的分析。

夹杂物原貌分析法：其原理是利用有机溶液作为缓冲溶液，用抛光镜面的钢样做阳极，用铜片或不锈钢片做阴极，精确控制侵蚀电流和时间，对试样光面进行定位电解侵蚀，可以使不同粒径的夹杂物凸显于基体之上，在高倍扫描电镜下可以观察到清晰的夹杂物三维形貌特征；同时也可以离心分离得到溶解于溶液中不同粒径的夹杂物。可以更加全面真实地认识钢中非金属夹杂物的三维特征、尺寸、含量和分布，为洁净钢的生产提供指导。

(5) 钢铁材料均匀度检测技术

材料均匀性对材料性能有很大影响，材料化学成分偏析、表面缺陷对钢铁材料均匀性影响最大，长期以来缺乏快速的有效手段对钢材均匀度进行测量。测量材料均匀性，要知道材料表面各化学元素的分布表征，并获得材料表面任何位置空间坐标与化学成分含量的对应分布等新信息才能够全面准确表征材料性能。

采用火花源激发的金属原位分析技术可以快速方便地测量金属材料表面较大尺度内元素分布均匀性或偏析度；可以得到成分最大偏析与最小偏析的空间定位分析等；可以进行钢材表面任何位置精确空间坐标(x, y, z)元素成分含量及分布。目前有两个相应的国家标准：《金属原位统计分布分析方法通则》(GB/T 24213—2009)和《中低合金钢-多元素成分分布的测定-金属原位统计分布分析法》(GB/T 21834—2008)。该技术可提高分析效率和速度、拓展分析范围，与采用其他技术相比有独特优势，具有良好的推广应用前景。

(6) 临线快速扫描电镜组织结构分析技术

扫描电镜是检测微观结构组织的重要手段，具有广泛的应用领域，是现代材料研究不可或缺的检测仪器。但通常扫描电镜放在研究实验室对试样检测分析，用于基础研究、工艺改进。但现代材料生产流程工艺需要在某些现场快速判断材料组织性能，以便指导下一道生产工艺，这就要求扫描电镜能够适应现场工作环境，结实耐用，体积紧凑便于搬运，对于样品制备要求不苛刻，样品室也可放大样品，配套装置简单等。在这种需求促进下，已经有现场用扫描电镜商品供应，主要用于夹杂物快速分析。马钢、兴澄特钢等使用了这种设备。现场用扫描电镜的问世，提升了冶金生产现场对钢材质量的控制水平。

（7）材料无损（或微创）断层分析技术

计算机断层分析（简称CT）已广泛应用于医疗检验和诊断，近年来也扩大到工业应用方面。美国的波音航空和电气公司、日本的日立公司等均已研制成功工业CT设备并应用于铸造生产中。工业CT在射线强度、扫描与探测方法、数据采集和传输、图像的重建以及射线的屏蔽防护等方面，与医疗用CT机有许多不同之处，特别是采用了高能X射线和电子加速器，其穿透能力成百倍地提高了，最新一代工业CT则是X射线穿透连续旋转的物体并由检测器检测与X射线衰减相关的成千条数据，经计算机进行数学处理，在全方位截面上重建铸件的三维图像，能精确可靠地再现铸件内部特征形貌，检测灵敏度高、失真度小、重现性好。工业CT应用范围十分广泛，在无损检测方面，可准确地判断工件中裂纹、气孔、缩孔、夹渣等缺陷。

（8）全自动化学成分检测实验室集成技术

全自动化学成分检测实验室技术是指炼钢炉前通过快速取样，通过风动送样将样品送到实验室，实验室经过自动制样，样品自动传递至火花光谱仪进行全成分分析，整个过程只需要2min左右；需要进行氧、氮、氢分析的样品经过自动制样，样品传递到气体分析仪上进行分析；生铁样品经自动制样后样品传递至X射线荧光光谱仪上进行分析。基本上生产过程中的钢铁样品绝大部分都能通过自动分析系统实现自动分析。全自动化学成分检测实验室是风动送样系统、自动制样设备、检测仪器、数据传输系统等一系列设备及技术集成，目前在大型钢铁企业开始普及。全自动化学成分检测实验室大大缩短了检测时间，减少了检测结果的人为干预。一些国产自动制样设备和检测设备也陆续进入钢铁企业的全自动化学成分检测实验室。

(9) 板、管、棒在线超声无损检测技术

金属板、管和棒材作为在国民经济和国防建设领域广泛应用的原材料，一直以来对无损检测技术具有强烈的需求。为提高生产效率，钢厂的板、管和棒的无损检测都采用自动检测装置。检出的不合格品直接从生产线剔除，合格品进入下道工序。在线全面检测特别是随着板、管和棒材向生产规模化、使用条件极端化等方向飞速发展，无损检测技术更加体现出重要性和迫切性，并对其可靠性、实时性、定量化及自动在线检测能力等方面提出更高的要求。尽管无损检测技术种类众多，但由于超声波检测技术在适用性、自动化能力以及特征参量丰富性等方面具有其他方法难以媲美的优势，所以一直以来是应用最为广泛且蕴含巨大发展潜力的无损检测技术，并成为深入研究的热点。因此，以具有巨大应用市场的板、管、棒材为应用对象，开展高性能自动化在线超声波检测关键技术及其应用的推广，具有十分重要的意义。

(10) 钢水直接测定 O、H 技术

当前钢水中氧的直接测定主要是采用 TSO 副枪探头，它是一种具有复合功能的探头，应用在大型转炉冶炼过程中测温、定氧、取样及测量钢水液面高度。

钢水中氢的直接测定技术多用于对氢控制比较严格的 RH、VOD 等工艺环节。钢液中氢在线快速分析的方法有两种，一种是测头浸入式平衡分压法，另一种是固体电解质浓差电池测量法。普遍使用的是测头浸入式平衡分压法，它始于铝液中氢测定的方法，即 20 世纪 50 年代提出的 Telegas 法，其工作原理是依据 Sievert 定律，采用平衡分压法实现测量，即将测头浸入钢液，并向吹气管中吹入细化的惰性气体——载气（高纯氮气），钢液中氢向载气气泡中扩散，最后达到平衡。仪器回收该平衡气体，通过检测器检测出钢液中氢含量。测量直接在钢液中进行，不需要取样和样品处理过程。对平衡气体的检测可以使用热导法、气相色谱法和质谱法。鉴于质谱的价格较贵，而色谱法对气体流量要求较高，作为用于现场的过程分析仪器，目前较多采用热导法来检测平衡气体中的氢。钢液中氢测定仪由 4 部分组成：电子单元、气路单元、测头及测枪。电子单元负责处理系统自动控制、数据采集、数据处理显示并与上位机实现通讯。测头和测枪是平衡分压法在线快速测氢的重要部件，系统通过它们获取平衡气体。测头在测量中通过钢渣层浸入钢液，并停留 1min 左右，因此要求测头耐高温、抗热震、耐腐蚀和具有良好的气密性。测头一般由多孔陶瓷材料、粗细石英管及保护套等构成，通过测枪、气缆与气路系统相连。20 世纪 90 年代我国进行了有关研究，并取得成果。

在这一领域值得关注的新技术有：Minco 公司报道了该公司研制的产品 Multigas Analysis System（MGAS）分析系统，该系统可以实现钢液中 O、N、H 三元素的同时检测。其原理是采用 Ar 做载气，同上述方法类似进行取样，而后进入质谱分析。贺利氏公司的钢液测氢仪 Multi-lab Hydris 也在国内许多企业得到应用。

积极探索、研发、加快工程化的关键技术

(1) 全自动钢铁力学拉伸试验系统、全自动冲击试验系统技术

钢材拉伸冲击等力学性能是钢材重要的质量指标。通常拉伸样品加工完毕后由人放入试验机指定位置，拉伸试验机夹具将样品按照规定方式夹持，按照标准规定的实验参数进行测量，测量完毕将夹具上断裂样品取下进行下一个样品测量。冲击试验时将加工好的样品放到指定的实验位置，在安全的位置上启动测量按钮完成测量。由于钢铁生产过程中需要进行大量的样品常规拉伸冲击实验，实验室需要配备多人才能完成实验工作。采用全自动钢铁力学试验系统或全自动冲击试验系统能够在样品加工完毕后放入指定的样品架或样品盒，样品能够自动连续地进行测量，节省了大量的人力，准确地控制了检测时间，在人工成本不断上升的时代总体节约了人力投入，并且自动测量系统一旦连续工作，测量一致性好。要关注和推动全自动力学试验系统技术实现工程化。

(2) 全自动样品制备技术

样品制备和加工是实验室准确测量的前提。无论是化学光谱分析样品制备、气体分析样品制备、拉伸样品加工、冲击样品加工都有特

定的技术要求，一般需要投入大量的人力物力，在劳动力成本快速上升的时代给企业带来了较大的负担。现在逐渐开展的全自动样品加工技术是解决此类难题的有效方式。全自动化学成分检测实验室、全自动钢铁力学拉伸试验系统、全自动冲击试验系统等自动系统的正常运转离不开全自动样品制备技术。全自动样品制备技术是全自动测量系统的有机组成部分。全自动化学成分检测实验室需要配备全自动光谱制样机、全自动气体样品制备系统等。全自动力学试验机需要配套全自动拉伸样品加工车床以及全自动冲击样品加工设备。现在国内外有若干生产厂家已经成功研发出此类装置，但需要加强工程化程度，提高装备可靠性，没有一定可靠性保证，整个系统不能保证正常运转。

(3) 全流程性能在线检测闭环控制系统技术

钢铁生产流程逐渐发展成为快捷、自动、高效的生产流程。全流程在线检测闭环控制系统是在各个生产流程中，通过在线检测手段，对生产过程的性能参数进行在线测量或动态监控，使所有从原材料、中间产品到产成品的生产工艺的品质都在动态控制中。各个工艺生产技术人员可以通过企业ERP或实验室信息管理系统（LIMS）及时分享各个流程在线检测的性能参数和原材料信息，用于动态调整冶金过程的各种参数，完善工艺过程，改善产品质量，提高生产效率。

(4) 冶金物料传送全过程成分、外观、状态等质量检测控制分析技术

冶金物料在冶金过程中不同的生产流程和工艺中需要检测成分、外观、状态等质量控制参数。冶金物料通过不同的流程传送到相关工艺位置。通常冶金物料成分、外观、状态等都通过离线实验室检测结果来决定使用方式和效率。由于冶金工艺自动化程度不断提高，需要在整个冶金过程中对冶金物料的各种参数进行检测和控制。发展冶金物料传送全过程快速和低成本的成分、外观、状态等质量检测控制分析技术具有十分重要的意义。

(5) 冶金全流程（铁、烧、焦、钢、轧）炉气导出式、插入式传感器在线检测控制技术

通过冶金流程（铁、烧、焦、钢、轧）中导出的炉气或将气体传

感器插入炉体内，对炉气成分实施在线检测与控制，实时动态了解生产工艺状况以及过程产品质量，控制能耗，具有十分重要的意义。冶金流程中炉气带有多种反映冶金工艺状况的有效信息。通过气体质谱测量、激光气体测量等技术能够动态反映冶金工艺进程，也可以进行冶金工艺动态安全监控与评价。

（6）插入式传感器、气溶胶微粒导出、直接与非接触激发光谱对铁水、钢水及熔渣成分、夹杂物、温度等参数的直接测定技术

目前冶金产品绝大多数质量检验靠取出样品，进行化学成分分析、力学物理性能测量等得到需要的性能指标。这些都是间接测定方法，花费时间长。国内外有研究人员在不断探索采用插入式传感器、气溶胶微粒导出、直接与非接触激发光谱对铁水、钢水及熔渣成分、夹杂物、温度等参数的现场在线直接测定技术。现场在线直接测定技术不仅大大缩减时间，其对实时性能的检测使冶金过程能够精确控制。由于在线铁水、钢水、熔渣等温度较高，对测量采用的插入式传感器耐用性要求高。通过冶金过程中在钢水、铁水上方将冶炼过程中微粒转为气溶胶导出炉外，再用电感耦合等离子光谱技术等进行测量，可以获得冶金过程中元素成分。采用高能激光器对冶金过程热态金属液面直接照射激发，钢液中成分发射出其含量所特有的特征谱线，可以用光导纤维等收集分析进而得到钢液的元素成分。这些在线直接测量技术有着广阔的应用前景。目前国际上有实验性的技术在小范围使用，国内有一些科研机构有过一些初步研究。

（7）利用激光、电磁、涡流、X射线方法对铸坯成分、夹杂物、组织、轧材组织结构、缺陷、表面质量、尺寸在线检测、热态分析和探伤检测技术

随着节能、环保意识的进一步提高，工业生产检测前移是一个发展趋势，针对铸坯的在线检测、热态分析和探伤检测技术是目前研究热点。

连铸坯在生产过程中，因工艺影响，难免造成外形尺寸、成分组织不合格及缺陷，会对下一道轧制工艺产生不良的影响，严重的甚至导致最终产品不合格，这样会导致能源的极大浪费。因此，探索、研

究利用激光、电磁、涡流及X射线实现铸坯外形尺寸、缺陷及表面质量的在线高速检测、热态分析和探伤检测的复合检测技术，具有重大的现实意义。

（8）冶金排放检测评价技术

冶金行业的节能环保压力巨大。2012年颁布的冶金企业环保新标准中，对钢铁等企业流程性排放指标（厂区降尘量、全厂水循环率、废水排放量及COD含量、吨钢新水消耗量等），SO_2、NO_x、CO_2等温室气体排放总量和吨钢排放量，各工序（焦化、烧结、高炉、转炉、炉外精炼、连铸和轧钢等）的烟尘、有害物质等指标都进行了严格的规定，其标准越来越严格。

但问题在于：一些标准中规定的指标如二噁英等，当前缺乏有效实用的检测手段；温室气体排放，典型的如SO_2、NO_x、CO_2，直接测量技术不普及，当前还是采用原料推算、产品排放因子计算的方法，给出的数据同实际情况差异很大，且企业之间无法统一；目前企业已具备监测手段和方法，但数据的可靠性亟待提升。

针对这些现状，应当逐步完善冶金排放检测、评价技术和制度体系。对象包括冶金大气污染物（烟尘、CO_x、NO_x、SO_x、苯系物、多环芳烃（PAHs）、多氯联苯（PCBs）、二噁英类（PCDDs/PCDFs）等）、冶金环境废水（酸碱废水、悬浮物、氰化物、重金属、氮、总磷和有机污染物等）、冶金固体废弃物（重金属等有害物质）。涉及的检测技术包括：采样、前处理、成分和状态分析、排放总量测定、在线连续监测等的方法技术、国内外标准以及所用设备技术要求等；检测技术、设备和数据的有效性评价方法和规范；开展由独立第三方机构主导的企业排放控制综合性评级制度，作为环保执法的重要参考依据。

4.3.4.2 耐火材料关键技术

加快推广的关键技术

（1）二次精炼用低碳镁碳砖技术

低碳镁碳砖技术是通过采用改性和环保结合剂、合适的碳源和添加剂、基质组成和微结构的合理设计等综合措施，显著减少碳组分含量，仍保持与镁碳砖相类似的优异抗渣性、抗热震性并更适应二次精炼工艺的要求。与传统镁碳砖（碳含量10%～20%）相比，低碳镁碳砖碳含量≤8%，碳含量低，热导率低，可降低出钢温度，减少能耗；还可消除冶炼高质量洁净钢及超低碳钢时的增碳问题和减少石墨资源消耗及降低对环境污染。低碳镁碳砖的发展在国内外都受到重视，并已在不锈钢AOD精炼炉、RH等领域应用，取得了明显的使用效果：在VOD钢包上使用寿命是传统镁铬砖的两倍，在RH使用不仅寿命提高，也消除了含铬耐火材料的环境污染问题。低碳镁碳砖是炉外精炼装置用耐火材料发展的重要方向和含碳耐火材料的发展趋势，随着技术的成熟和进步，在精炼钢包渣线、转炉等传统镁碳砖应用领域也显示有应用前景。

（2）无碳钢包衬技术

无碳钢包衬在材质上为刚玉-尖晶石体系，产品形式主要有浇注料预制块和机压不烧砖，主要采用的新工艺技术包括有超微粉结合体系、材料组成-结构-性能的一体化设计、产品质量控制和应用技术等。无碳钢包衬在精炼钢包已获得成功应用，在提高钢包包龄、减少耐火材料对钢液污染、减少钢液温降、提高现场施工效率和改善操作环境等方面都显示出了较明显的优势。采用刚玉-尖晶石预制块或机压不烧砖作为精炼钢包衬，消除了含碳耐火材料在冶炼过程中对钢水的增碳等污染钢液问题；减少钢包冶炼过程的热损耗，降低外壳温度和热疲劳损伤；消除耐火材料制造和使用过程中对环境造成污染；有利于品种钢、洁净钢以及相当数量的超低碳钢冶炼，有利于精炼工艺节能和高效。无碳钢包衬技术与包衬残厚在线监测技术、热修补技术、渣线材料无碳或低碳化技术相结合，在提高钢包包龄以及降低吨钢耐材消耗方面效果明显，特别是使LF、RH精炼钢包综合寿命大幅度提升，是钢包耐火材料衬的重要发展方向。

（3）冶金窑炉隔热节能技术

随着节能和冶金过程精细控制的深化发展，提高窑炉热效率，改善钢包、中间包、鱼雷罐等冶金容器耐火材料衬隔热保温效果，减少热量散失，减小在操作过程中钢液温降以加强冶金过程节能和保持相应工艺的稳定已越来越受到重视。冶金窑炉推广应用节能隔热材料和技术是实现这些目标的重要途径。中间包、钢包、鱼雷罐等冶金容器隔热保温技术有：带高效隔热层钢包、中间包等耐火材料结构优化设计，采用具有低热导率和良好力学性能的新型高效隔热材料代替传统轻质耐火材料作为冶金容器背衬材料，有效降低冶金容器钢壳外表温度，降低钢液温降速度；高温节能涂料技术：在高炉热风炉蓄热体、焦炉燃烧室、加热炉炉衬等耐火材料表面应用高温高效辐射涂层技术，提高传热效率，节能效果显著。

(4) 高效、低成本洁净钢生产用耐火材料技术

高效、低成本洁净钢生产用耐火材料技术为一系列综合技术，通过从精炼到连铸工艺用系列新型耐火材料的应用，保障洁净钢生产的高效、低成本。该综合集成技术包含 RH 用无铬耐火材料（主要是镁铝质耐材）技术；应用具有洁净钢液功能的镁钙系耐火材料；安全长寿稳定吹气功能新型复合结构的钢包透气元件技术；中间包耐火材料成套技术；无污染或低污染的镁质、镁钙质和含游离氧化钙的中间包工作衬耐火材料，中间包内挡渣墙、堰坝、缓冲器、过滤器、透气梁等组合结构采用及优化布置，达到控制钢水的流动状态、平稳钢水流动轨迹及促进夹杂物上浮和有效清除的目的；不导致钢水二次污染的长寿、功能化和结构优化的梯度功能耐火材料技术，如采用梯度复合结构的长寿命（大于 15h）无碳内衬长水口、无硅无碳防堵浸入式水口等。高效、低成本洁净钢生产用耐火材料技术的推广应用将带动我国钢铁工业用耐火材料整体技术水平的提高，对降低我国吨钢耐火材料消耗水平有重要意义。

(5) 不定形耐火材料优化技术和现代施工技术

不定形耐火材料具有高效、节能、绿色环保等特点，正成为耐火材料发展的主体。不定形耐火材料优化技术是不定形耐火材料的系统和深化发展，主要是以不定形耐火材料的流变学、胶体化学、粉体工学和热力学等理论基础为指导，通过控制和优化不定形耐火材料的作业性能，拓宽使用范围，提高应用效果。关键技术包括以高效能和多功能化复合为基础的添加剂技术、以高纯性和环保性为基础的结合剂

技术、适应不同作业性的颗粒级配技术、适应不同材料特点和使用条件的施工作业技术。不定形耐火材料现代应用技术主要涉及高炉热态修补技术、火焰喷补、半干法喷补、湿式喷涂和高压压入造壁等先进施工技术。火焰喷补是通过掺入耐火材料里的燃料的燃烧把耐火材料熔化或呈半熔化状态喷射到要修补的炉衬上，它的性能好，具有非常好的使用效果。目前正在大力发展的湿式浇注料喷射技术，施工的结果能与浇注料炉衬相媲美，它对高炉和焦炉长寿、降低消耗起到重要的作用。推广先进不定形耐火材料技术对钢铁工业用耐火材料的不定形化发展有重大的促进作用。

积极探索、研发、加快工程化的关键技术

(1) 耐火材料功能化、安全智能化技术

耐火材料功能化、安全智能化技术是耐火材料向应用科学化、安全化和消耗最小化发展的重要基础。重点发展精炼钢包和连铸用耐火材料的功能化、安全智能化。主要发展技术是通过与使用条件相适应的耐火材料组成、结构、性能与功能的一体化设计，辅以先进工艺技术应用与集成，实现相应耐火材料关键使用性能的优化、赋予特定功能和应用安全智能化，从而科学开发耐火材料服役功能和提高服役寿命。通过采用材料多种形式的功能复合技术、特种功能添加剂技术、耐火材料微结构及高温性能原位调控等技术，结合精细化制造工艺，开发在服役状态下与服役环境相适应的和具有特定高性能或功能（高抗侵蚀性、高抗剥落性、抗冲刷性、洁净钢液功能、工作面自保护功能、隔热保温功能等）的钢包衬耐火材料和连铸控流耐火材料；开发钢包重点部位内衬材料和连铸控流耐火材料的安全警示技术，提升耐火材料服役安全性和可控性。

(2) 耐火材料减量化应用技术

耐火材料的应用技术和耐火材料的使用效果及使用寿命密切相关，耐火材料高效、减量化应用技术是降低冶金过程耐火材料消耗、实现我国吨钢耐火材料消耗达到国际先进水平的关键所在和重要技术支撑。以降低耐火材料消耗、提高耐火材料服役稳定性、安全可靠性为宗旨，开展耐火材料精细化应用集成技术研究，主要包括：冶金高温容器耐火材料结构和配置数值模拟研究，分析高温容器的温度场、应力场，以优化耐火材料选择与结构设计；耐火材料的服役环境条件优化研究，通过对主要冶金容器用耐火材料的场模拟和高温模拟研究，对材料性能、结构和配置进行优化设计，对耐火材料服役环境条件进行优化调整，提升耐火材料关键部位性能，均衡并降低耐火材料蚀损速度；耐火材料先进的测试技术和耐火材料服役寿命预测技术研究和应用，通过对耐火材料结构及高温力学性能演变、高温抗侵蚀性模拟、抗热冲击模拟等综合研究，建立对耐火材料服役寿命预测评估的相关性能指标体系；耐火材料在线监测技术完善和应用，建立冶金容器内衬运行状况实时监测和诊断系统，与修补技术相结合，提高内衬使用的有效性和安全性。

(3) 高效隔热耐火材料开发和应用技术

以缩小我国隔热耐火材料技术水平与先进工业国家的差距和提升我国工业窑炉的能效水平为宗旨，开发和推广应用新型高效隔热耐火材料产品和技术，丰富隔热耐火材料产品系列和种类，拓展隔热耐火材料的节能应用范围。重点研究开发隔热耐火材料领域的高端产品产业化技术和高效隔热材料工程应用技术，包括：高性能高温高效隔热材料的研究，优化原料并采用先进工艺实现孔壁结构、气孔（微纳米）结构和材料性能的可调控，平衡力学性能与热物理性能，开发出具有高强、低导热特点的高温装置用高效隔热新材料；高温晶体纤维系列制品制备集成技术和应用技术研究；微闭气孔化高强轻质耐火骨料开发和高效节能轻质不定形耐火材料技术推广应用；隔热耐火材料（轻质不定形、纤维基复合材料等系列材料）喷涂施工技术工程化及推广应用；节能窑炉炉衬材料结构和配置优化设计及窑体轻量化集成技术；高效节能燃烧技术配套高性能耐火材料开发和应用等。开发高效隔热耐火材料产品和技术，将促进、推动行业在节能耐火材料领域的技术进步、高温窑炉节能降耗减排事业的发展。

(4) 冶金新技术、新工艺用耐火材料集成技术

主要指非高炉炼铁、薄带连铸、板坯高速连铸及无头轧制、冶金尘泥回收新装置等冶金前沿技术用特种耐火材料及相关技术。开发熔

融还原炼铁技术用系列耐火材料及应用技术，达到炉衬寿命满足熔融还原炼铁实现商业化作业要求，如关键区域用高性能耐火材料的研究及技术集成、基于数值模拟和高温使用模拟的耐火材料结构设计和炉衬优化配置技术、耐火材料长寿维护技术等。开发薄带连铸用具有良好的高温强度、耐磨性、耐腐蚀和非润湿性及具有良好导磁特性等综合高性能的陶瓷侧封板，满足薄带连铸工艺对材料的性能要求和商业化运行的寿命要求。开发适应板坯高速连铸及无头轧制工艺的结构优化、材料性能优化的浸入式水口，满足工艺稳定和高使用寿命要求。开发研究适应富氧高炉炼铁、直接还原铁（DRI）电炉炼钢等冶金新工艺用耐火材料、冶金尘泥回收新装置用关键耐火材料，如转底炉生产粒铁耐火材料炉衬的研究，富氧竖炉处理钢铁尘泥技术用关键耐火材料。

（5）耐火材料原料资源开发和综合利用技术

耐火原料是不可再生资源，拓展耐火材料原料资源对耐火材料的可持续发展有重要意义，对资源和环境保护有重要意义。开拓耐火原料资源主要发展的工程化技术是：低品位铝矾土矿和菱镁矿等原料、废弃矾土矿、橄榄石等粉矿的资源化技术和用后耐火材料资源化再利用成套技术。主要进行的工程化研究有：低品位矿的浮选富集技术、均化合成与品位提升加工技术等，形成低品位原料资源化成套工程化集成技术，开发、推广和规模化应用低品位矿资源化产品制造的耐火材料产品；开展典型、大宗、高档等用后耐火材料工业化分选、除杂和加工处理共性技术、分类资源化再生工艺技术、再生原料的应用等系统研究，形成用后耐火材料资源化再生的成套先进集成工程化技术和相应的工业化再利用技术。

4.3.4.3 铁合金关键技术

加快推广的关键技术

（1）原料预处理技术

原料预处理技术主要包括：火法富集原料主元素含量，降低磷、硫等杂质；利用回收矿热电炉煤气对原料预热干燥，实现热料入炉；利用回收矿热电炉煤气进行烧结预还原原料处理，实现入炉原料标准化，降低能耗提高回收率；热压冷压复合球团、碳酸化球团、硅酸化球团、粉矿尘造块，增加炉料透气性，减少污染提高回收率；焙烧硫化矿物、高化合价氧化矿物、碳酸矿物、高化合水矿物，改变改善入炉矿物的物理性质及化学组成。

原料预处理技术是合理利用自然资源、减少浪费，优选入炉配料比使工艺优化，综合利用各种除尘产物减少污染，实现设备大型化、生产连续化、控制自动化提高经济技术指标等方面必备的基础技术。我国近几年已重视这一技术的研发与应用，需加快推广。

(2) 采用传统设备特殊工艺生产特种产品技术

采用传统设备特殊工艺生产特种产品技术主要是指：一步法生产低碳、低铝、低钙产品技术；一步法生产低钛、低硅产品技术；一步法生产氮化合金（如 VN）技术。这三种技术在国内都有研发与应用的实例，尤其是钒氮合金生产技术工序流程简短、设备投资少、节能减排、生产效率高，区别并领先于国外同类技术。

(3) 铁合金炉外精炼技术

铁合金炉外精炼技术主要包括：利用密度差、隔绝渣降碳技术；利用氧化渣洗降磷、铝、钙技术；还原降磷技术；渣洗降硫技术；复合气体吹炼降碳、硅、铝、钙技术；低压还原及高压氧化降碳技术；真空、盖渣处理降低气体夹杂技术。

该项技术在国内都已有研发与应用的实例。炉外精炼技术是流程短、节能高效低排放生产优质和新型铁合金产品的高新技术，应加快推广。

积极探索、研发、加快工程化的关键技术

(1) 铁合金产品成型免破碎技术

铁合金产品成型免破碎技术主要包括铁合金铸块技术、冷压块及制粉技术、水淬及粒化技术等，是为了满足冶炼、精炼时提高金属收得率、精确控制钢液成分要求的重要技术。难度在于提高生产效率、低成本和高精度控制铁合金粒度。国外俄罗斯等曾有过类似的研究，但规模化的成型工艺与装备尚乏实例，应积极探索。

(2) 微波加热应用技术

微波加热应用技术主要包括：替代电阻加热、感应加热冶炼；替代燃料燃烧热源干燥脱水；取代燃料燃烧热源烧结预还原及用于竖炉冶炼。

微波加热应用技术是利用被加热物体的极性分子吸收微波特性，把被加热物体的被动加热方式变为主动加热方式，微波加热电热转换效率高、热损失小，是铁合金生产节能减排的重要途径，装备与技术都需积极探索研究。

（3）大型矿热、精炼、贫化设备联动热兑法精炼贫化技术

大型矿热、精炼、贫化设备联动热兑法精炼技术主要包括：联动AOD炉、转炉吹炼技术；联动摇包精炼贫化技术；联动倒包精炼贫化技术。

大型矿热、精炼、贫化设备联动热兑法精炼技术是低能耗、低排放、低成本生产优质铁合金产品的先进技术。

（4）全自动控制铁合金电炉成套工艺与装备技术

全自动控制铁合金电炉成套工艺与装备技术主要包括：铁合金电炉本体自动控制技术；铁合金配料、上料、冶炼生产全过程控制的整个系统自动控制技术；大型化大功率全封闭式电炉；采用电炉节电器节电，采用中压、低压补偿提高电炉变功率因数，计算机控制稳定工艺流程等技术；直流电炉、等离子电炉等设备；两段炉体式电炉设备；配置电炉余热回收装置；配置大型精炼电炉热装炉料装置系统；电炉煤气发电、余热发电；电炉采用空心电极加料设备；各式原料预处理设备；新产品、主要品种工艺与铁合金装备配置的研发及改进。

全自动控制铁合金电炉成套工艺与装备技术的研发及能力是铁合金工业不断创新发展的基础。铁合金电炉自动控制技术是随工艺、装备变动改进而实现铁合金电炉自动化生产、降低人力成本、提高技术经济指标和劳动生产率的必备技术。

4.3.4.4　炭素材料关键技术

加快推广的关键技术

（1）大规格（$\phi \leqslant 700$mm）超高功率石墨电极用原料焦、黏结剂、专用浸渍剂制备及石墨电极快速检测技术

大规格超高功率石墨电极主要应用于大容量、高电流负荷的电弧

炉作导电材料，对产品的强度、消耗等使用性能指标要求较高。影响石墨电极的性能指标的因素有原料性能和生产工艺，原料性能对石墨电极的最终质量起着至关重要的作用。生产大规格超高功率石墨电极的关键是选择优质、适宜的原料，通过对原料性能的系统研究，结合成品的质量要求，研究制定科学的技术配方及各工序适宜温度、压力等工艺控制制度。

生产大规格超高功率石墨电极的主要原料是针状焦，针状焦外观具有明显的纤维状纹理，线膨胀系数低，具有明显的各向异性，其制成的石墨电极电阻率较低，线膨胀系数小，抗热振性能好。生产大规格超高功率石墨电极的黏结剂选用具有较高的残炭率和较好的黏结性能的沥青。要求黏结剂沥青能将炭质骨料及粉料黏结到一起，混捏后形成可塑性糊料的沥青，形成的可塑性糊料在适当温度下易于成型。浸渍用专用浸渍剂采用低喹啉、低黏度的易于浸透到炭质材料孔隙中的沥青。

目前国内钢铁企业使用的 ϕ700mm 以上大规格超高功率石墨电极还主要依赖于进口，国内炭素企业生产的 ϕ700mm 超高功率石墨电极在电弧炉上试验已经取得了成功，产品的使用性能能够满足用户使用要求，已经开始批量供货，但是仍存在问题。因此应加快推广大规格超高功率石墨电极的应用及生产技术，能大量替代进口产品，降低炼钢成本，提高市场占有率，从而提高生产技术水平，增加企业经济效益。

目前对工序产品内部结构缺陷仍采用人工锤检的方式进行判断，这种检查方式受人为因素影响较大，并且无法检查出纵向裂纹废品。

石墨电极质量快速检测技术一直是炭素行业研究探索的课题。国外工业发达国家已有采用超声波、X 射线等无损探伤的检测技术检测石墨电极的结构缺陷。近年来国内炭素企业也在研究超声波、红外线检测探伤等无损探伤技术。这些快速检测技术不但可以大大地提高劳动生产率，还能保证在各工序控制过程中及时发现废品，避免废品进入下一工序，造成生产能力及能源的浪费。因其快速、经济、便捷的特点，具有广阔的推广前景。

(2) 石墨电极表面涂层抗氧化技术

石墨电极是电弧炉炼钢生产中的主要消耗材料之一。石墨电极中气孔率占20% ~30%，在石墨电极表面及内部气孔壁上的碳原子活性较大，在高温下碳原子容易与氧气结合生成一氧化碳或二氧化碳而消耗掉。石墨电极的氧化从450℃开始，超过750℃后随着温度的升高氧化加剧。对于交流电弧炉，由于电流的集肤效应，电极表面温度高于内部温度，并且由于吹氧冶炼，加剧了电极的氧化，电极下部成圆锥形状，冶炼过程中电极不断消耗而变短，需要定期接入新电极。因为冶炼工艺的原因，石墨电极在冶炼过程中的氧化消耗是不可避免的，只能用减少消耗程度来延长电极的使用寿命。

在冶炼过程中石墨电极消耗类型主要是电弧引起的尖端消耗，机械、电磁共振和热膨胀引起的折断消耗以及与氧气接触引起的侧面氧化消耗。其中侧面消耗占石墨电极总消耗的50% ~70%。为了降低石墨电极的氧化消耗，可以采用在石墨电极的侧表面刷涂或喷涂抗氧化涂料的方法，也可以采用抗氧化浸渍剂渗入到石墨电极内部的微孔中的浸渍方法来达到提高石墨电极抗氧化能力的目的。

采用表面涂层和液体氧化剂浸渍，可以在气孔壁的表面形成隔离膜，将碳原子与氧气隔离，减少碳原子与氧气的接触几率，减少碳原子的氧化反应程度，降低石墨电极的氧化消耗。通过采用抗氧化技术，每吨电炉钢的电极净耗减少15% ~30%。对于钢铁企业来说，除了降低了生产成本，而且由于石墨电极寿命延长，石墨电极更换的次数减少，使操作工人的劳动量和危险系数降低，提高了生产效率。

抗氧化涂层石墨电极在国外得到了广泛推广，国内一些石墨电极生产企业也开始对所生产的石墨电极进行抗氧化处理。国内石墨电极生产企业经过多年研发也已经开发出了具有自主知识产权的抗氧化浸渍剂配方，而且价格较国外进口材料有了大幅度的降低。

石墨电极抗氧化技术，不但适用于电弧炼钢炉用石墨电极，也适用于铝电解槽用阴极炭块等石墨化和半石墨化产品。随着冶炼企业对于石墨电极单耗指标要求的不断提高，抗氧化石墨电极的市场需求量将越来越大。加快推进抗氧化石墨电极的生产和使用，能够为企业取得良好的经济效益和社会效益。

（3）高性能碳纤维及其制品生产技术

碳纤维是一种纤维状碳材料，具有强度高、重量轻等特点，它的密度不到钢的1/4，但是抗拉强度是钢的7倍以上，因此力学性能极其优良。在传统领域，碳纤维可用于机械、汽车、压力容器、建筑、家电等行业；在新兴领域，碳纤维可用于航空航天、风电、海洋工程等。

由于碳纤维具有优良的物理化学性能，所以它在军用和民用领域都有着广泛的用途，在相当长的一个时期国外一直对其生产技术、原料、成品等实施禁运。目前虽然国外已经解除了禁运，也开始向我国出口碳纤维，但基本上都是通用级碳纤维，高性能碳纤维生产技术、装备仍然对我国禁运。

我国从20世纪60年代开始研制碳纤维，70年代开始研制碳纤维复合材料，80年代开始研制高性能碳纤维，虽然进展缓慢，但是也取得了一定的成绩。目前国内已经具备了T300级、T400级碳纤维的自有生产技术和生产能力，T700级碳纤维少数企业也可以少量生产，虽然比国际先进水平的T800级、T1000级尚有一定差距，但已经能够在一定程度上满足国内需求。

国内目前在建的、已建成的碳纤维项目很多，原丝生产和碳纤维生产能力都在万吨以上，但是由于部分企业技术不成熟而盲目上马，且受到国产原丝质量的制约，导致目前国产碳纤维的实际产量远远小于产能，国产碳纤维产量仅能满足国内需求的30%，国内市场实际上大量充斥的仍然是从日本、中国台湾地区等进口的碳纤维。

对一些有自有技术、自主开发能力的企业进行有力的扶持，加快推广高性能碳纤维及其制品生产技术，尽快满足国内日益增长的对碳纤维及其制品的需求，具有重大的战略意义。

积极探索、研发、加快工程化的关键技术

（1）≥ϕ800mm超高功率电极生产技术

随着节能减排、低碳经济的加速发展，钢铁冶金行业不断淘汰落后及高能耗装备，电炉容量的不断增大，所用石墨电极规格也越来越大。电弧炉的发展方向是增大容量和提高功率，采用大容量超高功率的冶炼技术,可以提高炉子的热效率,缩短熔化时间,降低吨钢电耗,提高劳动生产率。所以石墨电极自从诞生以来一直就是向着大规格、超高功率方向发展。

目前国外以德国SGL、美国UCAR、日本东海炭素、昭和电工等为代表的炭素企业均已经掌握了ϕ800mm超高功率电极的生产技术,而ϕ800mm超高功率电极国内尚不能生产。

加快研发生产ϕ800mm超高功率石墨电极的技术关键是压型嘴子曲线的设计、技术配方及焙烧升温曲线、石墨化送电曲线的研究确定,首先从装备及工艺技术改进着手研究。

压型嘴曲线的设计主要目的是提高生坯的体积密度及结构均匀程度,避免产品出现结构缺陷,实现易于成型的目的。技术配方的确定包括原料的选择、骨料颗粒的最大粒度及各级粒度组成的确定、黏结剂及添加剂用量的确定。通过研究骨料原料、黏结剂沥青的性能,制定科学合理的压型温度制度、焙烧升温曲线,以及石墨化送电曲线及工艺控制参数。

(2)冶金生产特殊炭素制品生产技术

特种炭素材料是当今工业材料中发展最迅猛的材料之一,不但在我们熟悉的传统工业(石墨电极用在冶金行业)中的使用数量增加,而且其应用已扩展到更广泛的高新科技领域。例如:化工、机械、航天、航空、电子、电化学、通信、核工业、精密机械、生物工程、环境保护、交通运输等领域都使用各种特殊的炭素材料。目前世界上比较大的炭素厂家如尤卡、大湖、西格里、顺克、东海、东洋,都非常重视特种炭素材料的研制及生产,其业务比重远大于传统石墨电极,而且技术先进,能够生产出来直径达1m以上的超细颗粒等静压石墨,其理化指标非常高,有些牌号体密度达到1.9g/cm^{3}以上,能够用于核反应堆等高科技领域。由于国内研制特种炭素材料起步较晚,目前技术水平较低,很多领域的应用还依赖于进口,如核石墨、单晶硅石墨、高品系电火花石墨、光纤用石墨、宇航石墨等。所以特种炭素材料工艺的研究,对我国诸多领域意义重大,能在很多领域摆脱进口的束缚,为国民经济或国防建设做出贡献。

从发展方向看，特种石墨主要是大尺寸产品、细结构产品、等静压产品、三高石墨、高品质模压石墨、特殊领域非标产品等，要从原料、生产装备、工艺等方面进行全方位的研发、摸索，缩短与国外先进企业的差距，并在某些领域能够替代进口产品。

比如等静压石墨是目前应用最广的特种石墨产品，国内虽然也能生产，但是在规格、结构上面与国外存在着较大差距，国内所需的大规格、超细结构产品基本上都是依赖进口。而要解决这个问题，需要提供各向同性的原料、先进的磨粉设备、大压力等静压成型装备，优化升温供电曲线的焙烧、浸渍和石墨化的炉子。

4.3.4.5 冶金石灰关键技术

加快推广的关键技术

(1) 气烧炉窑结构优化、蓄热式预热、烧嘴结构与布置优化的节能生产技术

采用低热值煤气（如纯高炉煤气、转炉煤气）煅烧石灰是我国冶金石灰的创新技术。主要技术有：炉型结构优化（高径比提高）、煤气空气双预热、烧嘴射流加长及多层布置等。目前气烧窑石灰具有活性度高、硫含量低等优点。但需通过上述技术优化，进一步降低能耗，加大推广。

(2) 配料、添加剂、煅烧、温度优化与防水化的高强度活性石灰的生产技术

主要技术有：精选水洗石灰石（除杂质、保证合格粒度等）；适当添加盐类、控制均匀合理的煅烧温度与时间；防止过烧、密封出料系统等。一般情况下，活性石灰的活性度增高强度会下降，容易造成输送过程的石灰粒化，影响使用效果。因此在总图布置上应尽量让石灰窑靠近转炉布置，减少倒运次数，减少破碎率，这也有利于转炉煤气向石灰窑的输送。

(3) 大型竖炉、回转窑石灰生产高效化技术

目前我国大型石灰窑已成为冶金石灰生产的主体设备，而且引进、国产种类繁多，但同类石灰窑炉在生产效率、能耗水平上都有不少差距。主要应抓住优化和推广如下关键技术，即充分重视各类炉窑的原

料配比要求、规范适合各类窑炉特点的操作工艺、加强预热和炉窑保温装备的维护、实行过程计算机自动控制，使所有大型窑炉利用系数达到1t/(m^3·d)。

(4) 石灰生产计算和自动化控制生产技术

我国引进及自主研发的大型气烧窑炉自动化仪表配置水平都比较高，基本上都优于国外同类窑炉，但只有少数窑炉真正实现了计算机全过程的自动化生产过程控制。首先是实现精料（包括石灰石、燃料），并稳定计量供应，其次是逐步建立各生产工序的计算机控制数学模型和操作模型。一般企业的实践已证明，计算机自动化控制技术对提高活性石灰的生产效率、提高石灰质量及降低能耗有重要作用。应加快在所有大型石灰窑炉上的推广应用。

积极探索、研发、加快工程化的关键技术

(1) 新型高效、节能、长寿的冶金石灰窑炉设计、制造核心技术

我国引进了几乎所有世界上最先进的冶金石灰窑炉，早已是冶金石灰窑炉数量和产量最大的国家。但除大型气烧窑和特大型回转窑外，新窑建设中重复引进的情况十分严重。外商同一种窑型几乎都是借鉴在中国的使用情况不断分阶段优化核心装备的供应，而我国则缺少集中进行再创新、全面掌握核心技术、设计新窑型的能力。一些院所和大型钢厂应当是具有这种能力的，应加强对炉型结构、燃烧器性质、热流分布与热交换、炉料运行与炉衬长寿等核心技术的研究，尽快像特大型活性石灰回转窑那样掌握高效、优质、长寿、节能新型冶金石灰窑炉的设计、改进设计核心技术，彻底解决重复引进的问题。

(2) 冶金石灰生产CO_2捕集与高纯度CO_2生产工艺与装备技术

冶金石灰窑炉生产产生大量CO_2（1.5t CO_2/t石灰）。而至今为止很少有回收利用CO_2的企业（宝钢、广钢等曾回收过，向食品工业供应99.99%的CO_2，但都未坚持下来），即使新引进的石灰窑也未配置CO_2回收利用装备，这既不符合环保政策规定，也不利于企业新增效益的要求。应与其他行业合作，积极探索、研发低成本、但CO_2含量波动较大（15%～35%）的石灰窑废气安全回收工艺与装备技术及回收后利用技术（如开发供炼钢厂冶金生产使用的新领域）。

（3）冶金石灰窑余热余能回收利用和低排放的工艺装备技术

目前我国冶金石灰窑余热余能回收利用基本上处于起步阶段，虽然新建特大型回转活性石灰窑已设计余热蒸汽回收和发电装置，但绝大部分石灰窑炉的余热余能回收利用基本上还属于空白。应首先积极优化和推广回转窑的余热回收技术，并规范化操作，大幅度降低能耗最高的回转窑指标；同时大力研发废气动能、热能较低的竖窑的余热余能回收装备与技术并加快实现工程化。

5 冶金装备与自动化

5.3 冶金装备关键技术

5.3.1 炼铁装备关键技术

加快推广的关键技术

(1) 大型烧结、球团和焦化成套装备技术

大型烧结、球团和焦化装备具有产品质量高、能耗低、运行费用低、劳动生产率高、便于集中管理和实现高度自动化等优点，同时可以减少污染源，有利于环境保护。近年来我国烧结、球团和焦化装备在大型化方面取得了显著的成绩，最大烧结机已经达到了660m^2，最大焦炉达到了7.63m。但由于不同地区、不同企业发展不平衡，正处于多层次、不同技术水平装备并存的发展阶段，并且与国际先进水平相比仍存在差距。大型化是冶炼装备发展的大趋势，也是冶炼工艺和机械装备技术进步、社会经济发展的重要标志，有条件的企业应该在新建和改建中加快装备大型化。

(2) 厚料层烧结工艺装备技术

大型烧结机实施厚料层烧结能够提高生产能力，改善烧结矿质量和粒度组成，降低烧结工序能耗，节约生产成本，而且随着料层提高，质量指标也得到改善。技术的主要内容是：在烧结机炉箅上，保持较高的铺料厚度进行烧结的烧结工艺。其中包括：原料品种结构选配技术；蒸汽预热混合料技术；使用生石灰、消石灰、轻烧白云石粉等强化剂的强化烧结技术；提高成球率的混合机和强化造球技术；外滚燃

料技术；优化布料技术；松料器技术；优化鼓风压力和提高风机负压技术。20世纪70年代以来，该工艺在日本、西欧和苏联均得到不断发展。近年来我国厚料层烧结工艺装备技术不断发展，如马钢三铁总厂两台360m^2烧结机，料层设计高度为700mm，经过一系列开发与应用，开创了国内大型烧结机900mm超厚料层均质烧结技术开发与应用的先例，进一步提高了烧结矿质量的均匀稳定性，而且降本增效与节能减排成果显著。

（3）烧结中温烟气余热回收和预热混料装备技术

烧结过程的余热资源主要有成品烧结矿物理热、热返矿物理热、冷却废气热和烧结烟气物理热。热返矿物理热重新返回烧结混合料中，循环参与烧结过程，不计入余热资源中。具体的余热资源包括成品烧结矿物理热、冷却废气热和烟气物理热。对高温烟气宜采用动力回收，低温烟气直接热利用最为经济，而对中温烟气用于动力回收和热利用皆可。

目前已有很多钢铁企业进行了对中温烟气余热发电和制冷的研究。公开资料显示，首钢采用气-汽热管换热器回收烧结机上烟气余热用以产生蒸汽，供给二次混料机预热烧结混合料，实现了烧结系统生产用汽自给有余。

烧结生产的能耗一般占钢能耗的10%～20%，热烧结矿冷却废气显热和烧结烟气显热占烧结过程热耗的50%以上，合理地回收利用这些热能对于节能和提高能源利用率具有重要意义，应加快推广应用。

（4）弱黏性煤制备高强度焦炭（包括捣固焦）的工艺装备技术（略）

（5）烧结球团和焦炉煤气干法脱硫装备技术

烧结球团装备技术从略。

烧结烟气干法脱硫技术以活性炭吸附为典型代表，活性炭法是一种集除尘、脱硫、脱硝与脱除二噁英4种功能于一体的干法脱硫技术。活性炭法的原理是烧结机排出的烟气经旋风除尘器简单除尘后，由主风机排出。烟气经升压鼓风机后送往移动床吸收塔，并在吸收塔入口处添加脱硝所需的氨气。烟气中的SO_x、NO_x在吸收塔内进行反应，生成的硫酸和铵盐被活性炭吸附除去。吸附了硫酸和铵盐的活性炭送入脱离塔，经加热解吸出高浓度 SO_2，用来生产高纯度硫磺（99.95% 以上）或浓硫酸（98% 以上），再生后的活性炭经冷却筛去除杂质后送回吸收塔进行循环使用。活性炭法在进行烟气处理过程中烟气温度并没有下降，故无需再对处理后的烟气加热来进行排放，这有别于其他脱硫技术。活性炭法具有脱除污染物功能强、占地面积小、副产物可利用、不产生二次污染等许多优点。

（6）大型高炉高风温、高煤比、长寿化、高效化成套设备技术

大型高炉高风温、高煤比、长寿、高效化技术是炼铁技术的综合体现，包括合理炉型设计、装备、施工建造、合理炉料结构、稳定的原燃料供应和稳定高炉操作等。

大型高炉高风温、高煤比、长寿化成套设备包括：高炉炉型的优化设计、软水密闭循环冷却系统、合理炉缸内衬结构、第三代冷却壁及铜冷却壁、薄壁内衬、自动化检测和炉体维护等高炉综合技术。我国近年来随着炼铁技术不断进步在高炉成套设备高效化技术方面取得了显著进步。如宝钢 3 号高炉一代炉役期达到 19 年，单位炉容产铁达 1.57 万吨，平均喷煤比为 169.52kg，煤气利用率达 50%，吨铁综合能耗 404.27kgce，一代炉役平均利用系数达到 2.27t/(m^3 · d)，为长寿高炉最高水平，真正体现出了高效长寿。首钢京唐 5500m^3 高炉设计是按照循环经济理念和动态精准设计体系设计的新一代特大型高炉，设计中集成采用了当今国际炼铁技术领域的 60 多项先进技术，其中包括高炉精料和炉料分布控制技术、高炉综合长寿技术、合理炉型、纯水密闭循环冷却、铜冷却壁、薄壁内衬结构等高炉长寿综合技术，高炉设计寿命为 25 年。

积极探索、研发、加快工程化的关键技术

（1）高炉利用社会废弃物的装备技术

在循环经济社会中钢铁企业除了具有冶金材料的制造功能外，还具有能源转换功能和某些社会废弃物（废塑料、废轮胎、垃圾焚烧、冶金企业有害粉尘等）的消纳功能。早在 20 世纪 90 年代，德国、日本等国家已经开始大规模利用高炉处理城市固体废弃物。近年来，国内的科研单位在国外技术的基础上也开展了相关技术的研究和开发，

并积累了丰富的经验。此项技术的重要意义在于不仅扩大了废弃物资源化利用途径，同时充分发挥了钢铁企业对社会废弃物的强大消化和接纳功能，提高了高炉的利用系数。

（2）消化掌握引进的COREX-3000后再创新的非高炉炼铁成套装备技术

技术的主要内容：COREX工艺是目前应用最为广泛的熔融还原炼铁工艺。由于可以直接使用非炼焦煤生产铁水，COREX大大降低了对优质炼焦煤的依赖，这成为COREX与高炉相比在资源上的主要技术优势。

COREX工艺是一种炼铁前沿技术，可以使用铁矿和非焦煤生产出优质铁水，在成本、操作和环保等方面具有明显的优点。随着COREX-3000设备的设计并达到实际应用，必将进一步显示规模经济效益的优越性，而将COREX技术与薄板坯连铸连轧组成全新流程的紧凑连续型绿色钢厂更具有广阔的前景。

（3）转底炉等非高炉炼铁成套装备技术

转底炉（Rotary Hearth Furnace，简称RHF）工艺是一种煤基快速直接还原技术，主体设备转底炉由轧钢使用的环形加热炉演变而来，是一个平坦、内有耐火材料衬的可以转动的环形高温窑炉。转底炉关键装备技术内容包括：转底炉本体结构的优化设计；布料、出料设备技术；还原产品处理设备技术；能源的合理利用技术。

从20世纪80年代起，我国对转底炉直接还原进行了大量研究，并先后在舞阳、鞍山等地建成多座实验装置或中试生产装置。近年来，用于复合矿综合利用（如四川龙蟒、攀枝花）、含锌粉尘利用（如莱钢、马钢、沙钢）、生产预还原炉料（如山西翼城、天津荣程）的多座转底炉相继投入生产。

转底炉可以在铁精矿的煤基直接还原、钒钛磁铁矿的冶炼和含锌粉尘的回收利用三方面发挥独特作用。

（4）富氧（全氧）高炉炼铁配套装备技术（略）

（5）探索研究新型还原反应器成套装备技术和非高炉炼铁工艺装备技术

非高炉炼铁是指除高炉炼铁以外的其他还原铁矿石的方法。非高炉炼铁可归纳为两大类：直接还原法和熔融还原法，都是炼铁冶金技术中的新工艺。直接还原是以非焦煤为能源，在不熔化、不造渣的条件下，原料保持原有物理形态，铁的氧化物经还原获得以金属铁为主要成分的固态产品的技术方法。目前商业应用的直接还原反应器有煤基（隧道窑、回转窑、转底炉）和气基（流化床、竖炉）两大类。熔融还原炼铁技术是近代钢铁工业的前沿技术，它是以富铁矿或球团矿与煤燃烧后还原成铁水的工艺，俗称无焦炼铁，包括 COREX、DIOS、HIsmelt、Romelt 和 FINEX 等工艺技术。非高炉炼铁在技术成熟程度、可靠性和生产能力等诸方面还不能与高炉炼铁相比，需进一步研究探索。

（6）炭化室高度≥8m 的特大型焦炉成套装备技术（略）

5.3.2 炼钢装备关键技术

加快推广的关键技术

（1）新一代钢铁流程“一罐到底”、“分步三脱”冶炼成套装备技术

新一代钢铁流程的基本特征是优化单元操作。首先对铁水脱硫，然后在第一座转炉对低温铁水进行快速、有效的脱硅、脱磷，在第二座转炉进行少渣快速脱碳，并保持钢液中较低的氧含量，实现铁水“全三脱”处理。新一代钢铁生产流程重视炼铁-炼钢界面技术，其中的“一罐到底”技术是指同一铁水罐承载铁水完成运输全过程，包括铁水的承接、运输、铁水预处理、转炉兑铁水等。与常规工艺相比，新工艺的总渣料和钢铁料消耗明显降低，且能大大提高转炉作业率。

因为冶炼周期缩短、供氧强度增加而带来转炉炉型的精细化设计、氧枪寿命和控制系统的改进、烟气回收装置精细设计、基于动态性能研究基础上的转炉倾动机构的设计以及适应“一罐到底”（铁水包热负荷时间变长）的铁水包设计、铁水包快速周转、铁水包装入量精确控制、铁水包加盖和高效的扒渣机等技术。目前我国新一代钢铁流程之铁水-钢水洁净冶炼技术在国内一些企业已经成功运用，但在与之配套的成套装备方面还存在较大上升空间，其装备也有待进一步发展。

新一代钢铁流程之铁水-钢水洁净冶炼成套装备技术应在我国得到推广，并能提高炼钢生产过程的经济效益。

(2) 大型超高功率电炉成套装备技术

目前，工业发达国家特别是欧洲和日本等主流电弧炉容量为80～150t，并有增至150～200t的趋势，世界上现有最大炉容达400t。中国的电炉炉容也在向大型化发展，50t及以上电炉产能成为中国电炉钢生产的主体设备，但是100t及以上大电炉产能所占比例偏低。

我国还需要进一步发展大型电炉成套装备，具体需要在超高功率电弧炉供电系统（包括大功率电炉变压器、电极自动调节器）、电炉水冷炉壁、废钢余热装置等电炉主体设备以及供氧设备、炉料上料装置、余热回收等电炉辅助装置等方面进一步开展系统研究；同时，对于大型电炉成套装备而言，还需要在智能化电弧炉方面（包括电弧炉钢水温度终点预报模型、电弧炉漏水监控模型以及IEAF动态控制技术）进行深入研究，发展我国具有自主知识产权的大型电炉成套装备。

近年来国内电炉制造技术取得了较大进步，国内100t高阻抗高功率电弧炉的成功研发和生产应用，说明国产化的大容量电弧炉装备技术性能先进可靠。同时，我国在引进消化吸收国外先进技术的基础上，已成功实施了电弧炉优化供电技术，开发了电弧炉热装部分铁水冶炼新技术、以氮代氩全程底吹技术（除极低氮钢种外）、低氮短流程炼钢生产技术以及终点控制等新技术。大型电炉成套装备技术的研究，将进一步提升我国开发具有自主知识产权的大型电炉成套装备的水平。大型电炉成套装备技术应在我国得到推广，并能提高电炉炼钢生产过程的经济效益。

(3) 机械真空泵系统RH、VD、VOD成套装备技术

炉外精炼已被世界绝大多数的钢铁厂采用，炉外精炼工艺与设备得到迅速普及。目前炉外精炼技术在我国是发展最迅速的冶金技术之一。应该在注重机械真空泵系统RH、VD、VOD成套装备能力的大型化、设计的精细化的基础上，进一步提高装备的可靠性、自动化和智能化。

通常炉外精炼可以分为两类，一类是在常压下进行冶金反应的基

本精炼设备，如LF等；另一类是在真空下完成冶金反应的特种精炼设备，如RH、VD、VOD等。目前，我国钢水精炼系统工艺和装备技术可基本立足国内，尤其是我国已经掌握了自主设计、制造、安装、调试大型炉外精炼设备（如300tRH、230tVD和LF钢包精炼炉）的能力。世界上第一台机械真空泵系统RH在重钢投产，我国第一台机械真空泵系统VD也已在包钢投产，并在国内市场的竞争中占绝对优势。

在蒸汽动力能源不足的钢厂，RH、VD、VOD成套装备技术中机械真空泵系统将逐渐占据国内主要市场，并能提高炼钢生产过程的经济效益。

(4) 大型转炉的装备长寿化技术和自动化技术

我国转炉（特别是中、小型转炉）的平均寿命比较短，与国外大型转炉相比寿命差距较大，导致更换转炉设备费用和停修时间的增加；大型转炉的装备长寿化技术和自动化技术在我国还存在较大的上升空间。大型转炉的装备长寿化技术主要包括炉型的合理设计、炉壳材料的合理选择、炉口与炉身冷却方式改进、炉壳与托圈连接装置更新等。在自主研发大型转炉设备长寿化技术的同时，还应进一步加强国内转炉炼钢装备的自主创新与自主集成能力，开发具有自主知识产权的炼钢工艺装备，加速实现设备大型化、冶炼高效化、标准化、绿色化，大力发展大中型转炉；研究开发转炉全自动吹炼无人操作等先进的控制技术，实现生产过程自动化、工艺控制智能化和生产调度信息化，实现“一键式”自动炼钢。大型转炉的装备长寿化技术和自动化技术应在我国得到推广，并能提高转炉炼钢生产过程的经济效益。

(5) 高效的电炉炉壁冷却装备技术

随着电弧炉冶炼强度的增加，对电炉炉壁的水冷要求越来越高。传统电炉多采用水冷炉壁强化水冷及挂渣达到保护炉壁的目的，这与国外先进的长寿节能水冷壁（比功率水平可高达1.4MV·A/t）差距较大，先进的节能炉壁比传统炉壁的热流密度平均值降低约10%。因此，高效的电炉炉壁冷却装备技术还存在较大的上升空间，有待进一步发展。需要研发的新型节能炉壁不但能有效减小热流密度峰值，延长炉壁使用寿命，而且应该有效避免出现重大安全问题和造成较长时间的停机。高效的电炉炉壁冷却装备技术应在电炉上得到推广，并能提高电炉炼钢生产过程的经济效益。

（6）电炉集束氧枪与烟气余热回收装备技术

目前我国已具有集束氧枪技术装备的自主知识产权，能够自己研发、制造、提供各种炉壁、炉门氧枪和碳枪（天然气），供氧强度达到2000～3000m^3/h，单枪功率达到2～3MW，满足了需要大量脱碳的电炉炼钢操作要求，而且冶炼电耗大幅度下降，电炉生产速率大大提高。但集束氧枪等先进工艺技术的推广程度和速度不够理想。近年来，烟气余热回收装备技术在我国得到广泛的研究和应用，但与国外先进技术和设备相比，还存在较大上升空间，有待进一步发展。电炉集束氧枪就是利用气体力学原理，在传统氧枪上加上了伴随流系统，使氧气射流衰减速度大大放慢，形成类似于激光束的氧气射流。为了使喷嘴中心的主氧气流保持聚合状态流吹向熔池，必须在主氧流外加一层高温低密度的燃气流对主氧气流形成封套，使其难以吸卷周围的空气，从而减缓氧气射流的衰减速度，使喷射的主氧气流不会扩散，这样主氧气流就能在较长的距离上聚合在一起，提高了氧气的利用率。同时，需要开发具有自主知识产权的节能减排和环保设备（如炉闭罩冶炼、煤气回收和干法除尘等），为争取实现转炉工序负能炼钢提供技术保障，实现炼钢厂零排放、无公害化生产。电炉集束氧枪技术装备应在国内得到进一步的推广，同时，相应的烟气余热回收装备技术也应在国内得到迅速发展和推广使用，并提高电炉炼钢厂的经济效益。

积极探索、研发、加快工程化的关键技术

（1）继续探索以转炉或电炉技术为基础的连续炼钢装备技术

为了贯彻落实科学发展观及走新型工业化道路，中国要建设新一代可循环的钢铁流程，使之兼具优质钢材生产、高效能源转化及消纳社会废弃物三项基本功能。因此，为配合全连续转炉炼钢技术、电炉连续炼钢技术的研发，需要继续探索以转炉或电炉技术为基础的连续炼钢装备。

5.3.3 连铸装备关键技术

加快推广的关键技术

(1) 薄板坯连铸连轧成套装备技术

薄板坯连铸连轧技术因众多的单位参与研究开发，形成了各具特色的薄板坯连铸连轧生产工艺，如 CSP、ISP、FTSR、CONROLL、QSP、TSP、CPR 等，其中推广应用最多的是 CSP 工艺。我国主要有鞍钢集成创新的 ASP 技术。但在自主知识产权的薄板坯连铸结晶器、远程控制铸坯在线动态压下扇形段装备方面还与国际先进技术存在较大差距。薄板坯连铸连轧是一项生产热轧板卷的结构紧凑的短流程工艺，具有生产周期短、能耗低等优点。主要包括薄板坯连铸结晶器装备技术、远程控制铸坯在线动态压下扇形段装备技术、薄（超薄）板坯连铸的高速与超高速化技术、无头（半无头）轧制技术。该技术可显著提高板带生产过程经济效益，取代部分冷轧产品的市场应积极推广和研究。

(2) 铸坯动态压下装备技术

以压缩铸坯厚度为目的的动态轻压下装备技术已在多条薄板坯连铸生产线上得到应用，包括引进的 CSP、ISP、FTSR、CONROLL 以及我国鞍钢集成创新的 ASP 技术等。以改善铸坯内部质量为目的的凝固末端轻压下技术已成为新建板坯连铸机的基本配置。方坯（矩形坯）连铸动态轻压下则主要在合金钢连铸上得到了较广泛的应用。但在线、快速、精确获得凝固末端位置的困难仍是当前制约凝固末端动态轻压下技术应用的最大瓶颈。铸坯动态压下装备技术又分以压缩铸坯厚度为目的的动态轻压下装备技术以及以改善铸坯内部质量为目的的凝固末端动态轻压下装备技术两种。前者是薄板坯连铸连轧工艺的核心之一，后者则在板坯连铸及方坯（矩形坯）连铸上都可以应用。主要包括动态压下扇形段装备技术、凝固末端位置在线检测技术、动态压下工艺制度、方坯（矩形坯）连铸动态轻压下压下辊辊型技术。高速（超高速）、近终形超薄板坯连铸连轧可获得高内部质量的连铸坯。应积极推广和研究。

(3) 连铸用电磁搅拌、电磁制动成套装备技术

连铸用电磁技术主要包括电磁约束、制动、电磁搅拌、流动控制、电脉冲孕育形核等，具体应用包括水口电磁约束、结晶器电磁约束、多级多部位电磁搅拌等。电磁技术是连铸过程改善铸坯质量的最主要手段之一，也是高质量连铸突破钢种限制的重要措施。目前还存在模式较单一的问题，应在多段、多模式电磁技术共用，以及电磁技术与轻压下技术结合方面进一步发展。该技术可提高连铸坯的内部品质。应积极推广和研究。

(4) 特大圆坯连铸装备技术

特大圆坯连铸作为极端截面尺寸连铸的代表主要以特殊钢生产为主，一方面大断面铸坯因在后续轧制工序中可以提供足够大的压缩比而成为保障最终产品质量的重要手段，另一方面极端截面尺寸连铸又可以为大型特需零件的加工制造提供毛坯，在一定程度上代替传统大铸锭工艺或电渣熔铸工艺。主要包括特大断面结晶器总成技术、特大断面连铸电磁技术、特大断面连铸多点矫直技术、特大断面圆坯立式连铸技术。目前我国在特大圆坯连铸装备产业化方面已取得重大成果，但在铸坯断面尺寸、铸坯内部质量的保证、矫直缺陷的防止及装备矫直能力的提高等方面还存在较大上升空间，立式特大圆坯连铸装备也有待进一步发展。特大圆坯连铸生产可满足特殊钢（如滚珠用轴承钢）的高品质、高性能要求，代替大铸锭工艺或电渣熔铸工艺为大型特需零件的加工制造提供毛坯。应积极推广和研究。

积极探索、研发、加快工程化的关键技术

(1) 薄带铸轧成套装备技术

薄带铸轧技术是一种节能高效型新技术，将连续铸造、轧制、甚至热处理等串联为一体，铸出毫米级的薄带坯，经在线轧制后一次性形成工业产品。完全省略板坯加热和热轧过程，具有节能、高效的显著优点。薄带连铸技术工艺方案因结晶器的不同而分为辊式、带式与辊带式等，其中研究最多、进展最快、最具发展前途的当属双辊薄带连铸技术。双辊薄带连铸成套装备技术的核心在于侧封装备与技术，以及高耐磨、具有良好热行为、可有效防止黏着的铸辊成套装备。总

体来说薄带铸轧还处于研究阶段，产业化进程还有待装备上的突破。其中最具代表性的双辊薄带连铸就因受到结晶辊寿命和成本、侧封装备工作可靠性及使用寿命成本的限制，而造成产业化进程缓慢。我国宝钢薄带连铸目前处于试生产阶段，与国际先进水平相比还存在较大差距。应积极探索和研究。

(2) 多种金属多层复合连铸工艺装备技术

多（双）层金属复合材料是我国急需发展的新材料，多（双）金属材料的连续铸造法生产具有生产效率高、节能与降低生产成本的优点。目前，在研的金属复合连铸技术较多，主要包括双结晶器连续铸造法、电磁制动双金属连铸法、诺威力复合铸造法、水平电磁法复合钢坯连铸技术（LMF）、反向凝固连铸技术、充芯连铸法 CFC 等。目前在研的多（双）层金属复合连铸工艺技术一般都因设备复杂、操作困难而难以规模化工业生产。应积极探索和研究。

(3) 异形坯连铸装备技术

异形坯连铸是近终形连铸的另一个重要领域，包括工字形异形坯连铸及其他截面形状的异形坯连铸。主要内容包括：异形坯连铸的注入装备（水口）技术、异形坯连铸的结晶器总成技术、异形坯连铸辊列支撑装备技术、工字形异形坯连铸的在线轻压下装备技术、非工字形异形坯连铸成套装备技术等。工字形异形坯连铸装备已能立足国内设计制造，但受水口及结晶器技术的限制，异形坯连铸的薄壁化技术一直进展缓慢。在线轻压下装置可以显著改变铸坯的断面尺寸，实现异形坯的薄壁与近终形化，但目前这方面的装备研制国内外还属于空白。除工字截面外，管坯等其他截面连铸在有色金属领域已多有应用，但钢的连铸方面仍处于研究阶段，鲜有产业化实例。应积极探索和研究。

(4) 磁约束结晶器、中间包感应加热等成套装备技术

磁约束结晶器又称软接触结晶器，它将高频电磁场透过结构特殊的结晶器，作用到结晶器内的液态金属上，有使铸坯表面及内部质量都得到显著改善的作用。其主要内容有：软接触结晶器技术，包括合适的结构形式与结晶器材料；软接触磁场施加技术。中间包感应加热

是借助中间包的感应加热装置，使浇铸期间钢水的温度保持恒定，从而改善大截面连铸坯内部质量的一种技术，是实现低过热恒温浇铸和进一步提升中间包冶金效果的基础。其成套装备技术的主要内容包括加热器装备技术、加热器冷却技术、感应通道技术。国内国际的研究已经证实了磁约束结晶器技术改善铸坯质量的效果，但其产业化还有待技术上的突破，电磁场改善铸坯表面质量的机理也有待定量研究。另外，由电磁连铸技术可能引发的无弯月面电磁连铸技术、结晶器无振动电磁连铸技术等也值得关注，应用上还存在较大的提升空间。中间包通道式感应加热技术目前已成功应用于工业生产，但该技术的推广与应用一直受到受感应加热设备的安装位置、冷却方式的合理性、现有中间包平台空间的有限性等因素的制约，另外，避免钢水局部过热现象以及箍缩效应负作用等也是中间包感应加热技术应用中应该克服的问题。应积极探索和研究。

5.3.4 轧制装备关键技术

5.3.4.1 板带热轧装备关键技术

加快推广的关键技术

(1) 基于超快冷的控轧控冷装备技术

新一代控轧控冷（TMCP）技术是控制轧制与控制冷却技术的集成和发展，其中用于控制热轧钢材轧后的冷却条件进而控制奥氏体组织状态、相变条件及碳化物析出行为以实现控制相变后钢的组织和性能的可控快速冷却设备是该项系统技术的关键环节。该技术主要包括：高效节水、冷速连续可调技术；冷却路径精确控制技术；采用细晶强化、析出强化和相变强化的综合强化技术；冷却均匀及板形平直控制技术；在线热处理技术。

国外，比利时的 CRM 率先开发了超快速冷却（UFC）系统，可以对 4mm 的热轧带钢实现 400℃/s 的超快速冷却；日本的 JFE 开发的 Super OLAC 系统，可以对 3mm 的热轧带钢实现 700℃/s 的超快速冷却。国内，采用超快冷技术的有鞍钢中厚板厂、首秦中厚板厂、涟源 2250mm 热连轧板厂等。

基于超快冷的控轧控冷设备技术不仅对新厂建设，而且对老厂改造也较适用，能显著提高钢铁生产过程经济效益。

（2）超高强度钢板带高效热轧与精整装备技术

技术包括：30 ~ 50MN 强力矫直机；变辊距矫直装备与技术；矫直辊弯辊装备与技术；液压压下装备与技术；张力矫直装备与技术；预应力框架结构设计；矫直辊位置独立调节；矫直自动化系统和工艺模型。

现阶段，第三代矫直机已取代第二代矫直机成为高强钢矫直的主流设备配置，例如 2005 年 SMSD 与沈重合作的宝钢辊式热矫直机、冷矫直机；2006 年 VIA 与太重合作的沙钢辊式热矫直机。近年来，国内重型设备制造厂尝试在消化国外技术的基础上独立制造第三代辊式矫直机。从已投入使用的情况看，与国外技术相比仍然存在一定的差距。

该技术可提高超高强度带钢板形质量，为进一步提高产品强度提供条件。

（3）2250mm 以下宽带钢热轧成套装备技术

技术包括：连铸坯热送热装和直接轧制装备技术；高速重载高刚度（纵向和横向）粗轧机型与高速大压下装备技术；兼具凸度控制、边缘降控制和磨损控制的热轧板形控制核心关键装备技术；新一代大型板材热连轧机机型多种板形控制方法和功能装置的融合集成效应与在线装备柔性再制造和系统耦合技术；中间坯保温调温装备技术；低温轧制技术；表面质量检测与控制技术；大功率高强度的卷取机技术。

目前我国大型热轧机热送热装综合节能技术已达到国际先进水平，但直接轧制装备技术差距明显。高刚度粗轧机、板形控制核心技术、保温调温装备技术、表面质量检测等关键装备技术已取得突破，在世界上轧制能力最大、轧制宽度最大的 2250mm 热连轧机，电工钢累计产量最大的 1700mm 热连轧机等大型骨干轧机的高端板材生产上开始进行工程化应用，取得显著应用效果，但宽带热轧全过程全服役周期的集成设计、在线柔性制造和系统耦合技术尚缺乏集成设计制造研究和全面成套推广应用，在线装备高效节约型制造提升空间大。

今后应开发具有自主知识产权的新一代大型板材热连轧机机型与

板形控制关键共性装备技术；在轧制单位扩大10%、生产成本降低5%以上的条件下，实现电工钢、汽车板、不锈钢、高端家电用钢、高端船板等高端板带材的高效节约型柔性制造，进一步提高板带材的实物质量、成材率和利用率。

（4）板坯调宽侧压成套装备技术

技术包括：定宽压力机的机械结构设计与优化、定宽压力机的同步控制技术、定宽压力机的运动轨迹控制技术、定宽压力机的振动和噪声抑制技术。

定宽压力机已成为现代热轧带钢生产中的一项重要新技术，是用来替代立辊轧机对板坯进行侧压以达到调宽目的的重要新设备。在国外该技术已比较成熟，新日铁大分厂由此大大提高了热连轧生产能力。我国宝钢1580mm和鞍钢1780mm及武钢2250mm等生产线已引进投产。

今后应研发出具有我国自主知识产权的板坯调宽侧压成套装备技术；主要技术经济指标达到国际先进水平，如最大侧压力达到26MN，最大减宽量达到350mm（厚板250mm）和侧压效率达到45次/min。

（5）薄板坯连铸半无头轧制相关装备技术

技术包括：薄板坯连铸半无头轧制用飞剪、高速穿带装置以及地下卷取机装备技术；设置在末架轧机和飞剪之间，确保近距离卷取温度的带钢快速冷却系统技术；薄规格半无头轧制的动态变规格FGC装备与控制技术；特殊设计的轧机主传动系统技术；半无头轧制支撑辊和工作辊技术；半无头轧制工艺润滑技术。

目前国内已基本掌握薄板坯连铸半无头轧制相关生产技术，涟源薄板坯连铸连轧厂等少数工厂已能成功采用半无头轧制工艺生产超薄带钢，但仍需进一步促进相关技术的应用与推广，实现薄板坯连铸半无头轧制的长期稳定生产。

推广该技术将实现宽幅极薄规格带钢产品高效、高精度、高质量稳定生产；实现薄板坯连铸半无头轧制关键装备技术工程化应用；降低半无头轧制的废品率和设备故障率，提高收得率和生产率3%以上。

（6）超耐磨轧辊技术

技术包括：高速钢轧辊技术；ASR非对称自补偿轧制关键装备技

术;高速钢轧辊工程应用技术;降低轧制负荷、减磨的润滑轧制系统;在线磨辊技术;多种控制方法或装置组合应用的融合集成效应与集成设计方法。

目前国内外主要热轧厂均已开始使用辊缝润滑技术,精轧上游机架开始广泛采用高速钢轧辊技术,但磨损更严重的精轧下游机架恶劣条件下的高速钢轧辊工程应用难度大、进展较慢,兼具凸度控制和磨损控制能力的ASR非对称自补偿轧制关键装备技术已在大型工业骨干轧机进行了百万吨级规模工业应用,成功解决了工作辊严重不均匀箱型磨损带来的板形质量控制关键难题,但多种控制方法或装置组合应用的融合集成效应与集成设计方法仍需进一步研究、应用与推广。

今后应研发具有自主知识产权的轧制过程极端服役条件下的磨损控制关键装备技术,进一步提高板带产品质量,延长轧辊服役期,降低生产运行成本。

积极探索、研发、加快工程化的关键技术

(1) 连铸坯无头轧制关键装备技术

技术包括:消除两个钢坯的位置误差,实现运动的连铸坯完全对中的钢坯对中装备技术;以闪光对焊或者热挤压焊合为代表的连铸坯连接关键装备技术。

连铸坯无头轧制技术中的难点是连铸坯的连接问题,即要在非常短的时间内将运动的连铸坯连接起来。多年来,连铸坯的连接技术一直是工程界研究的重要课题,也相继开发出许多的连接技术,包括搭接轧制连接、平接轧制、MIG焊接、激光焊接、切割机械接口连接、还原性气体加热焊、直接通电流焊接、电磁感应焊接和闪光对接焊接等。在这些方法中,以闪光对焊作为最为实用、高效的连接手段,被国内外钢铁企业应用于生产实践之中。1996年3月,世界上第一套采用感应对焊技术的工业化带钢无头轧制生产线在日本川崎制钢公司千叶厂3号热连轧机上正式投入运行;1997年浦项和日立公司联合着手开始研制采用剪切、焊接工艺,进行中间坯连接的带钢无头轧制新工艺并取得成功。无头轧制总的说来在生产实践中应用的时间还不长,采用的厂家有限,属于一项正在发展、有着广阔发展前景的工艺技术。

应在引进国外先进的无头轧制技术的同时积极探索和研发具有我国自主知识产权的闪光焊机及连铸坯无头轧制技术，从而显著提高生产能力、减少堆钢事故、增加金属收得率、提高产品质量、降低生产成本等。

（2）探索宽带钢热连轧机组的新型强力高效（如异步）轧制工艺装备技术

技术的主要内容包括：新一代热连轧机高效节能轧机机型在线集成设计与板形控制高效强化成套装备技术；通过上下轧辊半径不同（异径异步轧制技术）或二者转动角速度不同（同径异步轧制）实现的异步轧制技术；上下辊具有相同的辊径与转速，但依靠两者摩擦系数不同来实现的异步轧制技术。

非对称自补偿工作辊、变接触支撑辊、高速钢辊、润滑轧制、工作辊液压窜辊系统和强力弯辊系统等关键技术均已在大型骨干工业轧机上进行了规模工业应用验证并取得明显效果，但还需通过各种技术手段的主动优化和选择搭配合理结合形式与融合集成效应，促进新一代热连轧机多种技术模块协同和板形控制功能强化，形成宽幅薄板热连轧机极端制造全过程全服役周期系统集成设计的工艺装备技术。

异步轧制作为强力高效的塑性变形方法的一种，可使轧件在较低的温度下实现预定的变形量，为实现低温铁素体轧制创造条件，避免两相区轧制容易出现的混晶及带状组织等缺陷。该方法的应用研究仍处在起步阶段。

今后应提高大型板带材装备的高可靠性，实现高精度钢铁材料的高效率生产、减量化和节约型柔性制造和高端板带材的绿色制造，以显著提供带钢板形质量和轧机生产率，扩大轧制单位，增强薄规格电工钢、高强钢等品种轧制能力和柔性化生产能力，并有效增强多种技术模块协同效应、提高产品质量和降低生产成本。

（3）探索热连轧机组振动抑制通用技术和机电液耦合动态优化设计技术

技术的主要内容包括：近 20 年来引进和国产化的现代热连轧机，在轧制薄规格带钢时普遍出现非设备故障的严重振动现象，其振动基频一般为 35 ~ 80Hz 之间，从而降低了产品表面质量和轧辊在线使用寿命并威胁轧机的安全生产，造成断带、堆钢和零部件损坏等事故，成为20年来国内外热连轧机生产薄规格产品的瓶颈。目前的初步研究成果已形成诸如干预过程控制信号值、电参数信号滤波或改变相位、调整系统阻尼和刚度等若干振动抑制技术。下一步急需从轧机的机-电-液-界系统耦合振动角度出发，研究在设计时就要综合考虑机-电-液-界耦合关系的动力学并行设计与匹配问题，形成一套成熟的热连轧机振动抑制通用技术和机-电-液-界动态优化并行设计技术。

目前研究提出的若干项热连轧机振动抑制技术已在国内多家企业应用并取得良好效果，由国内学者提出的大型热连轧机组系统解耦设计理论与技术正在用于新轧机的设计。

今后期望研制出一种抑制轧机振动的通用技术,以解决热连轧机的耦合振动问题,形成完整的热连轧机机-电-液-界耦合动态优化并行设计技术。

5.3.4.2　板带冷轧装备关键技术

加快推广的关键技术

(1) 板形(平坦度、边降)综合控制技术

板带材是钢铁行业的主干产品，良好的板形（平坦度、边降）不仅是用户的永恒要求，也是带材在各条连续生产线上顺利通行的需要。

板形综合控制技术的主要内容包括：平坦度、边降在线检测技术；平坦度、边降前馈控制模型及其解耦控制技术；平坦度、边降闭环反馈控制模型及其解耦控制技术。应用该技术可提高平坦度与边降控制精度，减少带钢切头、切尾、切边量，提高成材率。

目前带钢平坦度、边降的综合控制技术主要应用在硅钢、镀锡板等对边降要求较高的产品上，通过工作辊窜辊对边降进行控制，同时调节工作辊弯辊以补偿工作辊窜辊对带钢平坦度的影响，以实现平坦度与边降的解耦。

(2) 新型轧辊冷却与辊缝控制润滑装备技术

技术的主要内容包括：轧辊分段冷却技术；轧辊液氮冷却技术。该技术可提高轧辊的冷却效率，提高带钢板形质量和表面质量，延长轧辊使用寿命。

目前轧辊分段冷却技术的实验与探索结果已大量应用，能更有效

地控制轧辊凸度，使钢板表面质量获得改善，提高轧机的板形控制能力。生产实际证明分段冷却控制技术已经成为宽薄板轧制中板形控制的最重要手段之一。而采用液氮替代乳化液对轧辊进行冷却也在国外进行了生产应用。

（3） 无磨损（超耐磨）轧辊技术（略）

积极探索、研发、加快工程化的关键技术

（1） 研制多种能场辅助、超大压下量冷轧机工艺装备技术

技术的主要内容包括：热能、电能、电磁波场能等多种能场辅助的超大压下量冷轧技术；在线时效降低加工硬化的技术。该技术可替代退火-二次冷轧工艺流程；提高冷轧轧硬卷的塑性成型性能；提高冷轧带钢的“明板形”和“潜板形”质量。

现阶段，国内外钢铁企业主要通过退火-二次冷轧工艺实现超大压下量冷轧生产。但是，此工艺路线需要增加专用的二次冷轧设备和相应的生产流程，增大了企业生产成本。针对多能场辅助的超大压下量冷轧机工艺和装备技术，目前尚处于技术探索研究阶段。

（2） 带钢表面形貌控制技术

表面粗糙度是冷轧带钢表面形貌的重要质量指标，可以通过在线实时检测与动态控制保证轧后带钢表面粗糙度满足要求。冷轧钢板表面形貌不仅对成型件外观光亮度及涂漆性能有影响，而且对冲压成型性能及成型过程也有重要影响，而轧辊表面的毛化工艺是获得理想板面形貌的关键。

技术的主要内容包括：轧辊表面形貌制备及控制技术（电火花毛化、激光毛化表面镀铬等）；轧制过程带钢表面形貌调控技术，轧机出口带钢表面粗糙度高速测量技术。该技术可提高带钢表面形貌质量；提高冷轧过程带钢表面形貌控制能力，为实现带钢表面形貌的动态控制提供基础。

现阶段，国内外钢铁企业普遍采用电火花毛化技术代替传统的喷丸毛化技术，在降低毛化成本的同时，辊面粗糙度的控制水平得到了显著提高。但是其形貌的耐久性无明显提高。电子束毛化和激光毛化技术与镀铬相结合目前仍处于主流。现阶段，已有国外多家钢铁生产

企业对该技术进行研发，目前制约该技术应用的“瓶颈”问题有以下两个方面：1）如何实现粗糙度的在线高速、高精度检测；2）如何协调表面粗糙度控制与厚度控制和板形控制。

（3）冷连轧机高速轧制机械振动抑制通用技术和机电液耦合动态优化设计技术

技术的主要内容包括：半个多世纪以来，冷连轧机在高速轧制薄规格带钢时频繁出现“幽灵式”振动现象，导致轧辊和带钢表面出现振痕，振动中心频率一般在100～300Hz之间，不仅影响带钢的表面质量、降低轧辊的在线使用寿命，而且也威胁冷连轧机的安全生产，甚至造成断带和堆钢等事故，成为一直困扰国内外冷连轧机高速轧制薄规格产品的障碍。

多年的研究成果已形成诸如采用调节轧制乳化液的浓度或添加剂、改变轧制速度等措施使振动得到缓解的抑振技术。进一步研究急需从轧机的机-电-液-界系统耦合振动角度出发，探讨在设计时就要综合考虑机-电-液-界耦合关系的动力学匹配等问题，以形成一套成熟的冷连轧机振动抑制通用技术和机-电-液-界动态优化并行设计技术。

目前已有的冷连轧机振动抑制技术已在国内多家企业应用并取得初步效果。今后应研制出一种抑制轧机振动的通用技术，以解决冷连轧机“幽灵式”耦合振动问题，形成比较完整的冷连轧机机-电-液-界耦合动态优化并行设计技术，该成果也可推广到平整机和光整机上应用。

5.3.4.3 中厚板轧制装备关键技术

加快推广的关键技术

（1）特宽和特厚板轧机及板形控制技术

技术的主要内容包括：重载高刚度（纵向和横向）轧机机型与强力高效大轧制力、大轧制力矩和大功率传动装备技术；强力高效立辊轧机装备与技术；高效可变凸度板形控制技术及强力弯辊板形控制技术；具有淬火功能、动态调节范围大的加速冷却系统；多功能强力矫直机装配技术；高效在线自动超声波探伤技术。

特宽和特厚板轧机有“轧机之王”的称号，主要用于轧制4m以上大型军用坦克、装甲、航母、舰艇钢板，高压力容器和高压力管线用钢，海洋平台、核电工业用特种钢板等。特宽和特厚板轧机制造体系复杂庞大、精度要求高，装备制造集成和板形控制的难度极大。

应开发具有自主知识产权的新一代特宽和特厚板强力高效轧机装配及配套板形控制技术，满足用户对超宽超厚钢板在尺寸精度和强度方面的需求；自主研发的成套技术装备主要产品技术经济指标达到国际先进水平。

(2) 钢板头尾翘曲控制技术

技术的主要内容包括：依据对钢板弯曲机理研究，通过采用适当的上下辊速差来控制钢板翘曲度的大小，从而消除和抑制钢板的翘曲。所需要的速差在每个道次轧制开始之前通过上下辊主传动控制系统来自动调节，轧制时上下辊速差被迫趋于同步使钢板翘曲得到了控制。因此，为了抑制钢板翘曲，投入在线抑制翘曲控制系统。该系统由三个部分构成，即用来计算钢板翘曲的图像处理部分、上下辊速差最佳值预报部分和速差实施执行部分。

目前抑制钢板翘曲的主要方法有：配辊、空转速差、轧制线高度等。翘头的多样性使抑制效果受到影响，呈现多变性，因此需要寻求一种自动控制钢板翘头的通用技术。

积极探索、研发、加快工程化的关键技术

(1) 钢板坯高效表面除鳞装备技术

技术的主要内容包括：现有高压水除鳞节能技术；机械破鳞与磨料水射流耦合高效除鳞技术。该技术可大幅提高除净率，并同时提高钢板表面质量。

目前高压水除鳞技术已经广泛使用，但其除鳞效果仍不能满足需要。另外，高压纯水射流除鳞技术还存在能耗高、能源利用率低、一次投入费用大、除锈等级不高等多方面缺点。磨料水射流除鳞系统是近年来发展起来的一种新的除鳞方法，正在研究发展中。

5.3.4.4 带钢轧后处理装备关键技术

加快推广的关键技术

(1) 带钢激光焊接装备技术

激光焊接是将高强度的激光束辐射至连接金属表面，使金属熔化实现带钢的连接。具体包括以下多项关键设备与技术：新型高频直流激光器，保证激光焊接功率的恒定；精确的带钢对中装备及控制系统，保证带钢中心和机组中心一致；在激光焊接头前后安装中频感应加热装置，实现带钢的预热和退火处理，消除带钢焊接残余应力，改善焊接接头的组织和性能；焊接质量监测系统对接预平整度、焊中背面光透度、焊后焊缝表面粗糙度等方面监测和判断带钢焊接质量是否合格。

现阶段，国内的激光焊接设备技术仍然无法满足带钢生产的需要。国外开展带钢激光焊接装备技术较早，技术已经较为成熟。近年来，在带钢冷轧及轧后处理线上，激光焊接装备正在加速取代传统的闪光对焊设备。相对于闪光焊机来说，激光焊机在焊接钢种及焊接钢种厚度范围、能源消耗、生产环境方面均有较大优势，特别是保证焊接的可靠性，焊缝的质量具有明显的优势，也是目前被众多厂家优先选择的机型。

（2）大型立式活套和连续炉内带钢稳定运行控制的装备技术

技术的主要内容包括：连续退火炉内机械式纠偏装置和带钢无接触电磁稳定装备。该技术可提高机组的通板速度和可靠性；减少带钢边部破损以及表面划伤、避免炉内带钢张力不均引起的各类瓢曲和翘曲缺陷、提高锌层厚度控制精度和均匀性、提高工艺速度。现阶段，国内外新建及改建大型连续退火/热浸镀机组普遍配备了炉内机械式纠偏辊，但是，尚未完全配备对中检测及控制系统，因此实际纠偏能力及控制效果存在一定差异。目前，国内外多家企业及研究机构对带钢无接触电磁稳定装备进行研发并逐步进行工业试验，SMS与Foen开发的DEMCO带钢稳定系统自2007年起，已经在多家企业连续热浸镀线投入使用。

（3）气刀装备技术

技术的主要内容包括：气刀刀唇形状和间隙设计；气刀压力控制系统；气刀与钢带间距控制系统；气刀角度控制；气刀与锌液面的距离控制；锌层厚度控制系统；边部过镀锌控制设备。该技术可提高锌层厚度精度和均匀性，减少锌合金使用量，提高工艺速度。

多年来，国外气刀制造商不断改进气刀，形成方登、奥钢联、杜玛、柯勒等著名专业厂商，每家气刀各有特色。总的发展方向是能自动跟踪带钢，使气刀与带钢保持稳定距离；气刀可整体组装调整，喷嘴区域可实现压力恒定的动态控制；双唇回转气刀；更佳的刀唇间隙曲线；设置遥控气动快速刀唇清理装置；设置气刀水平方向快、慢速打开及准确复位系统；采用氮气作为气刀工作介质。

(4) 无沉没辊涂层工艺装备技术

技术的主要内容包括：带钢悬浮传送热浸镀装备及技术和锌锅-电磁封流锌锅装备及技术。该技术可提高带钢表面质量，缩短锌锅维护时间，提高镀锌速度，减少浮渣种类和数量。

国内上海宝钢技术中心已建立了国内第一个电磁封流实验室，开展了电磁封流技术的原理性研究。国外，三菱重工在试验线上成功地进行了带钢悬浮传送装置试验；西马克与奥地利热镀锌板厂家 Wuppermann 合作建成了基于行波磁场封流技术 CVGL 无沉没辊热浸镀生产线，可生产窄规格镀锌、镀锌铝带钢。

(5) 钢材表面氧化铁皮的直接还原除鳞工艺装备技术

关于钢材表面氧化铁皮的直接还原除鳞装备技术主要内容包括：新的除鳞工艺处理设备由加热段、反应段和冷却段三段构成，并附带钢卷进口和出口站。带钢连续通过时，通过控制气氛来除去带钢表面的氧化铁皮。主要技术有：均匀加热技术；气体混合均匀技术；均匀冷却技术；钢材表面氧化铁皮机械除净技术。采用新的酸洗工艺不仅可减少环境污染，而且可大幅度降低生产成本。

Danieli Wean United 公司开发了一种无酸酸洗新工艺，基于试验工厂的操作结果，Danieli Wean United 公司预测，采用新工艺酰洗后的带钢清洁度将远好于传统的酸洗工艺。2001 年 4 月，新工艺已应用于 Ispadue 厂，可处理的热轧带钢厚 1.2 ~4.0mm、宽 610 ~1550mm。

关于磨料水射流无酸机械除鳞装备技术主要内容包括：磨料水射流除鳞系统是近年来发展起来的一种新的除鳞方法，磨料水射流是磨料与高速流动的水互相混合而形成的液固两相介质射流。主要技术有：机械破鳞技术；磨料均匀供料技术；水与磨料均匀混合技术；专用磨料水射流喷嘴布置技术。

国内外进行高压水喷砂除鳞技术的应用研究已有多年，在供砂技术、砂水分离、除鳞喷嘴等方面取得长足进步，在线材、棒材及钢管除鳞中应用较成功。但由于此方法除鳞的速度较低，还不能与冷轧和冷拔机组的速度匹配，限制了高压水喷砂除鳞的推广与应用。国内在热轧带钢除鳞方面的研究已取得初步成果，可以满足非供冷轧带钢的除鳞。

需进一步研究提高除鳞效果及效率，替代供冷轧带钢的除鳞，包括特钢带、复合金属带等的除鳞。替代酸洗，实现节能绿色生产。

积极探索、研发、加快工程化的关键技术

（1）绿色环保均匀带钢表面金属镀层工艺装备新技术

带钢真空镀膜与传统的热浸镀相比带钢镀膜质量好、可选择的镀膜材料多而不受材料熔点限制、工艺灵活改变品种方便、镀膜厚度易于控制、镀膜材料利用率高、环境污染小。20世纪90年代以来，连续真空镀膜技术有了很大发展，尤其是高功率电子束枪等高速蒸发技术的研发，使得这项技术又重新受到以蒂森克虏伯钢铁公司为代表的世界各大钢铁公司的关注，建立了多条中试线。浦项计划建造工业化生产线。当前，真空镀膜技术正受到空前的重视，并被认为是创新型的表面镀膜工艺和连续带钢镀膜技术。

技术包括：真空镀膜技术是在真空下进行镀膜的技术的总称，主要包括物理气相沉积和化学气相沉积两大类，其中物理气相沉积又可分为蒸发、溅射、离子镀等，化学气相沉积又可分为等离子化学气相沉积、激光化学气相沉积等。作为连续带钢的镀膜工艺，真空镀膜技术主要包括真空镀膜前处理技术（等离子前处理、溅射刻蚀前处理、电弧增强等离子刻蚀）和连续带钢真空镀膜技术（热蒸发镀膜技术、电子束蒸发、磁控溅射）。

（2）绿色环保均匀带钢表面功能覆膜涂层工艺装备新技术

近年来，实现后续覆膜涂层工序与镀锌工序的连续化生产是降低涂镀过程能耗及有害物质排放的重要发展方向。技术的主要内容包括：镀-涂连续生产工艺及装备；带钢近红外（NIR）干燥技术（利用电磁辐射将涂层加热到270℃）；无铬预处理。

蒂森克虏伯公司将电镀锌和有机薄膜相结合，建立了多功能镀-涂连续生产线。生产线的最大加工速度可达120m/min。此举可将涂镀一卷带钢所需的加工时间从以前的几天缩短到现在的1h以内。在带钢涂层区，带钢可实现单面或双面薄膜处理，经过薄膜涂层后的带钢主要用于汽车车身，薄膜可保证其持久的耐腐蚀性能，减少汽车制造商所采取的二次防腐措施。涂层由环氧树脂漆和锌粉组成，前者可提高其防腐性能，而后者可保证带钢的焊接性。

应用该技术将减少带钢镀锌和涂层过程的能耗，降低有害物质排放，提高产品质量。

5.3.4.5 管型棒线轧制装备关键技术

加快推广的关键技术

(1) 热轧 H 型钢形状与尺寸精度控制装备技术

热轧 H 型钢形状与尺寸精度控制装备技术包括：异形坯孔型轧制与共用技术：使用和产品形状相似的工字形异形坯来轧制 H 型钢是十分合理的，它可以大大减少轧制道次和产品中心偏移缺陷；万能轧机小张力连轧控制技术：研发了小张力调整报警、小张力修正、轧边机速度修正等模块，使轧边机工作电流控制在 50% 左右，波形稳定，保证了生产的高效化和产品质量的稳定性；腹板偏心控制技术和优化锯切技术。目前，我国 H 型钢生产设备的核心技术已达到或基本达到国际先进水平。如马钢研发了叠孔轧制、无孔型控宽、轧边机浅槽控宽等多项技术，形成了核心技术诀窍。

(2) 棒材无槽轧制装备技术

棒材无槽轧制装备技术包括：导卫防歪扭脱方技术；轧机间距可调技术。棒材无槽轧制装备技术可提高生产效率，降低生产成本；可使辊身的有效利用率提高到 80% ~90%，每个轧制部位的轧制量可比有孔型轧制提高 1.5 ~2 倍，使轧辊使用寿命提高 3 ~5 倍。

无槽轧制只需改变辊缝即可调整轧件的断面尺寸，且轧件受力简化、变形均匀，能减少轧件开裂和翘皮，改善轧材表面质量，对不同坯料和轧制规格适应性很强。与传统轧制方法相比无槽轧制具有节约能源、有利于表面更新、轧件变形均匀、轧辊利用率高、轧辊修复简化、提高轧机的生产能力、降低劳动强度、减少生产成本等优点，经济效益明显。新疆八一钢铁有限公司经过近 10 年的试验和研究，于 2005 年 11 月成功开发出棒材的全连续无槽轧制技术。

（3）条（型棒线）材低温倍尺飞剪、大断面飞剪、高速飞剪的剪切装备技术

条（型棒线）材低温倍尺飞剪、大断面飞剪、高速飞剪的剪切装备技术作为推广技术，其中包括：大剪切力技术，能够剪切表面温度低至250℃轧件；大断面剪切技术；连续、高速剪切技术。

大棒材、大中型H型钢、异形坯的剪切难度大，需要大断面、大开口度飞剪，目前大多采用进口产品。高速线材终轧速度提高，需要采用连续式飞剪，刀盘带有大功率伺服电机控制导向槽，目前此类飞剪大多采用进口产品。采用控轧控冷工艺生产高强度棒材，需要低温倍尺飞剪，并且要求剪切力大（剪切表面温度低、大断面轧件）及剪切速度高。

积极探索、研发、加快工程化的关键技术

（1）棒线材全连续无头轧制工艺装备技术

棒材无头轧制，主要是通过焊接等方式生产出无头长坯，然后对长坯进行连续轧制。棒材无头轧制装备技术包括：钢坯头尾除鳞技术；钢坯端面几何形状及端头结合（焊接）技术；钢坯对中技术；钢坯焊口的毛刺清理技术；钢坯的保温与温度的均化技术；系统相关装置的冷却技术。

意大利达涅利公司开发成功铸轧型无头轧制技术，并用在位于意大利乌迪内ABS公司的年产50万吨特殊钢线棒材工业性生产厂中。连铸坯焊接型无头轧制技术自从1998年3月在日本东京高松厂问世以来，有了快速的发展，在泰国、马来西亚、墨西哥等长材生产厂都得到采用。我国第一家采用该技术的是唐山钢铁集团公司棒材厂，新疆八一钢铁有限公司和湖南涟源钢铁公司也随即采用了该项技术。日本大和钢公司在东部事业所开发成功中间坯焊接型无头轧制技术。

5.3.4.6　板带在线热处理装备关键技术

加快推广的关键技术

（1）新型钢材超快速均匀加热和冷却装备技术

超快冷和超快速加热技术是在线热处理系统的关键技术。通过将超强加速冷却与电磁感应加热技术相结合，可实现钢材超快速均匀加热和冷却装备技术。主要包括：大功率加热、均热技术；高效节水的

超快冷，冷速连续可调技术；冷却路径精确控制技术；冷却均匀及板形平直技术。

现有钢材制备过程中，加热方式主要为燃烧气体、油等介质加热，加热速度较慢、设备庞大，并且涉及排放问题，对环境污染较大。在线大功率感应加热可以在线对钢材均匀超快加热，以解决目前热钢材加热速度较慢、加热不均等根本性问题。

新型钢材超快速均匀加热和冷却装备技术在国内得到推广，可大大提高钢板在线热处理经济效益。

积极探索、研发、加快工程化的关键技术

（1）钢材在线弱冷装备技术

钢材在线弱冷装备技术包括：冷却速率控制技术；均匀冷却控制技术；全板冷却目标温度控制技术。

模具生产技术是衡量一个国家产品制造水平高低的主要标志之一，目前国产模具国内市场占有率不足80%，我国已成为进口国外模具的世界第一大国。预硬塑料模具钢是模具钢发展的重点。由于模具钢在线淬火控冷技术具有重大节能效果，且具有提高材料质量、简化加工工序、加快供货周期和减少环境污染的优点，模具钢在线淬火（特别是厚度大于60mm的扁钢）技术成为模具钢生产技术开发的重点。

由于塑料模具钢（如P20、718）淬火要求的冷却速率低，冷却过快很容易造成模具钢淬裂，所以在线弱冷技术装备成为预硬塑料模具钢的首选。舞钢气雾弱冷技术装备已成功应用于常化炉后多种材料（包括模具钢）钢板生产，东特集团大连特殊钢有限责任公司模具钢在线预硬化装备已投入生产，P20、718等多种预硬模具钢已经调试成功，应加快推广和工程化。

（2）在线调温加热（感应加热）装备技术

钢材在轧制过程后，由于温度分布不均匀或温度过低，导致钢材控冷时无法保证控冷或淬火的均匀性，或者无法进行控冷。在线大功率感应加热可以在线对板带均温或加热补温，以解决目前热钢材控冷不均根本性问题。在线大功率感应加热技术，由于功率大、防护等问题，需要取得关键技术突破。其中包括：感应加热电源多类型、多规格、系列化；均匀加热控制技术；效率高、损耗小、高效节能、低污染的“绿色”电源产品将是21世纪的主流产品；智能化、可靠性技术。

日本JFE公司已成功开发中厚板在线超快冷 + 在线热处理（Super OLAC + HOP）技术，利用在线大功率感应加热实现对中厚板在线回火。我国应加快研究和工程化。

5.6 冶金自动化关键技术

5.6.1 设备控制系统关键技术

加快推广的关键技术

（1）基于图像处理的检测技术

图像处理（Image Processing）是指用计算机对图像进行分析，以达到所需结果的技术。图像处理一般指数字图像处理。数字图像是指用数字摄像机、扫描仪等设备经过采样和数字化得到的一个大的二维数组，该数组的元素称为像素，其值为一整数，称为灰度值。图像处理技术的主要内容包括图像压缩，增强和复原，匹配、描述和识别3个部分。常见的处理有图像数字化、图像编码、图像增强、图像复原、图像分割和图像分析等。

冶金生产过程中关键变量和产品质量无法直接测量，可通过视频检测出图像信号，或用多点传感器检测出空间分布信号，然后用计算机图像处理、模式识别、数学模型、特征提取等技术从图像信号或空间分布信号中获取直接冶金生产过程中关键变量和产品质量的间接信号。典型应用包括高炉布料检测、钢水成分激光诱导分析、钢坯或钢材内部缺陷和表面质量检测、钢坯坯号图像识别与自动读取、冶金炉窑火焰图像用于燃烧控制等。

（2）多信息数据融合技术

冶金设备的自动控制系统中涉及多种状态参量和控制参量，多信息数据融合技术是实现冶金设备智能控制的重要手段之一。该技术可满足冶金设备控制系统中多变量的状态监测需要，提高对关键控制参数的智能预测与分析水平。技术主要包括：1）多通道数据的高速同步采集技术；2）跨平台海量异构数据的存储和查询分析技术；3）面向领域知识的数据挖掘与智能查询技术；4）状态变量时间序列的特征提取与趋势预测技术；5）状态空间的模式识别与智能推理技术。

（3）多传感器数据融合技术和智能软测量技术

随着系统的复杂性日益提高，依靠单个传感器对物理量进行监测显然限制颇多。因此在检测系统中使用多传感器技术进行多种特征量的监测（如振动、温度、压力、流量等），并对这些传感器的信息进行融合，以提高检测的准确性和可靠性。

软测量的基本思想是把自动控制理论与生产过程知识有机地结合起来，应用计算机技术对难以测量或者暂时不能测量的重要变量，选择另外一些容易测量的变量，通过构成某种数学关系来推断或者估计，以软件来替代硬件的功能。应用软测量技术实现钢水成分、钢水温度、钢材性能等在线预报不但经济可靠，而且响应迅速，便于达到对产品质量的动态控制。

软测量技术主要由辅助变量的选择、数据采集与处理、软测量模型几部分组成。软测量建模是软测量技术的关键和难点，主要方法有机理建模、实验建模及二者结合建模方法。机理建模的优点是可以充分利用已知的过程知识，从事物的本质认识外部特征，使用范围较大，但是对于某些复杂的过程难以建模。经验建模是通过实测或依据积累的操作数据，用数学回归方法、神经网络方法得到经验模型，其优缺点与机理建模正好相反。机理建模与经验建模相结合可兼有二者长处，互补其短。

多传感器数据融合技术和智能软测量技术可用于铁水成分、钢水成分、铁水温度、钢水温度、钢坯质量、轧制温度、钢材性能等在线预报，为工艺过程闭环控制提供前馈或反馈信息，不但经济可靠，而且响应迅速，便于对生产成本和产品质量的动态控制。

（4）微观精细检测技术和恶劣环境检测技术（略）

（5）检测装置的可靠性和环境适应性技术

钢铁企业检测环境对检测装置运行有各种影响，如冶炼工序的高温、粉尘、腐蚀影响，电炉、热轧、冷轧的电磁干扰，检测对象如煤气、烟气等成分混杂等，对检测装置的可靠性和环境适应性提出了很高的要求。检测装置的可靠性和环境适应性技术包括两方面内容：一是提升检测装置抗干扰能力，如电磁兼容技术等；二是检测装置的保护和检测对象的预处理，如高温环境下的冷却技术，煤气、烟气等清洗、冷却处理技术等。

(6) 高性能控制器软硬件技术

大型自动化系统具有超大规模、超高速运行、超强耦合的特点，对控制系统的计算速度和处理能力提出了极高的要求，钢铁企业越来越多地采用复杂控制系统实现产能、能效、排放、成本的多目标优化，对控制系统的控制功能提出了极高的要求。无论是PLC、DCS还是IPC（工业PC）都不能从计算速度、功能的复杂性、安全性方面全方位满足上述要求，需要采用高性能控制器来应对这一挑战。德国西门子公司（TDC）、法国阿尔斯通公司（LOGIDYN D）、美国GE公司（INNOVATION）等开展了这方面的研发工作。主要技术特点包括：安全级系统体系结构；多CPU协同计算、高速数据总线、超高速IO；高速工业以太网，多种现场总线接口；实时多任务操作系统、实时数据库；在线测试与诊断；强大的先进控制算法固件（Firmware）：智能控制算法（支撑矢量机等）、复杂过程建模和预测控制；全面支持IEC61131-3编程组态等。

(7) 大功率高性能交直交变频技术

大功率高性能交直交变频器应用于工业生产的动力系统中，如风机、水泵变频调速，节能效果相当显著；交直交变频调速系统具有输出频率高、输入功率因数高、无需无功补偿等优点，应用于大型冷、热连轧精轧机主传动系统中具有更为显著的节能效果。

大功率高性能交直交变频技术主要包括：1）大功率高性能交直交变流器主回路拓扑技术。主要有三电平交直交变流器电路拓扑理论、IGCT器件应用技术、箝位吸收理论以及大功率变流器装置结构技术如绝缘、散热、母线技术等。2）大功率高性能交直交变流器保护技术。由于大功率变流器系统中电压、电流都比较大，器件和系统容易遭到破坏，合理、完善的保护技术可以保证大功率变流器的运行安全。3）大功率高性能交直交变流器控制技术。变流器控制技术是变流器良好性能的重要保证，其决定了变流器的低频性能、谐波问题、效率问题、静态性能、动态性能等，提高系统效率、减小谐波、降低损耗对大功率调速系统尤为重要。

（8）设备远程监测与近程遥测关键技术

由于生产工艺的特点，冶金设备数量大、分布区域广，且包含大量旋转和移动的装备，设备远程监测与近程遥测技术是提高设备科学管理水平的重要手段之一。主要技术包括：1）基于无线传感器网络的设备状态远程监测技术；2）基于分布式架构和多类型访问终端的跨平台设备状态远程监测技术；3）基于工业物联网技术的冶金设备智能传感器技术；4）基于组态技术的设备状态监测平台构建技术；5）面向回转/移动设备遥测系统供电需求的能量捕获与转换技术；6）强电磁环境下测试系统的抗干扰技术。

推广此项技术可提高冶金企业设备科学管理的信息化与智能化水平，提高冶金设备使用寿命，保障冶金设备工作精度。

积极探索、研发、加快工程化的关键技术

（1）探索环保自动化检测和在线监控技术

环保自动化监测和在线监控技术是钢铁企业绿色生产的监测和支撑技术。主要包括钢铁企业污染源监测和钢铁企业环境监测。

钢铁企业污染源监测：钢铁企业的烟气排放口、污水排水口等重点污染源监测技术，如烟气排放中的烟（粉）尘与 SO_2 浓度和排放量的在线监测，废水的排放量、COD 和石油类的浓度和排放量的在线监测和预测；烟气排放中的氟化物、二噁英、氮氧化物、盐酸雾、铬酸雾、硫酸雾、碱雾等气体浓度的在线监测和预测；废水中重金属、硫化物、氟化物、氨氮等的在线监测和预测；钢铁企业 CO_2 排放的在线监测和预测。

钢铁企业环境监测：钢铁企业厂区和周边区域的空气、地表水和地下水、土壤等环境污染监测技术，包括环境监测点部署策略、环境监测物联网建设、环境监测平台搭建、环境监测信息网络发布。主要监测内容包括：空气质量监测要求的 SO_2、NO_x 和总悬浮颗粒物的浓度；水质监测要求的 pH 值、COD 值、氨氮浓度等；土壤监测要求的 pH 值和重金属浓度等；厂界噪声监测。

（2）探索精准测量的动态误差在线补偿技术（略）

5.6.2 过程控制系统关键技术

加快推广的关键技术

（1）过程自动化软件开发工具和建模平台技术

过程自动化软件开发工具和建模平台是针对冶炼、连铸、轧钢等工艺过程的过程控制和模型应用的软件支撑工具。利用统计回归技术、支撑矢量机技术、PLS 建模技术、PCR 建模技术、神经网络技术、专家系统技术和数据挖掘方法建立复杂工业生产过程的模型，并通过组合建模技术将多个模型集成，形成更加灵活、更加健壮的复杂生产过程的综合模型。所有的系统功能只需点击几下鼠标即可完成，无需编程，并配有大量使用操作提示，用户无需对所用方法有很深的了解即可正确地使用。

（2）冶金过程智能控制平台技术

对许多复杂的系统，难以建立有效的数学模型和用常规的控制理论去进行定量计算和分析，而必须采用定量方法与定性方法相结合的控制方式。定量方法与定性方法相结合的目的是，要由机器用类似于人的智慧和经验来引导求解过程。为了完成这些任务，需要采用符号信息处理、启发式程序设计、知识表示、自动推理和决策等有关技术。这些问题求解过程与人脑的思维过程有一定的相似性，即具有一定程度的“智能”。目前冶金过程智能控制平台技术可支撑专家控制、模糊控制、神经网络控制等。

专家控制可以看成是对一个“控制专家”在解决控制问题或进行控制操作时的思路、方法、经验、策略的模拟。控制专家在完成控制任务时主要进行三件工作：观察、检测系统中的有关变量和状态；运用自己的知识和经验判断当前系统运行的情况并分析比较各种可以采用的控制策略；选择控制策略予以执行。这三个基本功能体现在专家控制器的信息处理特征提取、推理机和控制规则集三个基本模块中，构成了最基本的专家控制器。

模糊控制是用语言归纳操作人员的控制策略，运用语言变量和模糊集合理论形成控制算法的一种控制。模糊控制不需要建立控制对象精确的数学模型，只要求把现场操作人员的经验和数据总结成较完善的语言控制规则，因此它能克服对象的不确定性、不精确性、噪声以及非线性、时变性、时滞等影响。系统的鲁棒性强，尤其适用于非线性、时变、滞后系统的控制。

神经网络控制也称为基于连接机制的智能控制。神经网络是用来模拟脑神经的结构和思维、判断等脑功能的一种信息处理系统。神经网络控制有很强的自学习和自组织能力，能进行在线或离线的学习，有很强的处理非线性问题的能力，能逼近任意的非线性函数，因而适于处理那些难以用模型或规则描述的过程或系统。

目前，已有一些商用智能控制技术平台，今后应结合钢铁行业特点，开发针对性强、界面友好且便于与现有控制系统通信的智能控制技术平台，除支撑专家控制、模糊控制、神经网络控制等通用算法外，还应包括常用炼铁、炼钢、连铸、热轧、冷轧等冶金工序的建模、优化、自学习算法，且通过组态方式实现冶金智能控制系统的开发。

（3）GIS、GPS、无线通讯网络技术

通过把 GIS（地理信息系统）、GPS（全球定位系统）和无线通讯网络技术相结合，可以进行钢铁企业物质流、能量流的全程监控和精细化管理，降低企业运行成本。如通过监控原料供应和消耗情况、铁水和钢水周转情况、钢坯和钢材库存情况，实现供应链物流动态管理；通过建立能源管网 GIS 系统，实现能源设备预测维护和高效运行管理。

（4）高炉过程多维可视化和操作优化技术

高炉过程多维可视化和操作优化技术是指利用计算机仿真技术和检测技术的发展，通过激光测定炉料的落下轨迹、炉顶煤气流可视装置、风口可视装置等，计算机对检测数据进行采集、整理，配合高炉数学模型进行仿真计算，将高炉内部生产过程的变化以三维图像的形式展示出来，便于操作人员及时发现炉况异常并进行调整，有利于高炉的稳定顺行。

（5）铁水、钢水温度连续检测和闭环智能控制技术

目前铁水温度、钢水温度都是通过热电偶进行测量的，无法得到其连续变化结果。连续检测的目的是通过与铁水温度、钢水温度相关变量建立数学模型，连续预测温度变化，并通过操作变量智能控制技术在线闭环控制铁水温度、钢水温度的变化，满足工艺要求。目前奥钢联、日本 JFE 正在开发相关技术，并进行了工业试验。

（6）铸坯凝固过程多维可视化和质量在线判定技术

结晶器与铸坯传热及凝固状态的在线监测和调控，对于促进高效连铸技术发展具有重要意义。铸坯凝固过程可视化是基于连铸结晶器实测的瞬态温度数据，在对结晶器与铸坯传热行为进行反问题计算的基础上，开发的二维、三维的结晶器传热可视化方法，为准确把握和控制结晶器传热与铸坯凝固过程提供支持。

铸坯质量在线判定是指根据在线检测到的连铸过程变量进行特征分析判断，结合专家对铸坯缺陷判断的经验和知识，对铸坯质量进行预报。铸坯质量在线判定技术包括：收集专家判断各种缺陷产生的知识、经验，建立专家系统，形成铸坯缺陷特征库；用这些知识、经验与现实的生产状况进行对比，给出每一节铸坯缺陷信息并纳入缺陷判断的自动化系统；对一段时间的判定结果与实测结果进行对比，进行自学习，不断完善和丰富专家系统和铸坯缺陷特征库。

（7）冷、热连轧工艺模型和优化控制技术（略）

参见《指南》第4章“工艺技术”4.3.3 节“轧钢关键技术”。

（8）满足钢材品种要求的在线动态高精度轧制温度/尺寸控制技术（略）

参见《指南》第4章“工艺技术”4.3.3 节“轧钢关键技术”。

（9）轧制产品的性能预报技术（略）

参见《指南》第4章“工艺技术”4.3.3 节“轧钢关键技术”。

积极探索、研发、加快工程化的关键技术

(1) 探索铁水、钢水成分和纯净度以及连铸坯力学性能、微观组织的连续测量、直接测定与闭环智能控制技术（略）

(2) 纳米级 MEMS（微机电系统）控制设备技术

MEMS 是微机电系统（Micro-Electro-Mechanical Systems）的缩写。它是在融合多种微细加工技术，并应用现代信息技术的最新成果的基础上发展起来的高科技前沿技术。完整的 MEMS 是由微传感器、微执行器、信号处理和控制电路、通讯接口和电源等部件组成的一体化的微型器件系统。其目标是把信息的获取、处理和执行集成在一起，组成具有多功能的微型系统，集成于大尺寸系统中，从而大幅度地提高系统的自动化、智能化和可靠性水平。

微机电系统 MEMS 是一种全新的必须同时考虑多种物理场混合作用的研发领域，相对于传统的机械，它们的尺寸更小，最大的不超过 1cm，甚至仅仅为几个微米，其厚度就更加微小。采用与集成电路（IC）类似的生成技术，可大量利用 IC 生产中的成熟技术、工艺，进行大批量、低成本生产，使性价比相对于传统“机械”制造技术大幅度提高。

(3) 基于应力、应变和凝固过程模型的连铸优化控制技术（略）

(4) 基于轧制工艺-组织-性能模型的质量闭环控制技术

基于轧制工艺-组织-性能模型的质量闭环控制技术可以适用于带钢的冷轧、热轧及板/管/棒/线/型材的热轧等多种轧制生产过程的质量控制，提高轧制生产过程的产品质量与成材率。技术主要包括：1）板带、管/棒/线/型材等轧制过程中材料组织的在线检测技术；2）板带、管/棒/线/型材等表面质量的在线检测技术；3）板带、管/棒/线/型材等产品力学性能的在线检测技术；4）基于轧制工艺-组织-性能模型的产品质量建模与预测控制技术。

(5) 工业机器人技术、全自动冶炼和轧制技术

从 20 世纪 80 年代开始到现在，机器人在钢铁工业得到一定的应用，但相对于汽车制造等行业，数量还不多。主要原因是钢铁工业的各工序很复杂，设备又处于高温、高热、多粉尘的环境，以及产品形

状不固定、重量大等，因此实现机器人化难度较大，机器人所承受的负荷也相当大。在高炉炼铁、转炉和电炉炼钢、连铸和轧制等工序中，都已有机器人在使用，目的是改善操作人员的工作环境和减轻劳动强度。钢铁生产中机器人的操作内容包括：1）安装、装配、搬运操作；2）喷码、打印、贴标签操作；3）清扫、整理、扒渣操作；4）测温取样操作；5）钢铁样品自动处理；6）炉、包、罐等的耐热检测和维修操作。国际上对机器人在钢铁工业中的应用也不断重视起来。欧洲钢铁技术平台（ESTEP）在2006年的策略研究日程中提出，作为最优先的短期和中期任务之一，从软件和硬件上定制开发用于钢厂的工业机器人，应用的一个方面是替换危险区域（比如液态钢铁）的人员。

全自动冶炼和轧制是利用工业机器人技术，与现有冶炼、轧制过程自动控制系统结合，最大化减少现场操作人员。其目标实现是一长期过程，需要很多条件的配合，如原料和工艺过程尽量减少波动、设备运行和维护水平提升、自动化系统智能化水平不断提升等。

目前，国内在“一键式”自动炼钢方面有成功应用，今后需把工艺机理、统计分析与智能控制结合，综合考虑并不断适应各种异常因素影响，提升现有自动控制水平，逐步开发全自动炼铁、全自动轧钢系统。

（6）全工序集成协调优化控制技术

全工序集成协调优化控制技术包括两方面内容：一是从流程角度考虑炼铁与炼钢、炼钢与轧钢界面优化技术；二是从工序角度考虑各工艺过程间的协调优化。

以炼铁为例，目前国内外已有许多针对烧结、焦化、高炉炼铁过程优化的研究，建立了各具特色的数学模型，但是这些研究中大多关注各工序独自的优化，很少从整个炼铁系统角度进行综合优化，存在以下问题：烧结、焦化、高炉等工序分别进行了物料、能源的优化，没有进行物料、能源的多目标综合优化；烧结、焦化配料优化中仅着眼于化学成分的约束，没有与高炉高效运行对烧结矿、焦炭质量要求结合起来；各工序追求自身能效高，没有从炼铁系统整体能效高的角度进行优化；生产计划组织很多基于各工位生产能力的静态匹配，很少结合烧结、焦化间歇生产过程特点与高炉连续生产过程的特点进行动态有序衔接，实现“烧结、焦化、高炉”工艺过程的整体动态调度优化。因此需要把烧结、焦化、高炉炼铁过程整体考虑，考虑上下游物质流、能量流、排放流动态变化及全局影响因素，进行原料、燃料综合成本优化，以及炼铁系统协调有序调度。

目前全工序集成协调优化控制技术仅限于生产计划调度层次，主要考虑各工序产能稳态匹配。今后应从工艺操作制度设定值的实时优化层次，综合考虑生产产量、质量、节能降耗因素，开发炼铁工序烧结、焦化、高炉之间协调优化控制技术，炼钢工序转炉、精炼、连铸之间协调优化控制技术，轧钢工序加热炉、热轧、冷轧、后续处理之间协调优化控制技术，并从全流程角度开发炼铁与炼钢界面优化控制、炼钢与轧钢界面优化控制技术，最终实现全工序集成协调优化控制。

5.6.3 生产管理控制系统关键技术

加快推广的关键技术

(1) 铁-钢-轧横向数据集成和管理-控制纵向信息集成技术

铁-钢-轧横向数据集成是以物质流为主线，以物流跟踪为手段，将钢铁生产流程铁-钢-轧各工序的原料、铁水、钢水、铸坯和钢材产量、质量、成本数据进行集成，支持产能、质量、成本一体化管控和优化。

管理-控制纵向信息集成是指将企业经营信息化系统 ERP、企业生产管理系统 MES 和各工序过程控制系统的数据进行纵向整合，实现管控一体，进行精细化管理和实时管理。

(2) 基于实时数据和关系数据的数据仓库和数据挖掘技术

数据仓库是根据企业需求按照一定的主题，如成本优化、质量改进等，将与主题相关的实时数据（过程控制数据和操作动作变量等）与关系数据（产量、化验检验结果、成本等）按一定索引规则整合在一起；数据挖掘技术是可以用来挖掘这些规律的一种有效工具，是使用数据库技术、统计技术、人工智能技术、神经计算技术和模式识别技术对数据进行组织、处理、分析、综合和解析，以期从这些数据中挖掘出规律的一个综合技术。

数据挖掘系统一般具有数据收集、数据采样、数据预处理、可视化探索、聚类分析、模型建立、数据预报、优化设计、趋势分析、规范管理等功能。以钢材质量性能数据挖掘为例，钢材质量性能称为KOV（关键输出量），而把影响质量性能的参数称为KIV（关键输入量）。通过数据挖掘找出KOV（如热轧产品断裂延伸率、屈服强度等）与影响这些KOV的KIV（如化学成分、轧制制度及冷却制度等）的关系。用于解决质量控制问题：1）预报。根据已有的KIV，预报KOV的值。如根据化学成分、轧制制度以及冷却制度预报断裂延伸率等。2）质量改进。某一段时间的某个质量指标不合格，需要调整。如某一段时间的某一个出钢记号的断裂延伸率可能太低，需要调整。3）新钢种设计。需要某个新产品（钢种）而对化学成分、轧制参数以及冷却参数等进行设计。

（3）生产流程优化用离线模拟和数字仿真技术

钢铁生产流程是影响钢铁企业资源、能源消耗和环境负荷的关键因素，具有工序多、流程复杂、资源/能源密集、制造链伴随大量的物质/能量排放以及环境界面复杂等特点。各工序、装备、技术环节的衔接、匹配决定了物质流、能量流和信息流的行程、速度和时间，直接影响生产流程的连续化、紧凑化和高效化程度；进一步影响资（能）源的使用效率和环境负荷。同时，对钢铁企业本身而言，原材料供应的变化、产品需求多品种、小批量特征的趋势、环境和能源的制约，使流程优化成为提高钢铁企业全流程综合经济与技术指标、辅助钢铁企业实现节能降耗、降低污染排放、提高产品质量的主要途径。因此，制造流程的优化成为钢铁企业越来越迫切的需求。

采用计算机仿真技术、多媒体技术和运筹规划技术，基于各种冶金模型，进行流程离线仿真和在线集成模拟，以实现生产组织优化、生产流程优化、新生产流程设计。流程优化与模型仿真技术平台首先对钢铁制造流程、企业运行模式、工序衔接等进行研究，建立各工序数学模型和系统集成模型，建立可扩展、可互联的冶金流程数据仓库，在模型和模型库的基础上，建立分布式和网络化的钢铁流程数值模拟和仿真平台。通过仿真结果对流程的运行状况进行多层次、多尺度展现，实现流程的评价和分析。参考分析结果，可对设计、优化方案进行修改，通过仿真平台再次进行展示、评估和优化。

(4) 基于专家系统和网络规划的智能计划和实时调度技术

在生产组织管理方面，基于事例推理、专家知识的生产计划与运筹学中网络规则技术，提供快速调整作业计划的手段和能力，以提高生产组织的柔性和敏捷化程度；根据各工序参数，自动计算各工序的生产顺序计划及各工序的生产时间和等待时间，实现计划的全线跟踪和控制，并能根据现场要求和专家知识，进行灵活的调整；异常情况下的重组调度技术以及在多种工艺路线情况下，人机协同动态生产调度。

(5) 基于能量流网络的多能源介质综合优化调控技术

能源介质动态调控目的是根据生产过程能量使用环节、回收环节情况，对能量转换和输配环节及时调整，保证生产过程能量供需平衡，并最大限度减少二次能源放散和能源外购。钢铁企业能源系统结构复杂、能源介质种类繁多，能源介质之间存在各种关联关系，能量流与物质流又互相影响和作用，其生产流程是以铁素流为主的物质流和以碳素流为主的能量流相伴相随、彼此制约的过程，因此，需要按照殷瑞钰院士提出的“能量流网络化”思想，构建全流程能量使用、能源回收和能源转换传输三环节的能量流网络化定量分析模型，并进行钢铁企业能源系统动态模拟仿真，支持能量流网络的分析评估；按照多种能源介质（燃料、电、热力和技术气体等）分解-协调优化策略和能量流实时预测方法，以提升能源中心调控水平，实现钢铁企业能源系统高效有序运行。

(6) 钢铁企业智能电力系统技术

钢铁企业电力系统包括发电、配电和用电多个环节。钢铁企业电力系统具有负荷大、能耗高、生产连续性强；负荷集中、单机容量大；

冲击负荷大且三相不平衡；谐波来源多且谐波电流大；自发电厂、余热余压发电设施并存；系统接地方式多样化等特点，这些特点决定了钢铁企业电力系统的监测、调配与优化控制涉及发电、输电、变电、配电、用电等多个环节，且与主工艺生产耦合紧密。

钢铁企业智能电力系统技术包括钢铁企业电力系统安全稳定控制技术、电能质量提高柔性配电技术、电力系统经济运行控制技术等。1）电力系统安全稳定控制。钢铁企业电力系统的首要任务是保障电网安全、稳定、正常运行并连续地为电力用户供电。为了提高钢铁企业对电力事故的应变能力，迫切需要建立一套先进的电力系统安全稳定保障系统，包括电力系统安全稳定分析、在线预警、继电保护设备和安全自动装置配置管理、故障判定和事故处理功能。2）电能质量提高柔性配电技术。电能质量提高影响负荷和电网两个方面，从负荷侧看，可以有效减少供电系统停电和电压波动对负荷的影响，提高设备运行可靠性和用户资产利用率；从电网侧看，可以抑制用户非线性设备对供电系统和邻近用户产生的影响，从而减少对敏感用户供电的质量和附加值。3）电力系统经济运行控制。电力系统的经济性就是要高效率地生产、传输和分配以及消费电能。钢铁企业智能电力系统可以通过发电成本优化、配电网络重构和用电负荷管理，减少用电量，降低用电成本。

（7）全流程质量动态跟踪和质量闭环控制技术

全流程质量动态跟踪和质量闭环控制是以钢材质量为主线，以物流跟踪为手段，将钢铁生产流程铁-钢-轧各工序的原料、铁水、钢水、铸坯和钢材质量数据进行集成，支持质量影响因素分析、质量缺陷追溯、质量诊断和过程控制。

（8）物质流、能量流和排放流多目标优化技术

多目标优化，也叫多目标规划（Multiple Objectives Programming），是数学规划的一个分支，研究多于一个目标函数在给定区域上的最优化。在很多实际问题中，例如经济、管理、军事、科学和工程设计等领域，衡量一个方案的好坏往往难以用一个指标来判断，需要用多个目标来比较，而这些目标有时不甚协调，甚至是矛盾的。因此有许多

学者致力于这方面的研究。求解多目标规划的方法大体上有以下几种：一种是化多为少的方法，即把多目标化为比较容易求解的单目标或双目标，如主要目标法、线性加权法、理想点法等；另一种叫分层序列法，即把目标按其重要性给出一个序列，每次都在前一目标最优解集内求下一个目标最优解，直到求出共同的最优解。对多目标的线性规划除以上方法外还可以适当修正单纯形法来求解；还有一种称为层次分析法，这是一种定性与定量相结合的多目标决策与分析方法，对于目标结构复杂且缺乏必要数据的情况更为实用。

物质流、能量流和排放流多目标优化是钢铁工业技术发展趋势。例如，瑞典 Luleå 工业大学与 SSAB Tunnplåt 钢厂采用过程集成（PI）技术进行成本、能源、排放等多目标优化，取得明显经济效益。

积极探索、研发、加快工程化的关键技术

（1）全生产流程的在线集成模拟和优化技术

全生产流程的在线集成模拟和优化技术是采用计算机仿真技术和运筹规划技术，基于各种冶金模型建立钢铁流程数值模拟和仿真平台。输入生产计划后，按照目前生产调度规则和能源调度规则在数值模拟和仿真平台上进行全生产流程的在线集成模拟，形成生产甘特图和能源动态平衡图，对虚拟运行结果进行分析、评判，找出瓶颈问题和关键环节；通过改变生产调度规则和能源调度规则进行在线优化，得到满意或可接受结果后实施。

（2）炼钢-轧钢-深加工工艺制度的计算机辅助设计和制造技术

炼钢-轧钢-深加工工艺制度的计算机辅助设计和制造技术是在钢铁制造流程优化集成理论指导下，为钢铁生产流程工艺制度进行解析-重构-优化提供计算机辅助支持。包括：1）工序功能集合的解析-优化。工序动态运行能力的匹配和缓冲研究；工序装置/流程功能序/时间序的分配与优化；动态-有序运行的界面匹配技术与匹配模式。2）流程中工序集合的重构-优化。在工序功能集合解析与优化和界面技术与匹配模型分析的基础上，集成单元工序的优化功能和界面技术关系功能，形成不同的流程模式。3）钢铁流程的结构和模式。体现钢铁厂三个功能的技术集成模拟，平面布置（空间要素）对流程、物流和能流的影响分析；不同流程模式下的最佳生产运行方式，为钢铁厂的静态总体设计提供运行动力学支撑。

（3）综合考虑生产效率、能耗物耗和环境指标的多目标实时优化在线运行技术

钢铁制造流程可抽象为优化集成的铁素物质流和碳素能量流在协同、耦合的交互作用下做动态有序运行，其追求目标是铁素物质流和碳素能量流都从相对“无序”过渡到相对“有序”以及相互之间的耦合匹配，向目标体系的资源/能源耗散“最小化”和近“零”排放逼近。其实现的必要手段是以物质流动态运行优化为基础，发展到能量流转换机制的优化和网络化，并通过相关信息流对动态运行体系进行总体优化并实现智能调控。

主要内容包括钢铁流程物质流和能量流协同优化和动态调控的多目标决策和评价机制，覆盖实时管理和控制的多尺度优化模型和仿真平台技术，产品制造和能源系统动态调控技术，以及多源数据融合的冶金制造过程在线监控技术。

（4）基于多因素分析的设备状态寿命评估方法，实现设备劣化状态趋势预测技术

冶金设备结构复杂、工况多变，基于多因素分析的设备状态寿命评估方法，是实现设备劣化状态趋势预测的重要手段之一。此项技术可提高设备状态预警水平，保障设备工作安全；提高设备维修与备件管理水平。技术主要包括：1）基于振动、油液、声发射、温度等多因素分析的设备状态劣化模型；2）多元件复杂系统的可靠性评估模型；3）冶金设备关键零部件的失效模式分析与寿命计算理论；4）多参量状态空间的趋势预测技术。

（5）基于非线性动力学分析的机械设备故障机理，建立机械设备热振响应与机械设备故障模式之间的映射关系的成套技术

冶金设备的动力学系统复杂，对故障机理的研究是机械设备故障诊断与状态监测的重要基础。基于非线性动力学分析的机械设备故障机理，建立机械设备热振响应与机械设备故障模式之间的映射关系的成套技术对提高机械设备故障诊断的准确率，优化冶金设备的设计、

制造、安装与使用方法有重要意义。技术主要包括：1）考虑润滑、间隙、载荷等因素的关键传动部件非线性动力学建模技术；2）考虑润滑、间隙、载荷等因素的机械设备热振响应分析与检测技术；3）典型机械设备故障模式的振动机理分析与传热模型分析技术；4）旋转/移动设备的振动分析与检测技术。

（6）基于模式分析的设备状态与产品质量建模方法，探索设备状态劣化对产品质量的影响关系的系统技术

冶金设备的工作状态与设备精度对产品质量有重要影响，建立设备状态与产品质量之间的映射关系，有助于提高产品质量的控制与分析能力。技术主要包括：1）设备工作精度与生产控制参数的同步在线检测技术；2）设备状态劣化在线检测与预测技术；3）具有多变量、非线性、大时滞特点生产过程的产品质量建模与诊断技术。

积极探索、研发该项技术有利于提高产品质量和作业率；优化生产控制工艺，改进设备管理方法。

5.6.4　企业信息化系统关键技术

加快推广的关键技术

（1）企业级数据仓库和智能决策技术

冶金企业信息化项目实施后获取了海量数据信息，但目前针对这些信息的分析利用主要采用传统的分析方法，还没有形成适用于生产全流程的智能决策技术，因此需要建立企业级数据仓库，对企业经营决策提供支持。主要内容包括：1）定量方法与定性方法相结合的销售预测技术。基于历史销售数据及相关外部信息构建企业的产品销售数据仓库模型，综合考虑宏观经济形势及销售历史数据，利用定量与定性相结合的方法，预测企业可生产品种的市场需求，并确定相应的销售策略，为销产协同提供支持信息。2）考虑原料不确定性的供产优化模型。考虑原材料供应的不确定性对钢铁制造流程影响，将该不确定性与企业内部的生产、库存、设备能力、能源需求、排放要求等结合，建立供产优化模型。通过供产优化模型，将各类因素综合考虑，给出工序生产的目标和约束条件，降低消耗和成本，并为下一层次的计划

和调度提供基础。3）基于市场预测的销产协同模型。根据市场需求及市场预测、企业内外部生产工艺流程及约束，抽象并建立产销协同优化模型；研究不同资源配置及市场需求条件下，如何优化企业内部设备能力、库存、物料、能源等各类资源，实现低消耗、资源利用优化、满足客户要求、库存优化等多目标条件下产销协同，提高各类生产资源利用的合理性和企业整体效益的最大化；研究不同能力资源利用条件下，客户需求满足程度与整体生产平衡协调性，提高决策合理性。

（2）基于物联网的集团级协同ERP技术

随着钢铁企业钢铁产业结构调整和规模化发展，出现了很多跨地域、多生产基地的钢铁集团，如何实现高效、柔性的集团化经营管理是信息化工作面对的重大课题。在这种背景下，需要建设集团级全局性经营管理系统。该系统由一系列适应跨地域、多单元柔性配置、协同运作的专项业务系统组合构成，包括销售及物流管控系统、财务管理系统、采购供应链系统、原料采购物流管控系统、工程项目管理系统、人力资源管理系统、协同办公系统、科技管理系统、需求管理与综合销售计划系统、电子商务等。为快速适应市场变化、应对经济危机，快速调整经营管理结构和组织形式，提供有力的支撑和信息化环境的保障。

（3）全行业信息网络建设及宏观调控信息系统技术

为钢铁行业企业间规避恶性竞争，消减产能严重过剩，调整钢铁产业结构，提升钢铁行业的整体盈利水平，有必要建设全行业信息网络，为政府、行业协会进行宏观调控提供信息化手段。在一定范围内实现各钢材需求、企业产能、产品结构、未来产线建设等不涉及企业商业秘密的信息共享，有利于企业发挥自身优势，在行业内合理定位，避免企业盲目上项目、扩充产能。同时，也可以提升全行业在矿石采购、钢材定价等方面的话语权。

（4）企业资源配置智能优化技术（略）

（5）基于物联网的设备在线故障诊断与预测维护技术

工业物联网技术可以有效解决工业现场诊断与管理系统发展中面临的实施成本过高、投资回报周期较长的问题，通过低成本地实现工业全流程的“泛在感知”，获取以往由于成本原因无法在线监测的重要工业过程参数，形成新的诊断与管理方法，在降低现场诊断与管理的实施成本的基础上，提高其收益。依托于工业无线技术、信息集成技术、设备诊断与管理技术，基于物联网的设备在线故障诊断与预测维护包括支持工业现场数据采集和控制的工业物联网智能传感设备，工业物联网网关设备，支持现场数据采集、管理、分发的信息集成和数据库软件，以及面向行业的工业现场设备组态、诊断和管理应用软件。

(6) 适用于冶金工业环境的智能无线传感器网络监检测技术

利用智能无线传感器网络监检测技术可以有效解决利用传统有线监测方法对冶金装备进行状态监测过程中存在的传感器安装复杂、布线困难、不便于大量布设的困难。技术主要包括：1）小型化、高灵敏度、多参数同步检测的微纳传感器技术；2）冶金工业环境中无线传输的多径、反射、散射、屏蔽等抗干扰技术；3）无线传感器网络节点的自供电技术；4）无线传感器网络节点的天线设计与安装位置优化技术。

积极推广适用于冶金工业环境的智能无线传感器网络监检测技术将扩大对冶金装备进行实时监检测的范围；满足冶金工业环境下无线传感器网络节点长时间、稳定可靠运行的需求。

(7) 面向异构平台和分布式资源的设备故障诊断与寿命评估技术

综合利用异构平台的数据和分布式资源是提高设备故障诊断准确率的重要基础，充足的数据资源则是建立设备剩余寿命评估标准的必要保障。利用技术主要包括：1）基于 SOA 异构数据平台的设计与实现技术；2）远程跨平台实时通讯技术；3）分布异构数据共享技术；4）平台间数据模型的关联与集成技术。

推广面向异构平台和分布式资源的设备故障诊断与寿命评估技术有利于提高设备管理、维护水平；改进与完善设备剩余寿命评估标准。

(8) 多源异构数据融合与早期故障诊断及预警技术

解决因操作系统、数据存储系统、数据格式、数据粒度及数据接口规范不同而导致的数据异构性问题是准确、高效地进行设备早期故障诊断与预警的关键。技术主要包括：1）跨平台海量异构数据的存储和查询分析技术；2）面向领域知识的数据挖掘与智能查询技术；3）早期故障信号降噪与特征提取技术；4）多因素信息融合的趋势预测技术。

加快推广多源异构数据融合与早期故障诊断及预警技术将提高设备早期故障诊断正确率和预警水平。

（9）基于物联网的环境监测与管控技术

物联网（Internet of Things）就是把传感器装备到电网、铁路、桥梁、隧道、公路、建筑、供水系统、大坝、油气管道等各种真实物体上，通过互联网连接起来，进而运行特定的程序，达到远程控制或者实现物与物的直接通信。

物联网，即通过装置在各类物体上的射频识别（RFID）、传感器、二维码等，经过接口与无线网络相连，从而给物体赋予"智能"，可实现人与物体的沟通和对话，也可以实现物体与物体相互间的沟通和对话，这种将物体连接起来的网络被称为"物联网"。

目前钢铁企业的环境监测大多为空气质量监测要求的 SO_2、NO_x 和总悬浮颗粒物的浓度；水质监测要求的 pH 值、COD 值、氨氮浓度等。随着政府环保部门更严格环保标准和环境管控措施的出台，需要开发基于物联网的污染源源头产生和传播监控技术，以及更多的污染物监测技术，并将数据上传到政府环保管控部门，以满足社会对环境监控的要求。

（10）钢铁行业云计算技术应用

云计算（Cloud Computing），是一种基于互联网的计算方式，通过这种方式，共享的软硬件资源和信息可以按需提供给计算机和其他设备。云计算可以认为包括以下几个层次的服务：1）基础设施即服务（IaaS），消费者使用"基础计算资源"，如处理能力、存储空间、网络组件或中间件，即能掌控操作系统、存储空间、已部署的应用程序及网络组件（如防火墙、负载平衡器等），但并不掌控云基础架构。2）平台即服务（PaaS），消费者使用主机操作应用程序，掌控运作应用程序的环境（也拥有主机部分掌控权），但并不掌控操作系统、硬件或运作的网络基础架构，平台通常是应用程序基础架构。3）软件即服务

(SaaS)，消费者使用应用程序，但并不掌控操作系统、硬件或运作的网络基础架构，是一种服务观念的基础，软件服务供应商以租赁的概念提供客户服务，而非购买。云计算服务通常提供通用的通过浏览器访问的在线商业应用，软件和数据可存储在数据中心。

目前，钢铁行业云计算刚刚起步。今后钢铁行业云计算技术应用主要体现在两个方面：1）钢铁企业私有云：提高企业大型服务器的冗余和灾备能力，充分发挥不同系统硬件设施的共享和利用率；实现不同业务部门（产品开发、生产、供应、销售等）、不同管控层级（经营、运行、过程控制等）信息共享。2）钢铁行业公有云：建立行业产品标准、设备生产能力、工艺模型和流程仿真、节能分析评估、环境监控等云计算平台，提升行业共性技术服务能力。

积极探索、研发、加快工程化的关键技术

（1）协作制造企业信息集成技术

钢铁企业供应链包括原燃料采购及运输、钢材生产加工、产品销售及钢材使用等制造链全过程，综合应用现代传感技术、网络技术、自动化技术、智能化技术和管理技术等先进技术，可实现优化资源配置、动态响应市场变化、整体效益最大化。

主要内容包括：1）优化上游资源选择与配料：跟踪原料市场变化，预测分析市场趋势，围绕供应链最终产品优化原料选择和运输。强调原料的优化配置和综合利用。2）加强与下游客户供应链深度协同：建立电子商务和供应链协同信息 EDI 规范，迅速响应客户需求，及时提供合格产品，减少库存、中间环节和储运费用。3）全供应链物流跟踪：覆盖原燃料、在制品、产品、废弃物资源化利用的物流跟踪，通过准确、直观地反映物流资源分布动态、计划执行情况和库存变化趋势，为优化资源调配提供依据。

（2）基于设备状态的产品质量建模与诊断技术

冶金生产是一个非线性、多变量、强耦合的复杂过程，产品质量不仅与工艺参数的控制水平有关，也与设备的运行状态息息相关。需要关联设备状态与产品质量、工艺参数之间的信息，获取有效的优化控制策略，提高质量，降低能耗。技术主要包括：1）设备状态数据与工艺参数、产品质量数据间的粒度、时间匹配技术；2）数据缺失条件下的产品质量建模技术；3）多因素耦合条件下的产品质量预测技术；4）全流程综合诊断技术。

积极探索、研发基于设备状态的产品质量建模与诊断技术将优化生产控制模型，提高产品质量；提高当产品质量出现异常时的诊断准确性。

（3）商业智能技术

商业智能（BI）又称商业智慧或商务智能，指用现代数据仓库技术、在线分析技术、数据挖掘和数据展现技术进行数据分析以实现商业价值。

目前，商业智能通常被理解为将企业中现有的数据转化为知识，帮助企业做出明智的业务经营决策的工具。这里所谈的数据包括来自企业业务系统的订单、库存、交易账目、客户和供应商资料及来自企业所处行业和竞争对手的数据，以及来自企业所处的其他外部环境中的各种数据。而商业智能能够辅助的业务经营决策既可以是作业层的决策，也可以是管理层和策略层的决策。

商业智能的关键是从许多来自不同的企业运作系统的数据中提取出有用的数据并进行清理，以保证数据的正确性，然后经过抽取（Extraction）、转换（Transformation）和装载（Load），即 ETL 过程，合并到一个企业级的数据仓库里，从而得到企业数据的一个全局视图，在此基础上利用合适的查询和分析工具、数据挖掘工具、OLAP 工具等对其进行分析和处理，最后将知识呈现给管理者，为管理者的决策过程提供支持。

目前钢铁企业决策主要依靠管理者的经验和定性判断，基于企业级数据仓库和数据挖掘、分析和展示，将为企业经营决策提供定量支持。主要内容包括：1）基于历史销售数据及相关用户信息，综合考虑宏观经济形势预测企业市场需求，并确定相应的销售策略。2）基于原燃料历史数据和生产成本质量数据，结合近期走势判断，确定原燃料供货商、采购时机、价格和数量。3）根据市场需求及市场预测、企业内外部生产工艺流程及约束，优化企业内部资源和生产能力配置，提高各类生产资源利用的合理性和企业整体效益的最大化。

6 节能和低碳发展

6.3 我国钢铁工业节能和低碳发展关键技术

加快推广的关键技术

(1) 采用高温高压锅炉的干熄焦技术 (CDQ)

干法熄焦技术 (简称 CDQ) 是一项回收红焦显热的技术，干熄焦 (CDQ) 技术不仅可以回收利用红焦的显热用于发电，同时还可以提高焦炭质量，并改善炼焦生产的操作环境。高压干熄焦技术是相对原来中压干熄焦而言的。基本原理是：利用冷的惰性气体 (如氮气、氩气等) 或燃烧后的废气，在干熄炉中与赤热红焦换热从而冷却红焦，吸收了红焦热量的惰性气体将热量传给干熄焦锅炉产生高温、高压蒸汽，平均每吨焦炭可回收 450 ~ 600kg 蒸汽 (压力 9.8MPa、温度 540℃)。高温高压锅炉的特点是不用配备高价的强制循环泵，利用比较低廉的运行费用就可实现自然循环。

采用高温高压锅炉的干熄焦 (CDQ)，其发电效率可比采用中温中压锅炉提高 10% ~ 15%。虽然目前重点钢铁企业的干熄焦普及率达到 85%，但多数是采用中温中压锅炉，采用高温高压锅炉的 CDQ 比例仅 30% 多。中温中压改为高温高压的投资与效益对比、非冶金企业焦炉推广 CDQ 等问题仍需组织力量进行研究。

(2) 转炉煤气和蒸汽回收利用技术

转炉冶炼过程中产生大量的高温烟气，是钢铁企业重要的二次能源。转炉工序二次能源回收的形式有转炉煤气 (烟气潜热) 和余热蒸汽 (烟气显热) 两种形式。回收利用转炉煤气和余热蒸汽可大大降低转炉工序能耗，当回收的二次能源量（转炉煤气及转炉余热蒸汽）大于转炉工序消耗的能源量时，转炉工序即可实现“负能炼钢”。为提高能源利用效率，一方面钢铁企业应在提高转炉煤气回收量的同时，注重提高所回收转炉煤气的热值；另一方面，钢铁企业应重视回收高品质转炉余热蒸汽并高效利用。同时应考虑转炉煤气和蒸汽回收与全流程能源流网络的优化和协调运行的要求，避免能源回收与利用的脱节。转炉煤气和蒸汽回收的基础是烟气除尘技术，该系统一般由烟气冷却、净化回收和粉尘处理三部分组成。不同除尘方法对回收量都有影响，煤气干式回收系统是较为先进的回收系统。另外提高计算机全自动炼钢水平也有利于回收量的增加。

2011年，我国重点大中型企业转炉煤气回收量平均约为89m^3/t钢，但热值偏低，约为7117.56kJ/m^3，与先进企业回收量100～110m^3/t钢、热值8373.6kJ/m^3相比还有较大差距。

（3）煤调湿（CMC）技术

煤调湿（Coal Moisture Control，简称CMC）是装炉煤水分控制工艺的简称，即将炼焦煤料在装炉前去除一部分水分，保持装炉煤水分稳定在6%左右。其原理是通过直接或间接加热来降低并稳定控制入炉煤的水分，而且只把水分稳定在相对低的水平，降低炼焦耗热量，从而降低炼焦能耗。这样既可达到增加效益的目的，又不会因水分过低而引起焦炉和回收系统操作的困难，达到使入炉煤密度增大、焦炭及化工产品增产、焦炉加热用煤气量减少、焦炭质量提高和焦炉操作稳定等效果。我国焦化厂炼焦煤含水量普遍偏高，年平均含水在11%左右。每万吨水进入焦炉，在焦炉中汽化要耗费大约3.9×10^{10}kJ的热能，相当于约1300t标准煤。如果采用煤调湿装置，不仅可降低炼焦耗热量、减少温室气体排放，而且能提高焦炭产量和质量，并降低成本。由于装炉煤水分的降低，大大减少所需处理的酚氰废水量。我国利用烟气余热直接调温和蒸汽间接调温的技术都有，采用的方法有多管回转式蒸汽干燥机、气流床煤调湿装置等。从效果看，前者较好，但热交换的方式与设备设计从提高效率和避免二冷扬尘方面，尚需完善优化，并在此基础上加大推广力度，迅速改变普及率低的状况。

（4）烧结矿余热发电技术

烧结矿余热发电是一项回收利用烧结矿环冷机烟气余热将烧结矿显热资源转变为电力的节能技术。该技术不产生额外的废气、废渣、粉尘和其他有害气体，同时回收利用烧结矿环冷机烟气余热平均每吨烧结矿可发电 10～20kW·h，余热发电系统由废气锅炉、汽轮发电机组及控制系统等组成。因此能够有效提高烧结工序的能源利用效率，从而促进钢铁企业实现节能降耗目标。该技术投资较大，投资回收期长，在使用中还存在一些问题，尚待研究、完善。烧结矿余热发电技术应在优化烧结机能力与发电机能力的匹配、实现烟气全循环利用、加强保温等方面继续完善，并在此基础上加快推广应用。

（5）电炉烟气余热回收技术

电炉烟气温度可达 1300℃，随烟气显热带走的热量占总投入能量的 13%～20%。近年来，中国钢铁企业面临更大的节能减排压力，如何利用电炉烟气余热成为电炉技术研究的热点，也是电炉炼钢技术中的重要节能减排措施。而且由于电炉使用热铁水比例提高，电炉烟气量增加，其余热回收应引起重视。

目前对于电炉烟气的余热利用主要有两种方式，一是用电炉烟气显热预热废钢；二是采用余热锅炉回收电炉烟气显热。我国拥有各类废钢预热装备与技术，但除竖炉预热及 Consteel 连续预热加料技术外，其他的技术没有得到全面推广。烟气余热锅炉产生蒸汽的装备技术已可立足国内，并解决了回收受电炉冶炼周期影响、余热锅炉管道积灰等问题，已开始推广，应加快推广速度。

积极探索、研发、加快工程化的关键技术

（1）中低温烟气余热回收与利用技术

中低温（一般指≤200℃）烟气余热利用（包括焦炉烟道气和烧结烟道气余热利用等）一直是钢铁工业余热利用的重点和难点，尤其是焦炉烟道气和烧结烟道气余热，温度偏低且量又较大，回收利用焦炉、烧结烟道气余热是焦化工序、烧结工序进一步挖掘节能潜力的重要措施。目前焦炉烟道气余热回收利用的技术主要有作煤调湿的热源，此外，还有利用换热器或管式炉回收烟道气显热等技术，烧结烟道气循环利用则在国内各个企业进行了有益的探索，但还需要进一步开展研发工作，提高热回收率，完善和加快工程化。

(2) 钢铁企业余热蒸汽综合利用技术

余热蒸汽在钢铁生产流程中是重要的能源介质，也是钢铁工业余热余能利用的重要内容，回收的余热蒸汽的品质直接影响其利用方式和利用效率。

钢铁企业蒸汽利用受季节影响很大，冬季由于采暖需要，供应紧张，而夏季则由于需求量减少而大量放散，这一现象在钢铁企业普遍存在。而且由于余热蒸汽品质与用户需求品质不匹配等因素，往往出现余热蒸汽用户不足而放散、与此同时却需要燃气锅炉产生的高品质蒸汽降质使用的现象。

如何合理、高效地利用这部分余热是企业未来要关注的问题。转炉余热蒸汽和轧钢加热炉余热蒸汽（甚至烧结余热回收蒸汽）集中或部分集中，共建余热发电机组。采用螺杆膨胀发电机组回收热能和水资源的利用方式也正得到关注。

(3) 焦炉荒煤气余热回收利用技术

荒煤气从炭化室排出时的温度高达 650 ~ 750℃，需将其冷却才能送入煤气净化车间。对焦炉进行热平衡分析表明，荒煤气带出的热量约占焦炉热支出的 36%，是一笔相当诱人的热能。常规炼焦技术使用大量循环氨水在桥管处进行喷洒来冷却荒煤气，高温荒煤气带出的热能因循环氨水的大量蒸发而被白白浪费。近几年，人们从节能角度出发，又在重新探索焦炉荒煤气余热的回收和利用，但防止管道焦油黏结与堵塞等关键技术尚未成熟，需要进一步研究和开发。

(4) 钢铁制造流程能量流网络及能源高效转换集成技术

随着冶金系统节能管理模式的推进及工艺界面节能装备技术（如 CDQ、TRT、CMC、CCPP、烧结余热发电等）的快速开发、推广和普及，我国钢铁工业节能已经由局部、个体、感性节能，走向整体、系统、理性节能的新阶段。有别于前一阶段相对显性的单体设备投资拉动节能，下一步深挖工艺过程隐性的潜力、系统的优化，研究不同能源介质在钢铁制造流程中的合理利用、能量流的有序化运行、网络化回收利用过程，能量流网络化的集成及关键难题的自主开发，更具有挑战性，需要我们进行深层次的思考，在理论上、技术上、方法上进行创新和突破。

（5）钢厂物质流和能量流耦合优化及动态运行技术

由各类能源介质组成的能量流在钢厂生产流程中既有与物质流各自独立运行，又有相伴而行、相互作用的运行。钢铁企业能量流网络优化的重要意义在于能源管理理念的变化，由原来的公辅设施的认识、保供的理念，转变为注重生产的同时也要关注能源转换效率，将能源也看作产品，其价值量对于成本的影响不容忽视。

钢厂物质流和能量流耦合优化及动态运行技术的主要内容是物质流高效运行与能源流运行规律预测研究、能量流与物质流耦合影响关系与规律分析技术、能量流运行时间与生产节奏匹配协调技术、能量流价值优化与生产成本优化技术等。

因此钢厂物质流和能量流耦合优化、网络化动态运行技术将推动能量流的高效转化及科学管理，会带来冶金流程重构和工艺技术、管理技术的革命性创新，有可能引发钢铁制造流程整体技术的再提升。将实现能源介质优化节能、工艺创新节能、能源结构优化节能、管理优化节能的最佳综合目标，在更高层次上实现钢厂三大功能。

（6）高炉渣和转炉渣余热回收与资源化利用技术

炉渣是钢铁厂温度最高的余热资源，温度高达1200～1600℃，过去对于炉渣的处理方法是高炉渣水淬、钢渣空冷或热闷渣等，显热没有被有效利用，尤其与高炉渣利用相比，发挥钢渣特性的高附加值用途较少。随着能源需求的挑战及提高能源利用效率的要求，钢铁行业二次能源利用的逐步深入，炉渣显热回收利用重新受到关注，国内外也在开发炉渣显热利用技术。具体的例子有：高炉渣干法粒化显热回收技术的研究、用炉渣生产矿棉纤维、熔融钢渣热闷处理中钢渣显热回收的研究等。

（7）冶金煤气资源化高效利用技术

冶金煤气资源化利用可提高煤气的附加值，可生产氢气、甲醇和二甲醚（CH_3-O-CH_3）等。利用焦炉煤气吸附制氢工艺是目前比较成熟的技术，焦炉煤气制氢将比直接使用较贵的天然气和煤炭等制氢更加经济，是大规模、高效、低成本地生产廉价氢气的有效途径，有可能是中国使用氢能源的突破口之一；钢铁联合企业利用焦炉煤气和转炉煤气制甲醇、烯烃和液化天然气等技术也是冶金煤气资源化高效利用的重要发展方向。钢厂内部要统一协调与安排，使低热值煤气如高炉煤气用于燃烧需要，将热值更高的焦炉煤气和转炉煤气用于生产高附加值的化工产品或还原剂。

（8）CO_2 捕集、利用和储存技术

碳捕集和存储技术（CCS）作为应对全球气候变暖的一项措施正在逐步受到科学界和企业的关注。然而这项技术的发展还会受到环境、经济和社会诸多因素的影响。

我国钢铁工业以煤为主的能源结构和石灰石的大量应用，使得钢铁行业的二氧化碳排放量仅次于电力、建材（水泥），居第3位，钢铁工业节能减排任务艰巨，降低 CO_2 排放已成为我国钢铁工业在发展生存过程中必须要考虑的问题。

CCS技术在其他行业已有应用，如电厂、石化行业等 CO_2 的捕集一般通过物理法（如变压吸附）或化学法进行，成本较高，其储存技术更存在经济、政治、人文、生态等一系列问题，难于实际起步。钢铁行业CCS技术应用同样存在一系列问题，但在钢铁行业的应用研究已逐步开展，国外和我国已开始半工业试验，如欧盟的回收炉顶煤气的高炉试验（ULCOS-TGRBF），我国也已立项研究。我国还开展了 CO_2 在炼钢、精炼、连铸生产中应用的研究与半工业试验，值得关注。

（9）钢铁生产合理规模利用可再生能源和清洁能源（核能、氢、风、水、太阳）技术

我国能源结构中煤的消耗量占总能源量的70%，而我国能源结构以煤为主的特点，造成了我国钢铁工业能源效率偏低、污染排放偏高的先天不足。未来的节能减排形势下，在钢铁生产中大规模利用可再生能源和清洁能源技术将是提高钢铁工业能效的重要措施之一。

其需要研发的难点是大功率、经济的可再生能源（或称清洁能源）生产技术，与钢铁生产有效稳定衔接供给的界面技术，适应清洁能源特点的新型冶金工艺技术等。

7 环境保护与职业安全健康

7.3 关键技术

7.3.1 钢铁行业的环境保护关键技术

加快推广的关键技术

(1) 尾矿再选与共伴生矿物及有价元素的回收技术

尾矿再选技术是指对尾矿进行二次选别回收有价元素的技术。单一铁矿尾矿主要采用单一磁选、尾矿再磨再选流程、单一重选及干/湿尾矿再磨的磁选-重选联合流程。共伴生矿物及有价元素的回收技术包括尾矿反浮选提铁降硅资源综合利用技术、钒钛磁铁矿选铁尾矿回收钛铁技术、尾矿回收其他伴生矿物技术等。

尾矿反浮选提铁降硅技术是利用低品位铁尾矿复选粗精矿，经反复磁选、筛分、球磨后进入反浮选作业除硅获得铁精粉。钒钛磁铁矿选铁尾矿回收钛铁技术是利用钒钛磁铁矿选铁后的尾矿作为原料，经过选别作业后，获得钛精矿。尾矿回收磁性铁矿物技术是采用强磁、摇床选别相结合的磁-重联合工艺流程生产铁精矿。

目前，一般铁选厂在尾矿末端设置永磁尾矿磁选机回收尾矿中的铁。鞍钢、本钢等重点选矿厂均进行了尾矿再磨再选回收铁；包钢含稀土铁矿在进行铁矿选别后，利用强磁及浮选工艺回收尾矿中的稀土、铌。

尾矿再选，既能够使矿产资源得到充分利用，还可以减轻尾矿库的存储负担，减少占地及二次污染。以尾矿反浮选提铁降硅资源综合利用技术为例，该技术适用于品位 10% 以上的铁尾矿，可将尾矿铁品位降低至 5% 左右。提高尾矿中铁资源利用率，节约矿石资源，减少尾矿堆存，具有明显的经济效益。

(2) 采（选）矿-排土（尾）-造地-复垦一体化技术

采（选）矿-排土（尾）-造地-复垦一体化技术是将复垦工艺与开采工艺结合为一体，按照复垦工艺的要求，合理安排剥离、采矿及排土作业，有计划按顺序同步进行，采用条带剥离、强化采矿、条带复垦及循环道路等新技术。

目前，采（选）矿-排土（尾）-造地-复垦一体化技术已经在铝矿山得到了成功应用。山西孝义铝矿完成了“剥离-采矿-复垦”一体化新工艺的工业试验和矿山用地复垦政策的试点，使矿山用地与土地复垦形成良性循环，切实保护国家耕地。广西平果铝土矿利用本企业工业废弃物（如剥离土、粉煤灰、洗矿泥等）作为复垦地的人工再造耕层材料，采用的“边采矿、边剥离、边复垦”工艺达到了世界先进水平。

矿山土地复垦速度缓慢，复垦的周期长。采用采（选）矿-排土（尾）-造地-复垦一体化技术，不仅可以有效抑制矿区耕地的再减少，而且利用剥离土等作为复垦材料，合理利用资源的同时又减少了废弃物的产生。复垦周期的缩短，也使得矿区生态环境可以明显改善，能够有效控制水土流失。因此，露天开采矿山宜采取剥离-排土-造地-复垦一体化技术，实现矿山生产与复垦的共同发展。

(3) 矿山尾矿库无土植被生态恢复技术，尾矿生产加气混凝土技术

尾矿库无土植被技术是在不覆盖土层的条件下采用生物稳定技术，直接种植有强大护坡功能的植物，建立植被，使其固定干沙并同时减少对环境的污染。主要方法包括在尾矿坝外坡直接种植植物以及对尾矿库进行基质改良后再种植植物。在植被形成以后，土壤得到一定改善的情况下，巩固植被恢复成果，补植其他种类的乔木、灌木和草本植物等，形成自身可持续的良性循环。

目前，国内对于尾矿库无土植被生态恢复的研究和工程实践主要

集中于铜尾矿。1993～1997年中国有色金属工业总公司和澳大利亚政府合作进行了矿区生态复垦项目，建立了铜陵有色公司五公里尾矿库无土植被示范场，分别对杨山冲尾矿库实施了无土复垦工程、对水木冲尾矿库坡坝实施了无土植被生态稳定化。鞍山也在废弃铁尾矿库复垦中采用了在尾矿砂上直接种植杨树的方式。在河北迁安等地，尾矿坝外坡直接种植紫穗槐、刺槐固沙绿化，首钢水厂尾矿库、大石河孟家冲尾矿库闭库后，在库区直接种植沙棘，固沙效果良好。

尾矿库无土植被技术可节约土源和覆土费用，与有土植被相比，节省投资50%，适用于已封闭和正在使用的尾矿库。

尾矿生产加气混凝土技术这里从略，参见7.3.1.3节中加快推广的关键技术第（7）条。

积极探索、研发、加快工程化的关键技术

（1）无铬钝化剂绿色工艺技术

无铬热镀锌板和无铬电镀锌板，产品立足减轻环境污染，完全省去铬酸盐处理，仅在热镀锌板和电镀锌板上涂特殊的薄膜。该产品的特点是，完全不含铬，而且通过特殊膜的效能，使其耐腐蚀性、导电性、耐结露性以及耐指纹性均较优良，且不产生含铬废水。目前，通常使用铬酸盐钝化，是因为其最大的优点是自愈性强、耐腐蚀性好，而且成本低、易于涂抹和处理。但是六价铬是毒性物资，对人体和环境有害，因此对含铬废水的排放标准控制很严。近年来国际上逐步要求无铬钝化。

（2）利用高温冶金技术对社会固体废弃物资源化处理的系统技术

高温熔融法处理城市（包括工业）垃圾，在吹氧条件下，熔融温度高达1500～1800℃，在高温和还原气氛下进行，使垃圾气化、熔融，重金属易于变成挥发物富集在废气和粉尘中，贵金属进入渣中的比例很小，炉渣的主要成分为CaO、SiO_2和Al_2O_3，产生的炉渣可用作路基。可利用淘汰或废弃的中小高炉经改造，或利用直接还原和熔融还原的方法建立高温熔融法垃圾焚烧处理资源化系统。利用高温冶金的炼铁炼钢技术开发新型的垃圾气化与熔融系统，其基本概念是无焦、产生无二噁英的高热值气体和高质量炉渣。与传统的垃圾焚烧法相比，将大大减少重金属的污染，并对垃圾进行高效利用。用除尘器去除粉尘并经脱硫，净化后的高热值煤气可用于燃气轮机或涡轮机的高效发电系统。

（3）环境管理体系优化技术

ISO14000是国际标准化组织继ISO9000系列标准后推出的一套环境管理系列标准。ISO14001环境管理体系标准作为ISO14000系列标准的核心，是企业建立环境管理体系并开展审核认证的根本准则。目前，国内外所进行的ISO14000认证即指ISO14001环境管理体系认证。ISO14001环境管理体系模式ISO14001标准由环境方针、策划、实施与运行、检查和纠正、管理评审等5个部分的17个要素构成，各要素之间有机结合，紧密联系，形式循环的管理体系，并确保企业的环境行为持续改善。环境管理体系优化技术包括：1）要求建立全面稳定的环境管理体系；2）制定环境方针，作出环境保护的承诺；3）识别企业的环境因素，制定目标指标以改善环境状况；4）要求遵守法律法规，预防污染，持续改进环境状况；5）针对企业的重要岗位，建立作业程序加以控制；6）注重各方面的信息沟通；7）要求对紧急突发事件，建立应急和响应机制。

（4）钢铁产品的生命周期评价技术

生命周期评价（Life Cycle Assessment，LCA）提供了一个系统化的科学方法。生命周期评价是一种“从摇篮到坟墓”的环境管理和分析工具，它从产品生命周期全过程来量化其资源能源消耗和环境排放，并评价这些消耗和排放对于资源、生态环境及人体健康带来的影响。产品生命周期评价已成为国际上认定绿色产品或生态产品的主要方法。从产品全生命周期的视角，可以定义“环境友好钢铁产品”是指在产品全生命周期（设计、制造、流通、使用和废弃等）内能够节省资源、降低消耗、减少污染物排放，并且对环境质量和人体健康的负面影响相对较小的产品。

生命周期管理（Life Cycle Management，LCM）是生命周期思想在实践中的具体应用，是面向可持续生产和消费，对产品和服务的全生命周期进行的综合管理。国外LCM实践已逐渐在产品、企业和行业等不同层面成功开展。

LCA 为 LCM 提供可靠的科学基础和决策依据，其最终目的在于生命周期决策管理，LCM 是生命周期评价的最高形式，其管理目标是减小环境影响，提高生态效率。

从生命周期视角，钢铁行业未来的潜力包括：1）整合下游产业，研发具有高附加值的新工艺；2）从铁水到成品部件进行系统优化设计，减少生产过程的损失；3）研发具备更长使用寿命的产品；4）钢铁构件的再制造与修复利用；5）钢铁废料转移回用；6）提高钢铁的强度。

（5）矿山尾矿库微生物复垦的生态恢复技术

矿山尾矿库微生物复垦即应用微生物技术进行矿山土地复垦与生态恢复过程中的改良与修复。利用微生物活化药剂或微生物与有机物的混合剂，对复垦的贫瘠土地进行熟化和改良，恢复土壤肥力和活性。微生物可促进植物根瘤和菌根的生成，从而固定废弃物和加速废弃物风化成土，促进植物的生长。其中，真菌可以取代覆盖表土的作用。

现代微生物工艺技术在尾矿库复垦中的应用探讨是国外复垦新技术探讨的热点。目前，关于微生物复垦技术在尾矿库的应用尚未开展工程实践；国内已经对排土场微生物复垦技术进行了示范研究。马鞍山矿山研究院依托马钢（集团）南山矿业公司凹山排土场建设了冶金矿山排土场微生物复垦技术示范基地，进行了微生物菌剂筛选及培养、微生物土壤改良、复垦植物筛选、废弃地复垦模式研究，该技术处于国际先进水平。

尾矿库的土地复垦投入大、周期长、易造成二次污染等，利用微生物生命活动，挖掘土壤潜能，实现低耗资和快速熟化复垦地的人工耕层，能迅速恢复、改善被破坏的生态环境，且不会带来二次污染，是一种新的土地复垦模式。

（6）尾矿清洁大宗量综合利用技术

以尾矿有价金属组分高效分离提取和利用、生产高附加值大宗建筑材料、充填、无害化农用和用于生态环境修复为重点，推进尾矿综合利用。具体包括铁尾矿反浮选提铁降硅资源综合利用新技术；钒钛磁铁矿选铁尾矿回收钛铁技术；尾矿砂制造木化板技术；尾矿生产混凝土、砂浆技术；尾矿生产加气混凝土技术；低品位铁矿全尾砂结构流体胶结充填技术；塌陷区尾矿砂高浓度浓缩堆存技术；基于生物技术的金属矿山尾砂库复垦技术。

目前，尾矿再选、尾矿生产混凝土以及尾矿充填技术都较为成熟并逐步得到应用。以首钢为例，目前已建成黑色冶金矿山尾砂再选系统，年处理能力1000万吨；可生产彩色路面砖等建筑材料，每年消纳尾矿超过6万立方米。利用尾矿砂生产建筑用砂和混凝土骨料，年产建筑砂90万吨、混凝土骨料60万吨。

尾矿大宗量清洁利用技术的推广，符合国家大宗固废的利用规划，可以有效补充金属矿产资源，提高国内资源保障力度；同时充分利用尾矿代替天然矿物资源，可以大幅减少天然非金属矿物资源的开发。尾矿的综合利用可以堆存占地、减少环境污染，是推动产业节能环保、解决环境污染和安全隐患的治本之策。

7.3.1.1 水资源保护关键技术

加快推广的关键技术

（1）钢铁工业节水减排与污水处理回用集成技术

该项技术的主要内容是根据新建或已有钢铁企业及企业供水水源条件的不同，采用钢铁企业废水处理及资源化利用技术，而形成的指导钢铁企业系统节水减排的“分质供水模式”技术方案；钢铁企业污水处理回用及“零排放”集成技术。其中包括：1）钢铁企业原水水质调控技术；2）钢铁企业综合污水处理与回用技术；3）钢铁企业循环水高浓缩倍数运行技术。即为保障各循环水系统安全、稳定运行，配套开发的钢铁企业循环水系统水质稳定技术及相应研发的多种水稳药剂。

该项技术在国家“十五”科技攻关项目和“十一五”科技支撑项目中组织开展的我国钢铁企业用水处理及污水资源化利用技术集成与应用方面取得了具有国际先进水平的科研成果，已在国内十几家大中型钢铁联合企业推广应用。为国家节水减排技术政策的制定和行业管理提供了技术支撑，对钢铁企业供排水系统总体规划设计，运行管理、污水处理与回用，提高水重复利用率，减少吨钢取水量及外排污水量，具有很大的推动作用。

(2) 综合污水处理回用技术

综合污水是指钢铁企业内除去特殊污水外汇入企业排水干管或总排口的生产排水。其处理回用技术是以钢铁企业综合污水处理厂为核心处理单元，以综合污水处理后得以回用为目的的节水减排技术。该技术是实现钢铁企业污水“零排放”的重要措施，具有中国特色。

综合污水处理厂采用新工艺、新技术，将处理后的水作为生产补充水回用于生产。根据污水处理出水水中含盐量的情况，将一部分出水经过深度处理后，按适当的比例进行混合，可达到相应的回用水水质标准，以满足不同生产工序用水的水质要求，并可做到高效、可靠、经济运行。综合污水处理厂一般由污水汇集、污水处理、泥处理、药剂投配、检测与控制、深度处理、净化水输送等系统组成。

经过科技部“十五”攻关课题和“十一五”科技支撑计划课题的研究以及相关单位和工程技术人员的不懈努力，已形成了完整可靠的综合污水处理回用技术。中冶建筑研究总院有限公司等单位编制了《钢铁企业综合污水处理厂工艺设计规范》等技术规范。

该技术先后在首钢、本钢、鞍钢、宝钢、梅山、日照、马钢、首钢京唐等国内多个工程中得到应用，提高了钢铁企业水的重复利用率，使近年来钢铁行业大幅度降低了吨钢取水量和排水量，效果十分显著。

(3) 城市污水处理厂出水回用于钢铁企业循环冷却水处理技术

钢铁生产用水量大，且大部分用水为循环冷却水。城市生活污水一般水量很大，排放规律、水质比较稳定，经处理后作为钢铁企业循环冷却水补充水是解决钢铁生产缺水的有效途径。

城市污水处理厂的二级处理和一般深度净化处理后，出水回用于冲渣、除尘洗涤等对水质要求不高的工序中是可以完全满足要求的；如作为钢铁企业净循环系统补充水等水质要求高的用途，则需要进行进一步的深度处理。除进一步降低水中有机物、氨氮、悬浮物以及细菌等污染物外，还要根据用水水质要求和处理出水水质情况，采用膜处理法，去除水中氯离子、硫酸根等离子，降低水的硬度和其他污染物，使城市污水处理后的水质全面满足回用水的水质要求。

国内大型钢铁企业，如济钢、宝钢、首钢等多家钢铁企业已采用城市污水或生活污水经处理后回用于生产，作为生产水源的一部分，节约了大量的水资源，取得了较好的效果。城市污水处理出水回用于钢铁企业技术上是可行的，是解决我国淡水资源短缺对钢铁生产制约非常有效的途径。应对应用技术、应用效果及技术经济数据进行跟踪、分析和验证，同时加快应用步伐，使城市污水处理后出水作为钢铁企业可靠、经济的生产补充水资源。

(4) 钢铁污水排放污染物在线监测技术

在线监测系统的建立是实现钢铁工业节水减排与废水“零”排放的重要技术手段和措施。在线监测应包括两个方面，一是在线监测设备，二是在线监测范围与内容。该系统常由自动采样、测定、记录等系统组成，并将监测结果由传送或遥测系统传递至控制中心，由计算机进行数据解析，并可发出指令由遥控系统对可疑的数据进行重测再传送、再解析。

后者在线监测范围应包括以保护系统为目标的污水排入天然水体(如江河湖海与地表地下水等)的在线监测；以节能、节水减排和水资源回用为目标的钢铁企业污水排放的水量水质的在线监测。目标不同，监测方式、手段、内容也不尽相同。目前钢铁企业在线监测系统应用率还不高，故任重道远。在线监测范围和内容为：1）水量检测，包括生产总水用量、循环水用量、排水量、耗新水量、处理再生回用水量、重复与循环用水量等；2）水质检测，包括新水水质、使用后水质、处理后水质、外排水与循环回用水质；3）设备运行状态监测、安全保护与运行状态等监测。

(5) 尾矿水与废水资源化技术

尾矿水废水量很大，对尾矿水治理应首先考虑废水资源化，最有效的方法是尾矿水循环回用；其次是针对选矿废水水质进行有效处理。由于原矿石成分差异，因此各矿山选矿厂所使用药剂各不相同。通常这些药剂因具有较高毒性和难降解性而影响废水回用，应采用净化工艺和技术措施予以处理。处理方法有氧化、离子交换、气浮吸附、沉降过滤、生化与膜法等，其中以氧化法和混凝沉降法应用较广。

为提高尾矿水与废水资源化，首先应充分发挥尾矿库（坝）的储水调节作用。因此，对尾矿库选址、容积、高程、汇水面积应根据生产规模、使用年限、地质地貌和矿源变迁等情况进行合理选择与确定。尾矿库的澄清水是矿山与选矿厂的良好水源，应尽可能发挥其储存与调节作用。其次要发挥尾矿库的沉淀与净化功能。对选矿厂的浮选药剂应选用低毒无害、常温下易降解、具有良好的氧化还原与自净能力的药剂，以简化选矿废水处理并可充分发挥尾矿库自然净化与沉降功能，提高尾矿库净化功能与回用水质。

积极探索、研发、加快工程化的关键技术

（1）焦化污水处理回用与“零排放”技术

焦化污水成分复杂，如酚类化合物、多环芳烃、含氮杂环化合物、长链的脂肪族等。其中酚类化合物占总有机物的85%左右。这些污染物浓度高、毒性强、难降解，因此是世界钢铁工业共同研究的热点。

我国焦化污水与世界发达国家的差异，主要为吨焦的污水量大与水质浓度高，但我国研究的深度与广度并不逊色。生产实践表明，污水处理回用与零排放必须注重以下4点：1）强化生产源头污染控制，即加强生产管理与工艺改进，确保最大限度降低焦化污水中难降解的有毒有害物质与污水量。2）强化预处理技术，确保进入生化处理系统的污水满足生化水质要求。3）采用高效经济型生化处理工艺，确保污水处理后水质达标与回用。目前国内外已有工程实例和完成工程示范的约20种以上处理技术与工艺，其中最有效的集成技术有：A-O法+深度处理技术、水煤浆技术、A-O-MBR工艺等。4）污水“零排放”的消纳途径的研究。目前选择消纳途径有：高炉冲渣、烧结配料、用于熄焦（湿法熄焦）工艺和原料洒水等。但因焦化废水成分复杂、有毒有害性强，应深化研究评估在消纳转移途径中是否产生二次污染和对人身与环境危害等问题。

（2）冷轧工序污水处理利用与“零排放”技术

冷轧工序主要产生：1）含油及乳化液污水；2）一类重金属（Cr^{6+}、Ni等）污水；3）酸洗废液及低浓度酸碱污水。为实现污水处理回用与零排放：1）一类重金属污水，必须先经单独处理，使一类污染物达到车间排放标准要求后，进入冷轧酸碱污水处理系统；2）含油及乳化液污水，经破乳、超滤、除油回收等措施后，再进入酸碱污水处理系统；3）对酸洗废液应根据其水质状况（如盐酸、硫酸或硝酸-氢氟酸混酸）分别选用资源化回收工艺（如鲁兹纳法、再生法、热解法、膜法与置换法等）将废酸再生利用，再纳入酸碱污水处理系统；4）对低浓度的酸碱污水经中和沉淀处理后，排入全厂综合污水处理厂处理回用，实现污水“零排放”。

目前国内已有工程应用实例，但需强化研究与完善开发技术为：1）在含油和乳化液的膜技术回收应用中，应强化以无机膜替代有机膜，以解决有机膜的耐酸碱、抗氧化、抗污染与耐溶剂侵蚀性不足的问题；2）在酸洗废液再生回用中，应研制开发减压蒸发设备材料的耐混酸腐蚀问题；3）在中和系统中，应特别注意控制 pH 值，避免 Pb、Cr、Ni 等重金属形成羟基络合物，增加综合污水处理系统的复杂性与污水回用问题。

（3）冶金废水微波与超声波处理技术

利用微波与超声波降解污水中的化学污染物，尤其是难降解的有机污染物，是近十多年来开发的一项新型处理技术。就液体而言，微波仅对其中的极性分子起作用，微波电磁场能使极性分子产生高速旋转碰撞而产生热效应，降低反应活化能和化学键强度；在微波场中，剧烈的极性分子振荡，使化学键断裂，实现污染物降解去除。

超声波是一系列疏密相间的纵波构成，并通过液化介质向四周传播，产生一系列的物理、化学、生化效应，如机械、热解、空化、声流、传质、触变和自由基等效应。这些条件可使污水中有机物产生化学键断裂、高温分解、液相燃烧等反应。近年研究表明，采用超声波及其组合强化技术，对焦化污水中萘类、蒽类、咪唑类和喹啉类等难降解有机物显著减少，有的甚至消失，生成易氧化中间产物，如开链烷烃类，芳烃类有机物明显增高，表明可明显提高焦化污水中难降解有机物的可生化性。

（4）浓盐水减量处理与消纳技术

钢铁企业除盐、软化水制备、污水回用深度脱盐处理以及冷轧酸洗等产生的浓盐水难于消纳与利用。因此，要尽可能地减少浓盐水的产生量并将其在企业内部消纳。浓盐水含盐量很高，受处理投资和运行成本以及消纳能力的限制，处置非常困难，是实现冶金企业控制污染、减少排放、进而实现“零排放”的重点与难点。技术主要内容：1）浓盐水减量处理技术。目前主要采用增加反渗透脱盐回收系统进一步减少浓盐水量的产生。反渗透脱盐回收系统回收的水可再用于生产补水，剩余浓缩后的浓盐水进入消纳工序中消纳或者进入蒸发器蒸发结晶。2）浓缩后的高浓盐水最终处置技术。目前主要采用将浓缩后的浓盐水进入相关生产工艺中进行消纳。浓缩后的浓盐水进入蒸发器蒸发结晶，其处理投资与运行成本都非常高，尚难在工程中实际应用。

浓盐水的减量及最终处置一直是国内钢铁工业污水“零排放”研究的热点和难点。国内外对钢铁企业污水末端处理的目的不同，目前还未见到国外对浓盐水减量处理与消纳技术的应用实例。特别是要对不同的浓盐水在各相关生产工艺中消纳的适用性、可靠性和对生产的影响，进行深入的试验、分析、验证与评估。因此应深入研究确定浓盐水可行的处理方案和消纳技术，避免投资和运行费用的浪费。

（5）矿山开采重金属污染控制与治理技术

对解决矿山开采存在的重要问题，一是要有效控制重金属酸性污水；二是对产生的污水进行妥善处理及回用；三是对开采后的矿山和尾矿进行合理资源利用与矿山复垦，防止产生再污染。

1）矿山开采重金属污染控制。第一，要强化源头控制措施，防止矿区河流、雨水、山洪和沟渠溪水进入或渗漏流入矿区，形成和扩大矿区地下水源；第二，要尽早对开采过的废弃石场（堆）、废坑道妥善密封，尽可能减少矿岩与空气和水接触，以减少废水量和降低重金属物质的浓度；第三，强化管理、明确职责，确保矿山即时复垦与污水处理回用。

2）矿山重金属污水治理技术。对重金属污水处理，无论采用何种方法，都不能使重金属分解破坏，只能转移其物理、化学形态及其存在的位置。其治理方法分为两类：一是使其由溶解状态转变为不溶解状态而去除；二是在不改变其化学形态下，采用过滤、浓缩等技术进行分离。前者是目前通常采用的方法，后者比前者更优越、有效，但耗费较大，较宜用于污水量较小的稀有与贵金属的回收治理。其治理技术有化学法、物理法、物理化学法和生化法等，其中中和沉淀法应用最广，且经济有效，但存在因钙离子高难以回用的问题，可采用石灰渣回流专利技术解决；膜法与生化法是重金属治理技术发展方向。

(6) 选矿废水优化循环技术

选矿废水特征是废水量大、悬浮物高、污染物种类多、危害大。对选矿废水采用优化循环技术的目的是循环回用与零排放。因此，首先应对选矿药剂进行优化选择；其次应充分发挥尾矿库的储存、净化和调节功能，以确保选矿废水在尾矿库中的净化作用与回用水质。为此：1）要根据选矿厂规模、使用年限、地质与矿源变迁等情况，合理确定库容、汇水面积、坝基和堆填工程技术等；2）尾矿库的澄清水是选矿厂优良水源，对影响库水循环回用因素，如溢流井的形式、季节因素、防渗漏、库水静压利用等技术措施，应进行优化选择；3）为提高选矿废水在尾矿库自净功能，对浮选药剂的选择，应选用具有良好的氧化还原、低毒无害、在常温下易降解的药剂，以简化选矿废水处理或不处理在尾矿库中实现自然净化的目的。

7.3.1.2 大气环境保护关键技术

加快推广的关键技术

(1) 高炉煤气干法除尘技术

高炉煤气干法除尘主要采用干式布袋除尘系统，由煤气调温系统、过滤系统、清灰系统、输卸灰系统等组成。工艺流程见图7-1。

荒煤气经重力除尘器或旋风除尘器后，煤气温度正常情况下走旁通管进入布袋正常工作；当温度过高或过低时切换到调温系统，将煤气温度控制在正常范围内进入布袋。煤气经布袋除尘后进入TRT或调压阀组。采用氮气脉冲反吹或反吹风系统清灰，进入输卸灰系统，采用机械输送或气力输送方式外运。

干法布袋除尘技术适用于所有类型高炉，尤其适用于水资源缺乏地区的钢铁企业，而且干法除尘TRT发电量明显高于湿法。据估算，2009年我国重点大中型钢铁企业铁产量约4.58亿吨，其中约11500万

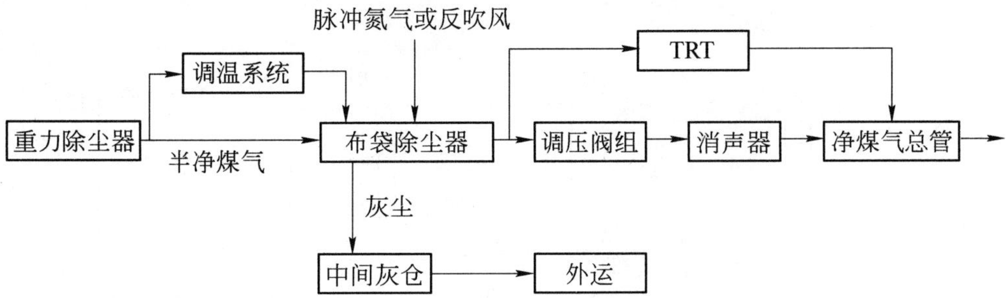

图7-1　高炉煤气干法布袋除尘技术工艺流程示意图

吨采用湿法除尘技术，若全部改为干法除尘技术，直接节能量为3.91万吨标准煤，间接节能量为70.15万吨标准煤。

（2）转炉煤气干法除尘技术

转炉煤气干法除尘技术，不消耗水资源，同时降低除尘风机的电力消耗，除尘灰经热压块后返回转炉用于炼钢，流程短且污染物排放少。结合干法烟气除尘处理将转炉除尘灰回收压块或制成化渣剂（冷固球团）再用于转炉生产，可提高转炉产量1%～2%，煤气及外排烟气粉尘小于10mg/m^3（标态）。对降低转炉工序能耗，以及实现炼钢工序“负能炼钢”有重要促进作用。

转炉煤气干法除尘工艺流程示意图见图7-2。约1550℃的转炉烟气在ID风机的抽引作用下，经过烟气冷却系统（活动烟罩、热回收装置及汽化冷却烟道），使温度降至800～1200℃后进入蒸发冷却器。蒸发冷却器内有若干个双介质雾化冷却喷嘴，对烟气进行降温、调质、粗除尘，烟气温度降低到150～200℃。同时约有40%的粉尘在蒸发冷却器的作用下被捕获，形成的粗颗粒粉尘通过链式输送机输入粗灰料仓。经冷却、粗除尘和调质后的烟气进入圆筒形静电除尘器，烟气经静电除尘器除尘后含尘量不大于10mg/m^3（标态）。静电除尘器收集的细灰，经过扇形刮板器、底部链式输送机和细灰输送装置排到细烟尘仓。经过静电除尘器精除尘的合格烟气经过煤气冷却器降温到70～80℃后进入煤气柜，氧含量大于2%的煤气通过火炬装置放散。整套系统采用自动控制，与转炉的控制相结合。

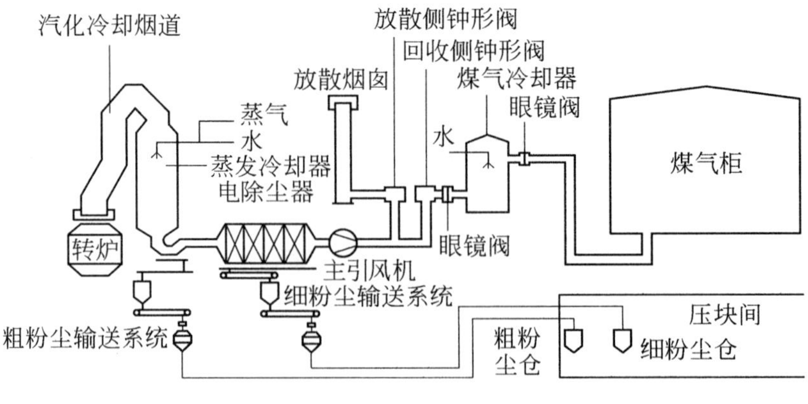

图 7-2 转炉烟气干法除尘技术流程图

(3) 烧结烟气脱硫及综合净化技术（含 NO_x）

目前，烧结烟气脱硫分为湿法脱硫、半干法或干法综合净化技术。

湿法烟气脱硫技术比较成熟，脱硫效率很高，可达95%。目前应用较多的是石灰石/石灰-石膏法，采用石灰石或石灰为脱硫剂，主要原理是烟气中的 SO_2 与石灰或石灰石浆液反应，脱硫产物为亚硫酸钙，也可氧化为石膏回收利用，可用作建材或水泥添加剂，经过脱硫的烟气除雾后排出烟囱。

循环流化床法是以循环流化床原理为基础，通过吸收剂的多次再循环，延长吸收剂与烟气的接触时间，大大提高吸收剂的利用率。其流程是：先将脱硫剂引入循环流化床吸收器，在流化状态下与通入的烟气进行脱硫反应，烟气脱硫后进入布袋除尘器除尘，再由引风机经烟囱排出，布袋除尘器除下的物料大部分经循环输送槽返回流化床循环使用。

活性炭吸附法属于干法烟气脱硫技术，是目前唯一能脱出烟气中每一种杂质的方法。其脱硫工艺一般分为3个过程：首先烟气进入吸收塔，烟气中的二氧化硫、氧气和水蒸气吸附在活性焦的表面；然后，在活性焦表面活性点的催化作用下二氧化硫被氧化成三氧化硫；最后，三氧化硫与水蒸气反应生成硫酸，吸附在活性焦的表面。吸附饱和的活性焦需排出再生，同时补充新活性焦。

活性炭法脱硫率高（90%～99%），处理后排放的尾气中二氧化硫含量小于350×10^{-6}。脱硫同时可实现脱硝、脱二噁英、脱重金属及粉尘等。脱硫过程不消耗水，活性焦可再生后重复利用，不消耗水、不产生废水；副产物为硫酸或硫磺等，无二次污染。

（4）铁水预处理与炉外精炼烟气除尘技术

铁水预处理装置包括混铁车倒渣、混铁车脱硫、铁水倒罐、铁水罐扒渣等。

混铁车将铁水从高炉运到倒渣间进行倒渣，为保持倒渣间负压状态，防止烟尘外逸，倒渣间进出口均装有卷帘门，倒渣时所散发的烟尘由设在屋顶的排烟罩捕集；铁水脱硫在混铁车脱硫间进行，在混铁车脱硫喷枪上设有排烟罩；脱硫后的铁水运至转炉车间倒入铁水罐，铁水罐设在坑内，进行全封闭排烟；铁水罐采用铁水扒渣机进行扒渣，产生的烟气由排烟罩排除。

铁水预处理装置的排烟除尘系统，应根据工程实际条件，设分散的小系统或集中的大系统，除尘设备一般均采用布袋除尘器。

炉外精炼过程中产生的烟气由排气罩进行捕集，一般采用布袋除尘器进行处理。

（5）燃煤电厂烟气脱硫、脱硝技术

燃煤电厂烟气脱硫技术主要有氨法、石灰石/石灰-石膏法和循环流化床法，脱硝技术主要有选择性催化还原法和选择性非催化还原法。

1）氨法烟气脱硫工艺主要分为吸收工艺和副产物处理工艺两部分。

吸收工艺：原烟气进入吸收塔，含氨的吸收液吸收烟气中的SO_2，脱硫后的净烟气经除雾按要求排放。吸收液吸收烟气中的SO_2后在吸收塔的氧化池或独立的氧化设施中被氧化成硫酸铵，所形成的硫酸铵溶液（或浆液）送副产物处理系统。

副产物处理工艺：副产物（硫酸铵）处理工艺分为塔内结晶和塔外结晶两种，结晶形成的浆液经固液分离、干燥、包装得到成品硫酸铵。

2）石灰石/石灰-石膏法烟气脱硫装置应由吸收剂制备系统、烟气吸收及氧化系统、脱硫副产物处置系统、脱硫废水处理系统、烟气系统、自控和在线监测系统等组成。

3）烟气循环流化床主要由吸收剂制备系统、二氧化硫吸收系统、除尘系统、吸收剂再循环系统、自控和在线监测系统等组成。

4）选择性催化还原法（SCR）脱硝系统一般由还原剂系统、催化反应系统、公用系统和辅助系统等组成。

5）选择性非催化还原法（SNCR）脱硝工艺中常用的还原剂主要有尿素、液氨和氨水。以尿素为还原剂的脱硝工艺在燃煤电厂有较多的应用，系统由尿素溶液储存与制备、尿素溶液输送、尿素溶液计量分配等组成。

（6）连续轧机烟尘及油雾净化技术

塑烧板除尘器是用于处理高浓度、含有大量水及油性粉尘的过滤式除尘设备，是连续轧机烟尘及油雾净化主要采用的一种处理技术，具有设备轻、占地小、安装方便、维护率低、耐腐蚀等特点，可处理各类粉体、碳粒、油雾及不完全燃烧碳化物等混合粉尘。

塑烧板除尘器能有效捕集0.1μm 以上的粉尘，对于1μm 以上的粉尘捕集效率高达99.99%，排放小于 $1mg/m^3$，实现了真正意义上的零排放。

工作原理主要是含尘气体由风道进入箱体的滤板过滤区，当含尘气体由烧结板的外表面通过塑烧板时，粉尘被阻留在烧结板表面的PTFE 涂层上，洁净气体则通过烧结板，并由滤板口进入箱体净气室后由出风口排出，附着在烧结板外表面的灰尘将随着脉冲反吹或重力作用落入下面的灰斗。

（7）在役除尘技术优化及除尘器故障诊断技术（略）

（8）废气污染物在线监测技术

污染源自动监控是环境执法、科学管理的重要手段，污染源自动监控系统的建设和管理依托环境监测、自动控制、计算机、电子、通信等多个领域的技术，是一项复杂的系统工程。

一个典型的废气污染源在线监测系统分别由气态污染物监测子系统、颗粒物监测子系统、烟气参数监测子系统和数据采集处理与通讯子系统组成。气态污染物监测子系统主要用于监测气态污染物 SO_2、NO_x 等的浓度和排放总量；颗粒物监测子系统主要用来监测烟尘的浓度和排放总量；烟气参数监测子系统主要用来测量烟气流速、烟气温度、烟气压力、烟气氧含量、烟气湿度等，用于排放总量的计算和相关浓度的折算；数据采集处理与通讯子系统由数据采集器和计算机系统构成，实时采集各项参数，生成各浓度值对应的干基、湿基及折算浓度，生成日、月、年的累积排放量，完成丢失数据的补偿并将报表实时传输到主管部门。烟尘测试由跨烟道不透明度测尘仪、β 射线测尘仪发展到插入式向后散射红外光或激光测尘仪以及前散射、侧散射、电量测尘仪等。根据取样方式不同，在线监测系统主要可分为直接测量、抽取式测量和遥感测量 3 种技术。

积极探索、研发、加快工程化的关键技术

（1）解决原料场无组织扬尘控制的密闭式原料场技术

密闭原料场技术是指对原料场内各贮存原料设施进行密闭或建立密闭式的原料场，保证原料的输入和输出整个过程在密闭的环境中进行，从而减少无组织扬尘对环境造成的不良影响。

1）胶带运输机卸料料槽密闭：用胶带运输机向料槽卸料时，由于料槽容积大，对含尘气流有很大的缓冲作用，使其动能逐渐消失，因而粉尘外逸的可能性大为减少。若对料槽口加以妥善密封，并将物料带入料槽内的空气以及与进入料槽的物料体积相应的空气量排出，即能控制粉尘外逸。

胶带运输机头部卸料时，采取在头部设密闭罩的方式；犁式卸料器卸料时，采取在料槽口上部设局部密闭罩及排风罩；移动式可逆胶带机卸料时，可设局部密封和大容积密封两种形式；移动卸料车的密闭有三种形式：条缝形料槽口局部密封、定点卸料料槽口局部密封、移动卸料车就地除尘机组。

2）抓斗料槽密闭：抓斗向料槽卸料时产生大量粉尘，属阵发性尘源。料槽口无法密闭，一般可采用敞口排风罩控制粉尘，为充分发挥敞口罩的排风效果，应尽量减小料槽受料口尺寸，并使抓斗卸料时不应高出料槽口 1m；对设在无外墙厂房中的抓斗料槽，为减少风流对粉尘控制效果的干扰，可在受料口的三面或两面增设挡板。

3）原料场整体密闭：建立一体化密闭原料场（球形、筒式、“C”型等），保证原料的卸料、贮存、装料、运输等环节均在密闭环境下完成，有效避免原料场无组织扬尘。

（2）焦化各种槽罐放散有害气体的回收与净化技术

焦化工艺过程有毒有害气体排放种类多、分布分散、扩散面广、危害很大。近年来在重视过程清洁、绿色生产的技术开发中出现了很多创新技术，如负压脱硫工艺技术、负压蒸苯技术、负压蒸氨技术，由于过程设备外压高于内压，有效控制了有毒有害气体的外泄和耗散。新开发的沥青水下成型技术也有效控制了沥青烟（高含量苯并芘）的泄漏耗散，实现了过程生产的洁净和无害化。焦化各种槽罐放散有害气体是相对固定污染源，根据槽罐储存品种其回收和净化技术各异。焦化各种槽罐的呼吸阀、放散管等放散的有害气体回收与净化技术主要有：1）建立负压的放散气体封闭回收系统送入焦炉煤气净化工序的负压段，避免对空间有排散溢。2）槽罐距主流程较远位置要专设有害气体处理装置。根据槽罐储存产品品种，以洗涤塔及喷射吸收等方式，采用洗油、水、碱、酸等对尾气进行洗涤净化及无害化处理。吸收槽罐尾气的洗油、水等送入主流程相关系统，进行回收。3）对苯类产品可采用活性炭吸收法，回收苯类产品、尾气得到净化，活性炭再生可循环使用。

（3）烧结烟气循环减排技术

烧结烟气循环减排的技术思想是从烧结机烟道中取一部分烟气返回到烧结机上部的密封罩内进行循环，同时补充烧结机燃烧所需要的氧气，剩余部分烟气经脱硫处理后排放。由于将烧结过程中的烧结烟气部分返回烧结机的密封台车上，以减少烧结过程中产生的烟气外排量，从而减少外排的烟气总量，同时对烧结过程中产生的 SO_2 起到富集作用，可提高脱硫效率，减少脱硫装置的烟气处理量。

1）烧结机头废气循环使用：机头废气循环使用技术有两种方法：一种是将机头废气量的40%～45%循环利用至整个烧结机，可达到降低燃料消耗及减少废气排放量的目的；另一种是废气分段再循环。该技术可使废气量减排约28%，SO_2 减排约63%，还可能削减部分 NO_x。同时烧结烟气脱硫系统的规模可以缩减，从而减少一次投资及运行成本，但运行管理水平相应提高。

2）Eposint 技术：Eposint 技术是由西门子奥钢联与奥钢联钢铁公司联合开发的，可以使烧结废气返回烧结机进行循环，即典型的烧结废气中含有12%～13%剩余氧，在加入少量空气补充后重新返回到烧结工艺中。该工艺可以减少 SO_2、NO_x 绝对排放量并可以降低废气中的二噁英和汞浓度，同时也可减少焦炭的单位消耗量。其关键难点是如何有效控制氧气的加入量，保证系统的安全性与可靠性，达到最好的烧结效果。

Eposint 工艺从烟囱排放的 SO_2 浓度与没有 Eposint 工艺时相同，但每吨烧结矿的 SO_2 排放量却减少了近30%。烟囱排放中二噁英/呋喃浓度明显下降，每吨烧结矿的 NO_x 单位排放量明显减少。

（4）二噁英、呋喃及苯并（a）芘的检测及治理技术

我国的环境标准把二噁英、呋喃及苯并（a）芘统称为二噁英类（PCDD/Fs），钢铁冶炼过程中，烧结工序和电炉炼钢工序中二噁英类的产生比较显著。

与其他污染物相比，二噁英的检测要低几个数量级，为超痕量水平，需要特殊检测。目前二噁英类化学物质的检测方法比较多，但应用得比较广泛的主要是色谱法、免疫法、生物法。这三种方法相互补充，各有优缺点。其中免疫法和生物法适合对大量样本进行筛选和快速半定量测定，而色谱法则适用于需准确定量以及检测二噁英类化学物质的各个同系异构体的场合。选用何种检测方法，视检测目的及场合而定。

对二噁英类污染物的控制，一方面是减少其产生量、排放量；另一核心问题是对产生的二噁英类物质进行降解或分解处理使其变为无害物质。

以烧结工序 PCDD/Fs 的减排为例。第一，减少 PCDD/Fs 的生成量：

1）减少烧结原料带入氯及其前体化合物。

2）铜对 PCDD/Fs 的生成有强催化作用，应优先使用铜含量更低的铁矿石。

3）韩国浦项向烧结料层喷入 $NaHCO_3$ 明显降低 PCDD/Fs 产生量，可能是 $NaHCO_3$ 与烧结料产生的气态氯化物（如 HCl、Cl_2）反应生成 NaCl，减少了有效氯源。

4）烧结料中加入合适的抑制剂（如氨水、尿素），可使 PCDD/Fs 生成量明显减少，其机理仍有待于进一步研究。

第二，已生成 PCDD/Fs 的减排：

1）高效过滤技术。200℃以下，PCDD/Fs 绝大部分都以固态形式吸附在微细的颗粒上，湿法除尘对 PCDD/Fs 的净化效率为 65% ~ 85%，静电除尘器则要低一些，而袋式除尘器可达到 85% ~90% 或更高。

2）物理吸附技术。利用 PCDD/Fs 可被多孔物质（如活性炭、焦炭、褐煤等）吸附的特性对其进行物理吸附，一般有携流式、移动床和固定床 3 种形式。

3）催化分解技术。我国西北化工研究院开发的 TiO_2-V_2O_5-WO_3 催化剂氧化分解技术，在 240 ~ 320℃ 试验条件下 PCDD/Fs 去除率达 95% ~99%。日本名古屋国家工业研究所开发的 TiO_2 加紫外光催化分解技术，PCDD/Fs 去除率可达 98.6%，同时还能分解烟气中 55% 的 NO_x。近几年国内外对 TiO_2 光催化剂进行了广泛的研究，该项技术正在不断完善。

7.3.1.3 固体废物处理及利用关键技术

加快推广的关键技术

(1) 钢渣余热有压自解工艺技术

钢渣余热有压自解工艺技术：把熔融态钢渣经初步冷却至 300 ~ 600℃成固态钢渣，在密封压力容器里，用雾化水喷淋热渣表面，利用钢渣余热蒸汽产生的压力，对钢渣进行有压自解，进一步提高消解钢渣中 f-CaO 的能力，使钢渣中的 f-CaO 快速消解的同时渣钢完全分离，处理时间小于 3h，处理后的钢渣尾渣其浸水膨胀率≤2.0%，f-CaO 含量≤3%，达到钢渣快速粉化和稳定的双重效果。它利用钢渣自身的余热产生蒸汽，不需要消耗外部能源，具有节能、快速及自动化程度高的特性。

由于改善了钢渣的稳定性，处理后的尾渣可用作水泥工业的原料及用于建材、建材制品。

(2) 不锈钢渣干湿混合处理技术

不锈钢的炼钢工序包括AOD和EAF精炼炉，分别产生AOD钢渣和EAF钢渣。不锈钢渣作为炼钢工艺流程中的衍生物，渣中所含Cr^{6+}离子堆放和排放将污染环境。利用AOD、EAF（200系列、300系列、400系列）钢渣化学成分和一次处理粉化效果不同，采用干式分选、磁选，湿式脱毒、中和、重选、磁选、贵金属提纯等干湿混合先进、完整、可靠的渣、钢分离处理技术，有效地分选回收渣中含有的铬、镍等贵金属以及不锈钢废钢，并利用特殊分级手段产生冷却料。此项技术可大大降低炼钢成本，同时尾渣资源化再生利用，彻底解决了不锈钢渣含Cr^{6+}离子排放污染环境的难题。

不锈钢渣处理技术实施后，处理回收的产品主要有含铬、镍等贵金属、渣钢、尾矿、非金属尾渣和脱水泥饼，回收的金属、渣钢可以按系列全部返回炼钢使用（部分作冷却料），尾矿压金属球，非金属尾渣作为水泥原料和建筑用料以及路基料使用，脱水泥饼可以直接做混凝土掺合料。

(3) 钢铁渣粉作水泥及混凝土掺合料生产和应用技术

钢铁渣粉主要成分是炼铁炼钢过程中排放的粒化高炉矿渣和转炉钢渣。粒化高炉矿渣主要矿物组成是玻璃体，具有良好的潜在水硬活性；而转炉钢渣形成温度在1500℃以上，主要矿物有硅酸三钙（C_3S）、硅酸二钙（C_2S）等，属于一种过烧硅酸盐水泥熟料，具有缓慢水硬活性。通过分别磨制及合理配比和工艺配制而成的钢铁渣粉，实现钢渣粉和矿渣粉优势互补，弥补钢渣粉早期强度不足弱点，钢渣粉中f-CaO、f-MgO水化膨胀特性可补偿混凝土自身及磨细矿粉掺入所增加的收缩，减少混凝土因收缩产生开裂的风险，成为一种性能优异的混凝土掺合料，其混凝土中最大掺入量可达50%（占胶凝材料总量），可改善混凝土性能，降低混凝土生产成本。

掺有钢铁渣粉预拌混凝土具有优良的工作性能、水化热低，混凝土具有优良的耐久性能、耐磨性高、后期强度高，并具有一定的补偿收缩功能和弹性模量高等特点，可广泛应用在工业与民用建筑、大体积混凝土施工、城市道路、化学防腐工程等，产品具有广阔的市场前景。

由于钢渣和粒化高炉矿渣易磨性存在差异，因此在制备钢铁渣复合粉时应采取分开粉磨再混合的方式进行。

传统的球磨机在制备钢渣粉和矿渣粉时粉磨电耗高（一般在80kW·h/t左右），金属消耗大，不适合大工业化生产。目前，粒化高炉矿渣普遍采用节能高效的辊式磨（立磨）进行粉磨，而钢渣适合采用新一代高效节能粉磨设备——卧式辊磨进行粉磨和预粉磨加管式球磨复合方式粉磨。

（4）含铁尘泥集中处理高效利用技术

钢铁企业的含铁尘泥来自除尘、水处理、钢坯和钢材表面处理及清洗等。简单回用到烧结、炼钢对生产设备、产品质量、污染控制、资源利用带来多方面的影响。

采用集中处置有效利用的工艺技术包括：使用转底炉生产还原铁，同时富积回收锌、铅等金属（适合大多含铁尘泥量的企业），用转炉尘泥制备还原铁粉可以获得较高的经济效益，又可实现尘泥的高附加值利用，开发简单、投资少、产品质量高的工艺是急待开发的重点；使用竖炉回收金属，同时回收煤气，炉渣可用于建材；铁含量约70%的转炉尘泥，制备还原铁粉的方法还有：转炉尘泥进行调浆、磁选分离、磁性产品进行球磨、精选、还原退火等工艺处理，使TFe≥98%。

转炉尘泥磨细磁选，将铁精矿粉加入有捕收剂、抑制剂和调整剂的浮选机中进行反浮选，然后再采用氟酸或水解氟化物进行化学选，最后用固体碳和氢气二步脱氧还原，即可生产出纯度在99.80%以上的高纯还原铁粉。

（5）高锌粉尘用于脱硅剂、转炉作业冷却剂、电炉作业泡沫渣等技术

钢铁厂产生的大量粉尘是富含碳和铁以及铅、锌、铟、铋等有色

金属的污染物，经除尘器收集而成为瓦斯泥和转炉、电炉灰。高锌的粉尘配制烧结矿使用，对高炉的使用寿命影响很大，其危害表现在形成锌瘤。

高锌粉尘经过湿法处理或物理分离法处理、火法处理后，可获得低锌铁精粉和含锌高的产物。高锌产物再经火法富集或用湿法冶炼工艺制取次氧化锌，进而进行铋和铟等稀有金属的提炼及高价值金属的回收。

以次氧化锌为原料开发的锌系列产品，广泛用在油漆、塑料、橡胶等行业，市场容量很大。

高锌粉尘又可用于脱硅剂、转炉作业冷却剂、电炉作业中的泡沫渣等。

(6) 脱硫产物的处理利用技术

烧结机是现代钢铁生产工艺的重要设备之一，也是钢铁生产工艺烟尘排放的重点污染源。目前烧结烟气脱硫方法有20多种，而烧结烟气脱硫钙基法脱硫技术是用得比较多的方法之一，分为湿法、干法和半干法。其中湿法脱硫产物主要成分为硫酸钙，可用于水泥等建材行业；而干法和半干法脱硫产物主要成分除硫酸钙外还含有大量的亚硫酸钙，而无法在水泥等建材行业利用，目前，国外主要是用作填埋。

对于干法及半干法脱硫产物处理技术主要采用氧化技术，通过高温有氧环境下或加入氧化剂等方法，使其中亚硫酸钙转化为硫酸钙，处理后脱硫产物可用于钢铁渣粉生产和作水泥缓凝剂等，利用途径较广。

其次为氨法脱硫技术，其脱硫产物主要成分为硫酸铵和少量硝酸铵，可直接应用于生产化肥。

(7) 尾矿生产加气混凝土技术

加气混凝土是硅质材料和钙质材料加水并加入适量的发气剂和其他附加剂，经混合搅拌、浇注、发泡、胚体静停和切割后，再经蒸压养护制成的一种性能优良的新型轻质建筑材料。利用铁尾矿生产加气混凝土，需要根据铁尾矿的矿物成分包括SiO_2、石英、石膏等的含量适当添加硅质原料、钙质材料等以满足加气混凝土的材料要求。

目前，对于铁尾矿生产加气混凝土主要集中于试验研制阶段，包括对钙质材料、硅质材料添加量以及水泥、石灰、石膏与铁尾矿的配比进行了研究，目前国内已经有部分企业计划进行生产实践。例如：湖北省大悟县银松新型墙体材料有限责任公司正在建设年生产煤渣、尾矿砂加气混凝土砌块 31 万立方米的生产线。北京金隅集团也计划投产一条年产 20 万立方米的加气混凝土砌块生产线。

利用铁尾矿制备加气混凝土，不仅减少了天然资源的开发，而且也实现了固体废弃物资源的循环再利用。利用铁尾矿生产加气混凝土，符合产业结构调整方向，对矿业可持续发展、延伸产业链、促进循环经济具有推动作用。加气混凝土具有保温性能好、易加工和不燃烧等特点，应用范围广，具有良好的市场前景。

(8) 热轧铁鳞生产高纯度氧化铁红（高附加值产品）技术

由于永磁铁氧体经一次外部充磁后，即能产生恒定的磁场，是一种典型的节能、节材产品，因此广泛应用于通讯、计算机、发电机、马达、计量仪器、电声器件、家电电器、选矿机械、玩具、医疗保健等领域。

永磁铁氧体的生产属高能耗、劳动密集型产业，原材料的性能、价格对永磁铁氧体的发展有着致命的影响。如何既能提高产品的性能，又使铁质原料成本相对较低，经多年试验研究，采用钢铁行业的热轧铁鳞研制并生产出优质氧化铁红，其 $w(Fe_2O_3) \geqslant 98\%$、$w(SiO_2) \leqslant 0.3\%$、$w(FeO) \leqslant 1.0\%$，平均粒径为 5μm，用其做永磁铁氧体的铁质配料，在生产中获得了 $B_r = 400MT$、$H_{cb} \geqslant 240kA/m$、$H_{cj} \geqslant 240kA/m$、$(BH)_{max} \geqslant 30kJ/m^3$ 的优质磁性产品，达到了我国行业标准 Y30H-1 的指标，不仅提高了热轧厂轧钢铁鳞产品的附加值，也为提高永磁铁氧体产品的性能，开辟出一条新的途径。

积极探索、研发、加快工程化的关键技术

(1) 钢渣作农肥和酸性土壤改良剂技术

钢渣中含有许多植物所必需的营养元素，如钙、硅、铁、锰等，钢渣内含有的有毒有害元素较少，符合国家农业应用要求，完全可以应用在农业领域，可用于改良土壤、提高土壤肥力等方面。

钢渣作肥料技术：主要用来制备钢渣硅肥和钢渣磷肥，钢渣硅肥是一种很好的硅素补充剂。SiO 质量分数超过 15% 的钢渣磨细到 0.175mm 以下，添入适量的活化剂后可作为硅肥使用。钢渣中磷的质量分数大于 10%，钢渣中的磷是枸溶性的，能够在植物根际的弱酸环境中溶解，从而被植物吸收利用，因而钢渣磷肥和钢渣硅肥一样，是一种枸溶性肥料。生产实践表明：钢渣磷肥在酸性土壤和缺磷的碱性土壤中施用均可获得增产效果。

钢渣用作土壤改良剂技术：钢渣粒度小于 4mm，并含有一定数量的极细颗粒，是农业上理想的土壤改良剂。钢渣中钙、镁元素含量较高，呈碱性，可用来改良酸性土壤。采用钢渣作为酸性土壤改良剂，钢渣中含有的 CaO 能在很长时期内缓慢中和土壤，而且由于钢渣本身含有可溶性的镁和磷，可以取得比石灰改良酸性土壤更好的效果。

（2）废酸再生技术

轧钢酸洗车间在酸洗钢材过程中，用硫酸酸洗产生硫酸废液，含有游离硫酸和硫酸亚铁；用盐酸酸洗产生含盐酸的氯化亚铁废液；在酸洗不锈钢时，用硝酸-氢氟酸混酸洗产生含游离酸、铁、镍、钴、铬等金属混酸废液。所有的废酸液均为危险废物，且含有有用物质，应予以处理回收利用。

硫酸酸洗废液的处理回收主要有真空浓缩或加酸冷冻结晶法（减压蒸发冷冻结晶法）、加铁屑生产硫酸亚铁法、自然结晶-扩散渗析法、聚合硫酸铁法等。

盐酸酸洗废液的处理回收主要有喷雾燃烧法、真空蒸发法。

硝酸-氢氟酸废液的处理回收主要有喷雾燃烧法。

（3）含 Cr 废耐火材料处理利用技术

废旧耐火材料主要来源于钢包砖、Mg-C 砖、连铸三大件、鱼雷罐车料、高炉出铁口料以及精炼炉用耐火材料等。废旧耐火材料再生利用的工艺流程如下：废弃耐火材料→分类堆放→分拣→除去渣层→破、粉碎→筛选→规格→按一定比例掺入新产品中→配料、混炼→成型→热处理→制品。

对于一些功能性耐火材料可以经过简单再加工后直接再利用，如滑板修复技术等。即使那些分拣出的无法用作再生耐火材料的废旧耐火材料也可被加工用作溅渣护炉料、造渣剂等冶金辅料以及用作建筑材料、水泥原料和回填用料等。

7.3.1.4　噪声控制的关键技术

(1) 高频噪声控制综合配套技术

高频噪声是指声级大于120dB以上的噪声,高炉放风、高压风机、锅炉高压蒸气排放、氧气站的氮、氧排放等产生噪声均属此类。对高频噪声一般采用小孔喷注、大孔扩容、隙缝出流、大小混合等降噪原理,在排气管道或阀门上安装消声器以达到降低和减噪的目的。但是对高频噪声控制要想达到预期效果,必须全方位综合控制:1)在设计规划时要充分考虑高频噪声对环境的影响与防护措施;2)对高频噪声源应设置消声器(罩)控制高频噪声;3)对产生高频噪声有关设备的管道应敷设隔振、阻尼、吸声等材料,最大限度地降低高频噪声。

(2) 隔振技术

隔振是利用振动元件间阻抗不匹配,把振动能量限制在振源上,使其不向或少向外界扩散,以免激发其他元件之间振动;或将要保护物体同振动环境(源)隔开,避免物体受其振动的影响,常采用隔振器予以控制。

阻尼是通过黏滞效应或摩擦作用把振动能量转换成热能,阻尼能抑制振动物体产生共振和降低振动物体的共振振幅。其技术措施就是提高构件的阻尼或在构件上铺设阻尼材料和阻尼结构(阻尼材料有橡胶、塑料和沥青三大类;目前采用基料+填料+溶剂研制各种新型阻尼材料,其阻尼性能良好),减振合金钢材料就可用于制造低噪声的设备与结构。

吸振是通过吸声材料或吸声结构(如吸声器)以达到降低振动的目的。电子吸振器是利用电子设备产生一个与原来振动振幅相等、相位相反的振动,来抵消原来振动以达到降低振动的目的,又称为有源降噪技术。

振动噪声控制难度较大,通常是多种振动吸声控制技术的综合应用,而非仅为单一技术所能奏效的。

（3）吸声降噪技术

吸声降噪的方法主要有两种，一种是采用吸声材料，另一种是采用吸声结构。吸声材料有无机、有机纤维类和泡沫塑料类等。其新型吸声材料的选择是满足吸声好、质量轻，能防火、防水、防蛀等要求。将噪声源与接受者隔开称之为隔声。如从声源着手可采用隔声罩；若从接受者着手应采用隔声间；若从传播途径着手可采用隔声屏。但任何噪声控制都应考虑吸声、消声、隔声以及阻尼减振等技术与材料的配合，以保证最佳的减噪效果。

（4）轧钢噪声声源控制技术

轧钢噪声源主要来自电磁、机械、空气动力及其设备，并以机械噪声为主，其次为空气动力性噪声，其特点是声源多且声级高。

轧钢声源控制技术主要是研究对金属轧制过程中产生的机械噪声的控制。即从声源着手控制，研究产生噪声的原因，以限制噪声发生，如减少振动、减少碰撞、减少摩擦、减少挤压、减少拨落和落差等。对噪声源大的如切割、碰撞、钢管收集等声源应进行有效控制。要从工艺和采用低噪声设备着手，力求减少物流周转往返，以减少噪声源，要采用隔声、消声、吸声、阻尼技术进行有效设备降噪，对近期尚难减噪的要实行个人保护和防护措施等。

（5）厂界降噪防护林技术

厂界降噪防护林是将功能绿化发挥于降噪上的举措。树木浓密的枝叶好像一组吸声隔墙，富有弹性的树叶当声波经过时便吸收一部分能量，而使声音减弱，所以树木对降噪有明显的效果。减弱噪声的功能随树木种类、高矮、层次多少而不同，各种树的枝叶稠密程度对减噪效果影响很大，且与林带宽度、高度位置、配置方式以及树木种类有关。

林带宽度：布置比较紧凑时可考虑在 15 ~25m，有条件的情况下最好在 30 ~50m，如能建立多条林带，效果更好。

林带高度：林带中心的树行高度最好在 10m 以上。

林带长度：防噪声林带的长度大致应为声源至受声区距离的两倍以上。

防噪林带与声源的距离：林带应尽量靠近声源而不要靠近受声区，林带边缘至声源的距离一般应在6～15m之间。

林带的结构与配置：林带以乔木、灌木和草地相结合，形成连续而密集的障碍带。树种应选择较高大的、树叶密集、叶片垂直分布均匀的乔木，也可以用小乔木、矮灌木与草地配合，常绿树效果更好。

树种的选择：乔木类可选用雪松、桧柏、龙柏、水杉、悬铃木、梧桐、垂柳、云杉、薄壳山核桃、柏木、臭椿、樟树、榕树、柳杉等。小乔木及小灌木类可选择珊瑚树、海桐、女贞等。

（6）球磨机等重型设备噪声控制技术（略）

7.3.2 钢铁行业的安全生产关键技术

加快推广的关键技术

（1）煤气设施本质安全与应急处置技术

煤气容易发生火灾、中毒和爆炸事故，近一段时期，冶金企业煤气事故不断，造成很大伤亡。冶金企业煤气的回收量和使用量巨大，煤气管网遍布，不安全因素很多，因此，必须提高煤气设施本质安全化程度与事故应急处置技术水平。

国内在提高煤气设施本质化方面做了一些工作，如机械化盲版避免人工抽堵盲板冒大量煤气作业的危险；安全节水型排水器减轻了排水器水封缺水煤气击穿的危险；自闭式泄爆阀可防止二次爆炸危险。但总的来看，煤气设施本质安全水平不高，因人为失误或管理失控而造成的事故屡屡发生。

根据历年事故发生的原因，要加速推广煤气设施本质安全与应急处置的关键技术内容有：操作安全和使用方便可靠的隔断装置、灵敏可靠的快速切断装置、稳定可靠的放散塔点火燃烧装置、水封压力可靠的排水装置、安全可靠的输灰排灰装置、快速可靠的泄压及泄爆装置；炉窑点火防爆智能控制、炉窑炉膛煤气爆炸应急处置、煤气放散浓度控制、煤气设施停运检修的安全控制条件与技术措施、煤气设施泄漏、着火与爆炸的应急处置技术等。这些技术将有效提高冶金煤气回收与使用的安全生产水平，促进冶金行业节能减排及循环经济的可持续发展。

（2）高温液态金属灾害事故预防及应急处置技术

高温金属液体伤害是冶金企业最典型的职业伤害。高温金属液体包括熔融金属（钢水、铁水等）及其液态炉渣。这些高温金属液体在冶炼、转运、铸造及加工处理过程中，常常发生喷溅、泄漏、爆炸，造成烧伤、烧死或高温窒息等事故，甚至多人伤亡的重大事故。

水遇高温金属液体急剧汽化，体积可增大约1500倍，水蒸气夹带高温金属液体喷射而出，破坏力巨大。钢水中的碳与渣中的氧化铁作用，产生一氧化碳气体。若熔池内碳氧反应不均衡发展，瞬时产生大量的CO气体，就会发生爆发性喷溅。除此以外，高温金属液体伤害还有吊运、运输事故等。

国内外冶金企业采取了多项技术措施控制高温液态金属灾害事故，主要有：吊运液态金属的冶金铸造起重机、盛装液态金属的容器（罐、包）的专项检测检验技术，液态金属的容器（罐、包）烘烤测温监控技术，承受重荷载和受高温辐射、热渣喷溅等危害的建（构）筑物的结构安全鉴定技术，可能会与液态金属接触的部位的专用防爆涂料，高温辐射及液态金属喷溅危险岗位的作业人员的阻燃服及其他防护用品，熔融金属地面运输的专用运输车辆及安全监控系统等。国内外还开展了高温液态金属遇水爆炸事故发生条件、过程、爆炸威力；渣、铁的碳氧传递与作用，喷溅的条件与机理；高温液态金属热辐射场；高温液态金属遇水爆炸的预防与控制措施等的研究。

控制高温液体熔融金属的伤害对于降低钢铁生产的风险、保障劳动者的人身安全具有十分重要的意义。

（3）结合工艺的安全检测与监控技术

安全检测与监控对生产系统及作业环境中的危险与有毒有害因素的类型、危害程度、范围及动态变化提供可靠而准确的信息，以改善劳动作业条件，改进生产工艺过程，控制系统或设备、劳动者的事故（故障）发生。

安全检测与监控渗透到生产工艺中去，既能够对生产工艺进行相对理想的控制，又能够在出现异常情况时及时给出预警信息，紧急情况下自动采取应急措施，避免事故的发生或将事故危害和损失降到最低程度。如控制系统采用电源保护，在断电情况下可继续工作，以便有时间采取紧急措施。再如轧制工艺采用全线自动化控制，实现各机组的监控操作、人机对话、数据运算、参数收集、过程跟踪和事故报警。各机组设备连接处均设有安全连锁装置、设备故障报警信号显示，发生事故时设备自动断电停止运转。

可见，安全检测与监控技术是最终达到保障劳动者职业安全健康的重要的技术支撑。基于此，国内石油化工企业普遍推行SCADA系统，有效地保障了安全生产。因此，冶金企业要大力推行结合工艺的安全检测与监控技术，使安全与生产紧密结合，贯穿于生产的过程中。

（4）有毒、有害气体的在线监测预警技术

冶金炉窑、管网、储槽、地下建构筑物由于生产过程中产生或使用的有毒、有害气体的泄漏、排放而可能成为危险区域，如煤气、氮气、氩气、氢气及氧气等。目前，煤气及工业气体的用途及用量越来越大，如高炉炼铁富氧化、转炉顶底复吹、煤气制氢、还原退火等。为防止突发性灾难事故发生，对确认为高危险的区域，尤其在有人值守的地方或经常有人作业的地方，应在有毒、有害气体事故应急救援预案的要求下，设置有毒、有害气体的在线监测预警设置。工业发达国家均将有毒、有害气体的在线监测预警视为安全生产的基本保障条件和优先采用的安全技术措施。

我国冶金企业应针对冶金生产过程中灾变因素和危险源的特性，推行各种动态、连续监测技术与装备，尤其是智能传感器、信号转换接口、数据的远距离传输和智能处理技术；提高在线损伤识别、模型修正、健康诊断的监测技术水平，提高监测的准确性、时效性。

（5）生产系统有毒有害放散物质的集中处理技术

冶金生产系统中，大部分设备、管道是密闭的，气态或液态物质处于受控状态。但在异常工况和检、维修时，调压、卸压、吹扫、置换而要放散一部分气态物质，放散是生产必须的，不可减免的。但很多生产系统的放散物质基本上是对空排放，达不到国家有关标准的要求。这些放散物质不仅污染环境，还可引发中毒、着火和爆炸事故，成为有毒有害放散物质，如焦炉煤气、氨、苯、萘、初馏分等。目前，很多焦化企业已将有毒有害放散物质集中进行处理后放散或回收到前级系统，既减轻了有毒有害物质的危害，又可回收这些物质成为有用物质。放散物质的集中处理技术包括集中放散装置、集中放散管路、处理装置（吸收或洗涤等装置）、放散物质的回用、集中放散的检测控制等。

大力推行有毒有害放散物质的集中处理是冶金工厂建设生态文明的主要举措，要进一步研究更适宜经济有效的集中处理技术，减轻冶金企业中毒、着火及爆炸的危险。

积极探索、研发、加快工程化的关键技术

（1）在役危险装置和要害部位的安全诊断及寿命预测技术

危险装置主要指高温、高压、高毒性和有害性及易燃、易爆物质的生产、运输、存储装置，要害部位系指发生故障时会使系统瘫痪或产生重大人身、设备事故的岗位、区域等。

目前，对在役危险装置和要害部位安全诊断和寿命预测是国内外安全研究的重要课题，虽然取得重大进展，如有关危险源评价技术和分级技术、事故概率与事故严重度分析方面，但深入探索危险装置的在线缺陷检测技术、设备或部件的可靠性分析，研究危险装置的失效模式、失效准则、风险评估、剩余寿命预测等的关键技术，解决带缺陷危险装置的再用时间等方面尚需探索、研发。对已经取得进展的技术如无损检测探伤和安全评估技术要加快工程化步伐，以防止危险装置和要害部位的突发性灾难事故。

（2）综合管网安全技术评价与监控技术

冶金企业管网交错，输送的能源介质众多，多采用集中布置形式，如桥架、管廊等，煤气、氧气、蒸汽、压缩空气、动力通讯电缆等相互伴随，共架现象常见，存在很多安全敷设及安全运行问题。一旦发生火灾、爆炸事故，除造成生产破坏和经济损失外，还会造成人身伤亡事故。冶金企业要对所有规模以上在役管道实现连续的适时的监控；要为综合管网安全生产提供配套的、有针对性的、系统的安全对策措施；最大限度地控制和削弱危险有害因素，降低综合管网的事故发生概率。

综合管网安全技术评价与监控技术需要研究的关键技术有管网系统中危险有害因素的辨识与分析及分布规律的研究、管网危险有害因素(包括重大危险源)的检测、监视和控制;综合管网动态监测控制、事故预警技术研究;综合管网安全评价模式软件、安全监控模式软件的研究和开发。

(3)冶金企业事故隐患排查技术

冶金生产涉及高温炉窑、大型装置、高速运转机械、反应容器与塔器等,管网交错、物流频繁、能量集中;高空、高温、高毒、高粉尘、高噪声作业和受限空间作业多,容易发生中毒、窒息、火灾爆炸、灼烫、高处坠落、触电、起重伤害和机械伤害等事故,冶金行业已被视为高危行业。在这样一个复杂多变的环境下,任何隐患都可能形成事故甚至酿成灾害。

目前,国家对于隐患排查要求常态化,然而,如何排查隐患,及时识别和预测隐患的演化,已是以往"安全检查表"所不能胜任的。研究隐患的形成、触发、发展以及影响过程、临界值的确定等机理性问题,研究现场适用的隐患判断、诊治方法以及高科技的隐患预测技术是目前安全生产的重要课题。

7.3.3 钢铁生产的职业健康关键技术

加快推广的关键技术

(1)作业场所卫生设施开发应用技术

职业危害控制和职业病防治,首先应以预防控制尘肺病、噪声聋、职业中毒、职业性肿瘤的关键技术为突破口,从现场控制源头抓起,加快高效职业病防护设施关键技术的推广。

1)防尘:

① 加大工艺技术改造力度,提高自动化程度水平,对皮带、下料等难以控制的职业危害场所,通过推广采用自动化控制技术,尽量减少劳动者接触机会。

② 设计推广同时具有除尘和收集毒物功能或作用的除尘设施,避

免二次污染，实现既减少工作场所职业危害，又能达到环保排放要求。

③ 结合粉尘的动力学、表面电荷、粗糙程度、多种金属的结合、亲水性、粉尘晶体结构等性质，设计推广高效能除尘装置（除尘器），提高除尘效率。

④ 对冶炼原料的皮带及转载点的粉尘收尘罩/防尘罩的气密性技术进行研发、改造和推广，最大限度减少漏风，提高气密性，增加内挡风皮，控制物料流洒等。

⑤ 对石灰石矿、铁矿的破碎机、振动筛的收尘罩/防尘罩的改造研发，减少漏风、提高气密性，增加内挡风皮，控制物料流速等技术。

2）防噪减振：

① 大力推广应用隔声、吸声、减振新材料，实施隔声罩、噪声隔离室研发改造，提高隔声减振效果。

② 大力推广自动化程度高的监控装置，实施工艺改造，密闭噪声源，缓冲撞击声，减少接触时间。

③ 对轧钢、机械加工等工艺产生的噪声、振动，从源头治理抓起，采取综合治理，实施无人值守，提高设备的自动化、智能化水平。

3）防毒（职业中毒、职业性肿瘤）：

① 研发推广既能实现工作环境有毒物质收集、又可达到净化目的要求的综合性装置/设施，并对其效果进行评价。

② 推广应用以炼焦工艺各种毒物为重点的工作环境职业病危害因素危险度评估。

③ 研制推广使用科学、准确、轻便的多功能便携式有毒气体报警仪。

（2）职业病危害检测技术

1）检测仪器：以国家工作场所危害因素检测规范、标准为依据，结合冶金工业的特点加强以下检测仪器的研制：

① 研制推广分析准确、流量稳定、方便快捷的直读式常规采样检测仪器。

② 重点研制推广适合长时间、连续性个体采样或连续的粉尘、毒物自动监测检测仪器。

③ 引进推广适宜于长时间采样的、标准的可吸入性采样器、无泵

型采样器和直读式剂量管或检测仪器。

④ 推广应用气-质联用仪器进行工作环境有毒物质的定性分析。

2）检测技术：

① 总结推广通过灵敏度和准确度较好生物标志物结果间接地判定生产环境危害因素浓度和个人接触水平的职业检测新方法、新技术。

② 推广应用X射线衍射仪分析粉尘游离二氧化硅含量，提高方法准确度和工作效率。

③ 推广应用离子色谱法检测无机酸类化合物。

④ 推广应用气相色谱、原子吸收检测接触苯系物、锰、铅、铬等人群生物样本新技术。

（3）矽肺、肺结核和其他呼吸系统疾病的预防和控制技术

1）加强个人防护，佩戴符合国家要求的防尘口罩，根据粉尘性质不同，推广佩戴阻尘率为90%、95%和99%等不同类型的防尘口罩或滤膜。

2）推广数字X光机在粉尘岗位职工职业健康检查及尘肺病早期筛查中的应用。

3）推广定期对Ⅱ、Ⅲ期矽肺患者痰中结核杆菌检查技术，及早发现，及时治疗，以降低矽肺合并结核引发的健康风险。

4）对接触粉尘的高危人群，探索推广选择性支气管肺段定期灌洗技术，实施早期干预，降低尘肺病发生。

（4）各种职业病危害因素（矽尘、有害有毒气体、噪声、电磁辐射、高温高湿等）高效控制技术

1）对铁矿破碎及转载工序的矽尘，实施自动化改造，加强颚式破碎机及转载点的密闭，推广应用高效除尘装置。

2）对炼焦过程产生的多种毒物，推广应用多功能、高效能除烟雾、防毒设施。

3）推广应用轧钢酸洗工艺生产的各种酸雾净化、收集、吸收装置。

4）推广应用收集、处理冶炼、轧钢过程中的金属烟雾装置。

5）对于高压、超高压设备设置屏蔽网、屏蔽罩、安全栏等，降低电磁辐射危害。

6）推广自动化监控技术，减少人工操作，降低高温接触机会。

7）在热轧生产车间环境推广应用大型冷风机等降温设施。

积极探索、研发、加快工程化的关键技术

（1）钢铁行业联合生产过程中噪声、多环芳烃、重金属等对职工健康损害的治疗与康复技术

1）从心理疏导、健康培训等方面入手，结合目前人们的生活、生产环境，研究开发冶金行业人群心理治疗方法，调整心理状态、缓解职业紧张。

2）从增加机体免疫力、抵抗力、抗氧化药物服用等方面入手，研究开发多环芳烃导致焦炉工肺癌的干预治疗新技术。

3）开发研究锰、铅、铬等重金属中毒特效解毒药物及治疗技术。

4）探索研究不同倒班制生物节律下，金属冶炼对接触重金属危害职工健康的影响。

5）探索高压氧与听神经细胞营养药物联合治疗技术在噪声聋治疗与康复中的应用。

（2）职业病灶部分纳米空心载体药物精确控释治疗技术

利用纳米空心载体药物的高靶向性、高疗效、药物半衰期长、副作用小等特性，对职业病灶如矽肺纤维结节、职业性肿瘤进行应用性研究，开辟职业性疾病药物治疗的新途径。

（3）噪声引起的听力损伤等职业病、职业禁忌症干预治疗技术及预防和康复技术

1）噪声引起的听力损伤治疗及康复技术：采用改善内耳血液循环和促进神经营养代谢的药物，与高压氧治疗相结合的方法，探索研究治疗噪声性听力损伤的新技术。

2）噪声引起的职业禁忌症干预治疗技术：将职业病治疗技术关口前移，利用声阻抗、电测听仪和耳声发射仪等检查技术，结合神经营养药物与高压氧舱综合治疗技术，对听力损伤早期干预治疗的周期和剂量进行探索和研究。

（4）粉尘、噪声、毒物、高温、高湿、电磁辐射等职业病危害因素的高效控制技术

1）粉尘控制技术：

① 结合粉尘特性研制与工艺、粉尘特性、工作场所相适应或相配套的各类除尘器。

② 将高温高湿生产环境产生的粉尘控制技术与粉尘收集技术结合起来,研制钢渣处理打水和破碎筛分的粉尘收集处理装置/设施。

③ 针对防尘口罩外壳材料易过敏、滤膜通气性差等问题,研制开发与皮肤表面接触无害、舒适度好、不过敏、易清洗、密合性好的外壳材料和透气性好、阻尘率高的防尘滤棉或滤膜。

2)噪声控制技术:

① 加大研究单位、高等院校与各冶金企业联合研发力度,将电子滤过高频噪声技术应用于防噪声耳塞的研制与开发,通过电子过滤和高阻尼材料的应用,通过对高频噪声的选择性电子滤过,提高耳塞的防噪效果。

② 开展降低铁矿选矿的球磨机车间内本底高噪声的技术研发。

③ 研究探索工作环境的隔声操作室、控制室、休息室隔声材料选择和隔声效果评价。

3)毒物控制技术:

① 开发研制轧钢酸洗、加热炉等产生高毒物质的自动化联锁控制系统。

② 开发研究各种便于现场携带检测、轻巧精准的直读式毒物检测分析仪。

③ 针对冶金工业的特点,按照国家现有标准对同类条件下各种采样方法进行可比性探索研究,选择确定适合冶金工业的现场检测技术。

4)高温强热辐射控制技术:

① 开发研究具有隔声/吸声、隔热、防红外辐射的控制室隔热吸声新材料。

② 采用科学、先进、可靠、可行的检测、检验技术,研究制定能科学准确反映生产环境实际危害程度和工人接触时间加权结果的风险度评估新方法。

③ 研发轻便、隔热、阻燃的防高温、阻燃工作服、防护鞋、防护帽、头盔、脚套等。